박문각

합격을 결정짓는

김민권 필수서

민법·민사특별법 1차

박문각 공인중개사

브랜드만족 1위 박문각

20 25

근거자료 별면표기

이 책의 머리말

민법의 방대한 분량 때문에 힘들어하는 수험생들의 요구와 강의를 함에 있어 편리성 등등의 이유로 이 필수서를 출간하게 되었습니다.

본서의 특징은 다음과 같습니다.

01 | 다른 도서들과 달리 대부분의 내용을 완성형 문장으로 서술하여 수험생들이 보다 쉽게 읽어나갈 수 있도록 하였습니다.

02 | 출제가능성이 희박한 몇몇 논점을 제외하고는 최근 15년간 출제된 모든 내용을 분석 · 정리하였습니다. 즉, 이 교재를 공부하면서 출제가능성이 있는 내용 중 빠진 게 있지 않을까 하는 의심은 하실 필요가 없습니다.

03 | 될 수 있으면 기출지문 그대로가 책의 내용이 되도록 원고를 작성하였고, 최근 10년간 출제된 지문은 모두 출제빈도를 표시하여 수험생 스스로 중요도를 파악할 수 있도록 하였습니다.

04 | 책의 날개 부분에 실제 기출지문을 실어 빠른 시간 내에 다시 한 번 복습을 할 수 있도록 하였습니다.

20여년 이상 각종 법서를 집필하였는데, 책을 출간한 후에는 항상 아쉬움이 남습니다. 본서도 마찬가지지만 이 교재에 대해서는 저자 나름대로의 자부심이 꽤 있습니다. 본서 한 권으로 공인중개사 민법 · 민사특별법을 충분히 대비할 수 있다는 확신을 합니다.

아무쪼록 본서로 공부하시는 수험생 여러분 모두의 합격을 진심으로 기원합니다.

마지막으로 본서가 출간되기까지 많은 도움을 주신 박문각출판 관계자 여러분께 깊이 감사드립니다.

편저자 김민권

이 책의 차례

PART
03

계약법

PART
04

민사특별법

PART

01

법률행위

01

법률행위 일반

01 권리변동의 모습

1 권리의 발생(취득)

(1) 원시취득

타인의 권리에 기초하지 않고 새롭게 권리를 취득하는 것으로 건물의 신축, 선의취득, 소유권 부분(**시효취득**, **무주물 선점**, 유실물 습득, 매장물 발견, 부합, 혼화, 가공 등)에서 공부하는 내용이 원시취득이다. 제28회, 제34회

(2) **승계취득**: 타인의 권리에 기초하여 권리를 취득하는 것을 말한다.

1) 이전적 승계

기존 권리자의 권리가 그대로 새로운 권리자에게 이전하는 것으로 ① **매매**, 증여와 같이 하나의 원인에 의해 하나의 권리가 이전하는 **특정(특별)승계**와 ② 상속, 포괄유증, 회사의 합병처럼 하나의 원인에 의해 다수의 권리가 이전하는 포괄승계가 있다. 제34회

2) 설정적 승계

기존 권리자가 종전처럼 권리를 보유하면서 그 권리의 일부를 새로운 권리자에게 이전하는 것으로 **제한물권**이나 임차권의 **설정** 등이 있다. 제28회, 제34회

2 권리의 변경

(1) **주체의 변경**: 주인이 바뀌는 것

(2) **내용의 변경**

① 제한물권의 설정·소멸 등으로 인하여 소유권의 내용이 감소·회복하는 것과 같은 양적 변경과 ② 소유권이전등기청구권이 채무불이행에 따른 손해배상청구권으로 변경하는 것과 같은 질적 변경이 있다.

(3) **작용의 변경**

저당권의 순위승진과 임차권이 등기를 갖춰 대항력을 취득하는 것 등이 있다.

기출
- 부동산 점유취득시효완성으로 인한 소유권 취득은 원시취득이다. (○)
- 무주물의 선점은 원시취득이다. (○)

기출
- 부동산 매매에 의한 소유권 취득은 특정승계이다. (○)
- 저당권설정은 이전적 승계이다. (×)

③ 권리의 소멸(상실)

① 목적물의 멸실, 소멸시효의 완성, 권리의 포기, 채무의 변제 등으로 권리 자체가 없어지는 절대적 소멸과 ② 매매로 인해 소유권을 상실하는 것과 같이 권리의 이전적 승계를 전주(前主)의 입장에서 바라본 상대적 소멸이 있다.

02 법률행위 서설

① 법률행위의 의의

법률행위란 권리변동을 목적으로 하는 당사자의 의사표시를 필수불가결의 요소로 하는 법률요건이다. 따라서 의사표시 없는 법률행위는 존재할 수 없다. 당사자의 의사대로 법률효과가 주어진다는 점에서 법에 의해서 효과가 주어지는 법률규정과 구별된다.

② 준법률행위

당사자가 일정한 행위를 하지만 당사자의 의사가 아니라 법률규정에 의해 효과가 발생하는 것을 준법률행위라고 한다. 준법률행위는 법률규정에 해당하므로 법률행위 규정이 적용되지 않는다. 다만 준법률행위 중 **의사의 통지(각종 최고·거절)와 관념의 통지**(대리권 수여 표시, **각종의 통지·승낙**: 다만 계약에서의 승낙은 의사표시이다)에 대해서는 의사표시에 관한 규정(대리, 조건과 기한)이 유추적용된다. 제26회, 제28회, 제34회

03 법률행위의 요건

① 법률행위의 성립요건

① 당사자 ② 목적(내용) ③ 의사표시

2 법률행위의 효력요건

(1) 일반적 효력요건

① 당사자가 능력(권리능력, 의사능력, 행위능력)이 있을 것, ② 목적이 확정 · 가능 · 적법 · 사회적 타당성이 있을 것, ③ 의사와 표시가 일치하고 의사표시에 하자가 없을 것

(2) 특별효력요건 제28회, 제32회

대리행위에서의 **대리권의 존재**, 조건부 · 기한부 법률행위에서의 **조건의 성취나 기한의 도래 등이 있다**. 그러나 **농지취득자격증명은** 농지매매의 **특별효력요건이 아니다.**

3 요건을 결한 경우의 효과

법률행위가 성립요건을 갖추지 못하면 법률행위 자체가 존재하지 않으므로(부존재), 유 · 무효나 취소 등을 논할 수 없다. 즉 무효행위의 전환이나 일부무효의 법리가 적용되지 않는다. 그리고 법률행위가 효력요건을 갖추지 못하면 원칙적으로 무효이다.

04 법률행위의 종류

1 단독행위 · 계약

(1) 단독행위

① **상대방 있는 단독행위**

의사표시가 상대방에게 도달해야 효력이 발생하는 단독행위이다. **동의**, 제26회, 제33회 채무면제, **해제**, 제33회 **해지**, 제26회 **상계**, 제32회 **추인**, 제26회, 제32회, 제33회 **취소**, 제26회, 제33회 철회, 제한물권의 포기, **공유지분의 포기**, 제32회 **취득시효이익의 포기**, 제32회 대리권 수여행위 등이 상대방 있는 단독행위이다.

② **상대방 없는 단독행위**

의사표시를 수령할 자가 특정되어 있지 않은 단독행위로 **유언(유증)**, 제33회 **재단법인 설립**, 제32회 **소유권**(점유권)**의 포기** 제28회 등이 있다.

(2) **계약**: 계약법 참조

2 의무부담행위 · 처분행위

(1) 의무부담행위(채권행위)

① 甲이 자신의 부동산을 乙에게 매매한 경우, 甲과 乙은 각각 상대방에게 대금 지급청구권과 소유권이전등기청구권이라는 채권을 취득한다. 이렇게 채권을 발생시키는 행위를 채권행위(매매 · 교환 · 임대차)라고 한다.

② 이 경우 甲은 乙에게 소유권이전등기를 해 줄 의무가 있고, 乙은 甲에게 대금을 지급할 의무가 있다. 이렇듯 채권행위는 앞으로 부담할 의무가 남게 되므로, 즉 이행의 문제가 남게 되므로 채권행위를 의무부담행위라고 한다.

(2) 처분행위(물권행위 · 준물권행위)

① 甲이 乙에게 소유권이전등기를 해주고, 乙이 甲에게 대금을 지급하면 甲과 乙은 각각 부동산과 금전의 소유권을 취득한다. 이렇게 소유권이나 제한물권 등 물권을 취득하게 하는 행위를 물권행위(부동산 등기, 동산 인도)라고 한다. 이 경우에는 더 이상 부담할 의무가 남아있지 않으므로(즉 이행의 문제를 남기지 않으므로) 물권행위를 처분행위라고 한다.

② 물권 이외의 재산권을 처분하고 이행의 문제를 남기지 않는 행위를 **준물권행위**라고 한다. **채권양도**나 채무면제, 지식재산권의 양도 등이 있다. 제34회

> 기출 ✎ 지명채권의 양도는 준물권행위이다. (○)

(3) 차이점

채권행위는 처분행위가 아니므로 채권행위에는 처분권한이 필요 없다. 즉 처분권한 없는 자의 채권행위도 유효하다. 따라서 타인권리매매(제569조)나 타인소유 물건의 임대차도 유효하다. 그러나 처분권한 없는 자의 처분행위는 무효이다. 즉 처분권한 없이 타인의 부동산에 대해 이전등기를 하거나 지상권, 지역권, 전세권, 저당권 등을 설정하는 행위는 무효이다.

3 요식행위 · 불요식 행위와 출연행위 · 비출연행위

민법상 불요식이 원칙이다. 특히 **대리권 수여행위(수권행위)도 불요식 행위이다.** 제30회 그리고 ① 매매, 증여 등과 같이 일방의 재산 감소로 인하여 타방의 재산 증가를 일으키는 행위를 출연행위라 하고, ② 일방의 재산 감소만 있을 뿐 타방의 재산 증가가 없는 행위(소유권의 포기)나 어느 누구의 재산 감소도 없는 행위(동의, 수권행위)를 비출연행위라고 한다.

> 기출 ✎ 대리권 수여행위(수권행위)는 불요식행위이다. (○)

05 법률행위의 목적(내용)

1 목적의 확정

법률행위의 목적은 처음부터 확정되어 있을 필요는 없으며, 장차 확정할 수 있는 표준만 갖추고 있으면 유효이다. 즉 매매계약에서 매매목적물과 대금은 반드시 계약 체결 당시에 구체적으로 확정되어야 하는 것은 아니고, 이를 사후에라도 확정할 수 있는 방법과 기준이 정해져 있으면 유효하다.

2 목적의 가능 : 사회통념을 기준으로 판단

(1) 원시적 불능 · 후발적 불능

① **원시적(전부) 불능** : 무효

다만 원시적 불능임을 알았거나 알 수 있었던 계약당사자는 선의 · 무과실의 상대방에 대해 계약체결상의 과실책임을 진다(제535조). 원시적 일부 불능의 경우에는 유효이고, 담보책임이 문제될 수 있다.

② **후발적 불능** : 유효

다만 채무자에게 귀책사유가 있는 경우에는 채무불이행책임과 (법정)해제가 문제되고, 채무자에게 귀책사유가 없는 경우에는 위험부담이 문제된다.

(2) 전부불능 · 일부불능 : 일부무효의 법리(제137조) 참조

3 목적의 적법

(1) 효력규정 : 위반시 민법상 계약도 무효

관할관청의 허가 없이 한 학교법인(공익법인)의 기본재산 처분, 제28회 **법정한도를 초과하는 중개보수 약정**(초과부분만 무효이고, 초과 지급된 중개보수는 반환청구를 할 수 있다), 제32회, 제35회 토지거래허가제, 명의신탁, 변호사법, 의료법, 증권거래법상 투자수익 보장(손실보전) 약정, 농지법의 임대차금지 규정 등

(2) 단속규정 : 위반하더라도 민법상 계약은 유효

중간생략등기, 제32회 무허가 음식점(무신고 숙박업) 영업, **주택법의 전매금지 규정**, 제28회 **개업공인중개사가 중개의뢰인과 직접 거래를 하는 행위를 금지하는 규정**, 제32회, 제33회 **공인중개사 자격이 없는 자가 우연히 1회성으로 행한 중개행위에 대한 중개보수약정**, 제33회 증권거래법상 일임매매금지 규정 등

4 목적의 사회적 타당성 : 반사회질서 법률행위, 불공정한 법률행위

기출 「공인중개사법」상 개업공인중개사가 법령에 규정된 중개보수 등을 초과하여 금품을 받는 행위를 금지하는 규정은 효력규정이다. (○)

기출
• 부동산등기특별조치법을 위반한 중간생략등기는 사회질서에 반하여 무효이다. (×)
• 주택법의 전매행위제한을 위반하여 한 전매약정은 무효이다. (×)

기출 「공인중개사법」상 개업공인중개사가 중개의뢰인과 직접 거래를 하는 행위를 금지하는 규정은 효력규정이다. (×)

06 반사회질서 법률행위(제103조)

1 의 의

(1) **강행법규에 위반해도 그것이 선량한 풍속 기타 사회질서와 관계가 없는 경우에는 반사회질서 법률행위가 아니다.** 제35회 다만 법률행위의 내용 자체는 반사회질서적인 것이 아니라도 법률적으로 이를 강제하거나 법률행위에 반사회질서적인 조건 또는 금전적 대가가 결부됨으로써 반사회질서적 성질을 띠게 되는 경우는 반사회질서 법률행위에 포함된다.

(2) **반사회질서의 법률행위에 해당하는지 여부는 법률행위 성립당시를 기준으로 판단한다.** 따라서 매매계약체결 당시에 정당한 대가를 지급하고 매매계약을 체결하였다면, 비록 나중에 그 목적물이 범죄행위로 취득한 것을 알았다고 하더라도 특별한 사정이 없는 한 소유권이전등기를 청구하는 것이 제103조 위반이라고 단정할 수 없다. 제30회

기출 반사회질서의 법률행위에 해당하는지 여부는 해당 법률행위가 이루어진 때를 기준으로 판단해야 한다. (○)

2 유 형

(1) **정의관념에 반하는 행위**

  1) 반사회질서 법률행위에 해당하는 경우

  ① 공무원의 직무에 관하여 청탁을 하게 하고 그 대가를 지급하기로 하는 약정
  제28회

  ② 보험사고를 가장하여 **보험금을 부정 취득할 목적으로 이루어진 보험계약**
  제26회, 제28회, 제30회, 제33회, 제35회

  ③ 소송에서 사실대로 증언하여 줄 것을 조건으로 통상적으로 용인될 수 있는 수준을 초과하는 급부를 제공받기로 한 약정 제31회

  ④ **수사기관(법정)에서 허위진술을 해주는 대가로 작성된 각서**, 이 경우에는 대가의 다과 여부를 불문하고 무효이다. 제26회

  ⑤ '**형사**'사건에서의 성공보수약정. 제34회 다만 **민사소송에서의 성공보수약정은 반사회질서 법률행위가 아니므로 유효**하다. 제26회, 제33회

  ⑥ 위약벌의 약정이 그 의무의 강제에 의하여 얻어지는 채권자의 이익에 비하여 과도하게 무거울 때

  ⑦ 우월한 지위에 있는 사업자가 그 지위를 이용하여 자기는 부당한 이득을 얻고 상대방에게는 과도한 반대급부 또는 기타의 부당한 부담을 지우는 약정

기출
• 공무원의 직무에 관하여 특별한 청탁을 하게 하고 그 대가로 돈을 지급하거나 부동산을 양도하기로 한 약정은 반사회적 법률행위로 무효이다. (○)
• 다수의 보험계약을 통하여 보험금을 부정 취득할 목적으로 보험계약을 체결한 경우, 이러한 보험계약은 반사회질서 법률행위로서 무효이다. (○)
• 소송에서 사실대로 증언할 것을 조건으로 통상 용인되는 수준을 넘는 대가를 지급하기로 하는 약정은 무효이다. (○)
• 수사기관(법정)에서 허위진술을 해 주는 대가로 작성된 각서는 무효이다. (○)

기출 강제집행을 면할 목적으로 부동산에 허위의 근저당권설정등기를 경료하는 행위는 반사회질서의 법률행위가 아니다. (○)

기출 단지 법률행위의 성립과정에 강박이라는 불법적 방법이 사용된 데 불과한 경우, 반사회질서의 법률행위로서 무효라고 주장할 수 없다. (○)

기출
• 산모가 우연한 사고로 인한 태아의 상해에 대비하기 위하여 자신을 보험수익자로, 태아를 피보험자로 하여 체결한 상해보험계약은 반사회질서 법률행위가 아니다. (○)
• 양도소득세를 회피할 목적으로 실제 거래대금보다 낮은 금액으로 계약서를 작성하여 매매계약을 체결한 행위는 반사회질서 법률행위가 아니다. (○)

기출 도박자금에 제공할 목적으로 금전을 대여하는 행위는 무효이다. (○)

2) 반사회질서 법률행위에 해당하지 않는 경우

① **강제집행을 면할 목적으로 부동산에 허위의 근저당권설정등기를 경료하는 행위** 제27회, 제31회, 제35회

② **부동산실명법을 위반한 명의신탁약정** 제31회

③ 국가기관이 국민의 기본권을 침해하는 위헌적인 공권력을 행사하여 국민이 외포되어 자유롭지 못한 의사표시를 하였다거나, **법률행위의 성립과정에 강박이 개입된 경우** 제27회

④ 부(夫)가 부정행위를 용서받는 대가로 손해를 배상함과 아울러 가정에 충실하겠다는 서약의 취지에서 처에게 부동산을 양도하되, 부부관계가 유지되는 동안에는 처가 임의로 처분할 수 없다는 제한이 붙은 약정

⑤ **반사회질서 법률행위에 의해 조성된 비자금을 은닉하기 위한 임치계약** 제34회, 제35회

⑥ **태아에 대한 상해를 대비하기 위해 산모가 자신을 보험수익자로 하여 체결한 상해보험계약** 제34회

⑦ 전통사찰의 주지직을 거액의 금품을 대가로 양도·양수하기로 하는 약정이 있음을 알고서 이루어진 종교법인의 주지임명행위

⑧ **세금 탈루 목적의 법률행위**, 제27회, 제35회 투기목적의 거래, **무허가건물의 임대** 제26회

(2) 인륜에 반하는 행위

① 첩 계약은 처의 동의 여부를 불문하고 무효이다.

② 다만 첩 관계를 해소하기로 하는 마당에 장래 생활대책과 자녀의 양육비를 마련해 준다는 뜻에서 금원 지급을 약정한 것이라면 공서양속에 반하지 않는다.

(3) 지나치게 사행적인 행위 : 도박계약 – 무효 제28회

도박계약은 원칙적으로 무효이다. 다만 도박채무자가 도박채권자에게 도박 빚을 청산하기 위하여 부동산 처분에 대한 대리권을 수여한 부분까지 무효라고 할 수 없으므로 대리인인 채권자를 통하여 선의로 부동산을 매수한 제3자는 소유권을 취득한다.

(4) 개인의 자유를 심하게 제한하는 행위

① 절대로 혼인(이혼)하지 않겠다는 계약, 전국 어느 곳에도 경업하지 않겠다는 계약 등

② 해외 파견된 근로자가 귀국일로부터 일정기간 소속회사에 근무해야 한다는 사규나 약정은 제103조에 위반된다고 할 수 없다.

(5) 생존의 기초가 되는 재산의 처분행위: 사찰재산처분(무효)

(6) 동기의 불법 제31회

동기의 불법은 원칙적으로 제103조 위반이 아니다. 그러나 **표시되거나 상대방에게 알려진 동기가 반사회질서적인 경우에는 제103조 위반으로 무효**이다.

기출✔ 상대방에게 표시되거나 알려진 법률행위의 동기가 반사회적인 경우, 그 법률행위는 무효이다. (○)

③ 사회질서 위반의 효과

(1) 일반적 효과: 절대적 무효

절대적 무효이므로 제3자는 선·악을 불문하고 보호되지 않고(즉 선의의 제3자에게도 무효로 대항할 수 있다), 추인도 허용되지 않는다. 당사자는 이행 전이면 이행할 필요가 없다.

(2) 이미 이행된 경우의 효과

① 불법원인급여에 해당하여 상대방에게 부당이득반환청구나 **소유권에 기한 반환청구를 할 수 없다.** 제29회 따라서 첩 계약의 대가로 아파트를 증여한 경우에 아파트의 소유권은 반사적으로 첩에게 귀속하므로 증여자는 첩에게 아파트의 반환을 청구할 수 없고, 첩으로부터 아파트를 매수한 자는 선·악을 불문하고 소유권을 취득한다.

② 다만 그 불법의 원인이 상대방에게만 있거나 상대방의 불법성이 현저히 큰 경우에는 예외적으로 반환청구가 허용된다(제746조 단서).

기출✔ 불법원인으로 물건을 급여한 사람은 원칙적으로 소유권에 기하여 반환청구를 할 수 있다. (×)

④ 부동산의 이중매매

(1) 원칙(유효): 선·악 불문

① **이중매매도 유효하므로 제2매수인은 선·악을 불문하고 소유권을 취득**하고, 제32회 **제1매수인은 최고 없이도 계약을 해제**하고(이행불능), 채무불이행에 따른 손해배상이나 불법행위에 따른 손해배상을 청구**할 수 있다.** 제26회

② 또한 제1매수인이 부동산을 점유하고 있는 경우에도 매도인에 대한 손해배상청구권을 피담보채권으로 하여 유치권을 행사할 수 없다(견련성 부정).

기출✔ 부동산 이중매매의 경우, 특별한 사정이 없는 한 등기를 경료한 제2매수인 丙이 소유권을 취득한다. (○)

(2) 예외(무효) : 적극가담

① 제2매수인이 매도인의 제1매수인에 대한 배임행위에 적극가담(기망, 권유)한 경우(알면서 요청하거나 유도하는 경우)에는 무효이다.

② **대리인이 매도인의 배임행위에 적극가담하여 이중매매를 한 경우에는 본인은 선의라도 소유권을 취득할 수 없다.** 제26회, 제30회

(3) 이중매매 법리의 확장

부동산이 매매된 사실을 알면서 저당권설정을 요청하여 저당권등기를 하거나, 제27회, 제29회 취득시효가 완성된 부동산, 명의신탁된 부동산을 그 사실을 알면서도 적극 가담하여 매수한 경우, **임대차계약이 체결된 부동산을 그 사실을 알면서도 이중으로 임대차계약을 요청하여 체결한 경우도 모두 반사회질서 법률행위로 무효이다.** 제32회

(4) 무효인 이중매매의 효과

① 손해배상청구권
제1매수인은 매도인에게 채무불이행에 의한 손해배상이나 불법행위에 의한 손해배상을 청구할 수 있다. 그러나 **제2매수인**과는 계약을 맺은 바가 없으므로 채무불이행에 따른 손해배상은 청구할 수 없고, **불법행위에 의한 손해배상청구만 할 수 있다(제3자의 채권침해).** 제28회

② 제2매수인에 대한 등기말소청구
제1매수인(채권자)은 등기를 경료하지 못해 소유권을 취득한 바가 없고, 제2매수인과 계약을 맺은 바도 없으므로 **제2매수인에 대해 직접 등기를 청구할 수는 없다.** 제26회, 제28회, 제32회 또한 매도인의 제2매수인에 대한 등기말소청구도 허용되지 않는다(불법원인급여). 다만 제1매수인의 채권자대위권 행사는 가능하다. 그러나 채권자취소권은 허용되지 않는다.

③ 제2매수인으로부터 전득한 자의 지위
제2매수인으로부터 부동산을 전득한 자는 선의라도 소유권을 취득할 수 없다. 즉 제2매매의 유효를 주장할 수 없다. 제26회, 제28회, 제32회

기출 이중매매가 무효인 경우에도 제1매수인 乙은 제2매수인 丙에게 소유권이전등기를 직접 청구할 수 없다. (○)

기출 매도인 甲과 제2매수인 丙의 계약이 사회질서 위반으로 무효인 경우, 丙으로부터 X토지를 전득한 丁은 선의이더라도 그 소유권을 취득하지 못한다. (○)

07 **불공정한 법률행위**(폭리행위 – 제104조)

1 의 의

제104조는 제103조의 예시조항이므로, 제104조 요건에 해당하지 않더라도 제103조 위반으로 무효가 될 수 있다.

2 적용범위

(1) **증여(기부행위)**와 같이 아무런 대가관계 없이 당사자 일방이 상대방에게 일방적인 급부를 하는 **무상행위는 불공정한 법률행위 규정이 적용될 수 없다.**
제28회

(2) **경매**는 '법률규정'에 해당하므로 **불공정한 법률행위 규정이 적용될 여지가 없다.**
제28회, 제31회, 제34회

(3) 구속된 남편의 징역을 면하기 위한 채권포기(채무면제, 단독행위)가 현저하게 공정을 잃은 경우에는 제104조 위반으로 무효이다.

(4) 종중총회결의와 어촌계 총회결의도 반사회질서 법률행위나 불공정한 법률행위에 해당하여 무효가 될 수 있다.

(5) 쌍무계약이 불공정한 법률행위에 해당하여 무효라면, 그 계약으로 불이익을 입는 당사자와 맺은 부제소합의 역시 특별한 사정이 없는 한 무효이다.

3 요 건

(1) **객관적 요건**: 급부와 반대급부의 현저한 불균형
현저한 불균형의 여부는 단순히 시가와의 차액 또는 시가와의 배율로 판단할 수는 없고, 그 판단에 있어서는 피해당사자의 궁박·경솔·무경험의 정도가 아울러 고려되어야 하고, **당사자의 주관적 가치가 아닌 거래상의 객관적 가치에 따라 판단하여야 한다.** 제29회 여기에서 급부와 반대급부는 해당 법률행위에서 정한 급부와 반대급부를 의미하므로, 궁박 때문에 법률행위를 하였다고 주장하는 당사자가 그 법률행위의 결과 제3자와의 계약관계에서 입었을 불이익을 면하게 되었더라도, 특별한 사정이 없는 한 이러한 불이익의 면제를 곧바로 해당 법률행위에서 정한 상대방의 급부로 평가해서는 안 된다.

기출✎
• 증여계약(기부행위)과 같이 아무런 대가관계 없이 당사자 일방이 상대방에게 일방적인 급부를 하는 법률행위(무상행위)는 불공정한 법률행위에 해당될 수 없다. (○)
• 경매에는 불공정한 법률행위 규정이 적용되지 않는다. (○)
• 경락대금과 목적물의 시가에 현저한 차이가 있는 경우에도 불공정한 법률행위가 성립할 수 있다. (×)

기출✎ 급부와 반대급부 사이의 현저한 불균형은 피해자의 궁박·경솔·무경험의 정도를 고려하여 당사자의 주관적 가치에 따라 판단한다. (×)

(2) **주관적 요건** : 궁박 · 경솔 · 무경험

① 궁박의 원인은 묻지 않는다. 즉 반드시 경제적일 필요는 없고, **정신적 · 심리적 원인에 의한 궁박도 포함된다.** 제29회 **무경험은** 어느 특정영역에서의 경험부족이 아니라 **거래일반에 대한 경험부족을 뜻한다.** 제29회

② 궁박 · 경솔 · 무경험은 모두 구비될 필요는 없고 그 중 하나만 있어도 충분하다.

③ 대리인에 의하여 법률행위가 이루어진 경우, **경솔과 무경험은 대리인을 기준으로 판단하고, 궁박은 본인의 입장에서 판단**한다. 제28회, 제29회, 제31회, 제34회

(3) **상대방에 관한 요건**(편승의사 · 이용의사)

폭리자가 피해자의 사정을 알면서 이용하려는 의사(폭리악의)가 있어야 한다. 즉 단순한 인식만으로는 불공정한 법률행위가 성립하지 않는다. 제34회

(4) **증명책임**(피해자)

무효주장자(피해자) 측에서 위 모든 요건을 증명해야 한다. 따라서 법률행위가 현저하게 공정을 잃었다고 하여 그것이 곧 궁박 · 경솔하게 이루어진 것으로 추정되지 않는다.

(5) **불균형 판단시기** : 법률행위시를 기준 제26회, 제28회, 제29회

법률행위 당시 불공정한 법률행위가 아니라면 사후에 외부적 환경의 급격한 변화로 계약당사자 일방에게 큰 손실이 발생하고, 상대방에게 이에 상응하는 큰 이익이 발생하였다고 해도 불공정한 법률행위가 성립할 수 없다.

4 효 과

(1) **법률행위 전부가 무효이다.** 제34회 또한 절대적 무효이므로 선의의 제3자도 보호되지 않고, 추인하더라도 무효이다. 다만 **유효한 법률행위로 '전환'될 수는 있다.** 제28회, 제29회, 제31회, 제34회

(2) 불법의 원인이 폭리자에게만 있으므로 폭리자는 피해자에게 반환을 청구할 수 없으나(불법원인급여) 피해자는 폭리자에게 반환을 청구할 수 있다.

08 법률행위의 해석

1 법률행위 해석의 대상

법률행위의 해석이란 표의자의 내심의 의사와 관계없이 표시행위가 가지는 객관적 의미(예컨대 계약서에 나타난 문언의 기재내용에 의하여 당사자가 그 표시행위에 부여한 객관적 의미)를 밝히는 것이다. 따라서 의사표시 해석에 있어서 당사자의 진정한 의사를 알 수 없다면, 의사표시의 요소가 되는 것은 표시상의 효과의사이므로, 당사자의 내심의 의사보다는 외부로 표시된 행위에 의하여 추단된 의사를 가지고 해석함이 상당하다.

2 해석의 방법

(1) 자연적 해석

1) 의 의

표현의 문자적·언어적 의미에 구속되지 않고 표의자의 내심적 효과의사(진의)를 탐구하는 것이다. 표의자의 입장에서 하는 해석방법이므로 원칙적으로 상대방 없는 단독행위에 적용되나, 예외적으로 계약에 적용되는데 이를 '오표시 무해의 원칙'이라고 한다.

2) 오표시 무해의 원칙 제27회, 제35회

① 표시가 잘못 되어도 상대방이 그 진정한 의사를 안 경우에는 그 의사대로 효력이 발생한다. 즉 **당사자의 의사대로 효력이 발생하므로 착오 취소는 허용되지 않는다.**

② 부동산의 매매계약에 있어 쌍방당사자가 모두 X토지를 계약의 목적물로 삼았으나 그 목적물의 지번 등에 관하여 착오를 일으켜 계약서상 Y토지로 표시하였다 하더라도 X토지에 관하여 이를 매매의 목적물로 한다는 쌍방 당사자의 의사합치가 있는 이상 **위 매매계약은 X토지에 관하여 성립한다.**

③ 따라서 만일 Y토지가 매수인 명의로 소유권이전등기가 되더라도 이는 무효이다. 즉 X토지와 Y토지는 여전히 매도인의 소유이다(X토지는 이전등기가 없고, Y토지에 대해서는 계약 자체가 없다). 따라서 매도인은 매수인에 대해 Y토지에 대해 등기말소를 청구할 수 있고, 매수인은 매도인에 대해 X토지의 소유권이전등기를 청구할 수 있다.

[기출] 당사자가 합의한 매매 목적물의 지번에 관하여 착오를 일으켜 계약서상 목적물의 지번을 잘못 표시한 경우, 그 계약을 취소할 수 없다. (○)

[기출] 乙이 甲소유의 X토지를 매매하기로 甲과 합의하였으나 계약서에는 Y토지로 잘못 기재한 경우 매매계약은 X토지에 대하여 유효하게 성립한다. (○)

④ 매수인으로부터 X토지를 매수한 전득자는 매수인을 대위하여 매도인에 대해 소유권이전등기를 청구할 수 있으나, Y토지를 매수한 경우라면 선의라도 소유권을 취득할 수 없다(등기의 공신력 부정).

⑵ 규범적 해석

1) 의 의

진의와 표시가 일치하지 않는 경우에 상대방의 입장에서 표시행위로부터 추단되는 '표시상의 효과의사'를 밝히는 것이다. 상대방 있는 법률행위의 해석방법이다.

2) 판 례

① 타인의 이름으로 법률행위를 한 경우에 행위자 또는 명의인 가운데 누구를 계약의 당사자로 볼 것인가에 관하여는, 우선 행위자와 상대방의 의사가 일치한 경우에는 그 일치한 의사대로 행위자 또는 명의인을 계약의 당사자로 확정해야 하고, 행위자와 상대방의 의사가 일치하지 않는 경우에는 상대방이 합리적인 사람이라면 행위자와 명의자 중 누구를 계약 당사자로 이해할 것인가에 의하여 당사자를 결정해야 한다.

② 계약의 상대방이 대리인을 통하여 본인과 사이에 계약을 체결하려는 데 의사가 일치하였다면 대리권 존부와는 무관하게 계약의 당사자는 본인과 상대방이다.

⑶ 보충적 해석

당사자의 약정에 공백이 있는 경우에 제3자의 입장에서 당사자의 '가정적 의사(이익조정의사)'를 확정하는 것으로 주로 계약에서 문제된다. 즉 여기서 보충되는 당사자의 의사는 당사자의 실재의 의사 또는 주관적 의사가 아니다.

Chapter 02 의사표시

01 진의 아닌 의사표시

> **제107조 【진의 아닌 의사표시】** ① 의사표시는 표의자가 진의 아님을 알고 한 것이라도 그 효력이 있다. 그러나 상대방이 표의자의 진의 아님을 알았거나 이를 알 수 있었을 경우에는 무효로 한다.
> ② 전항의 의사표시의 무효는 선의의 제3자에게 대항하지 못한다.

1 의의 및 요건

(1) **진의 아닌 의사표시는** 진의와 표시의 불일치를 표의자 자신이 알고 있다는 점에서 착오와 구별되고, 통정허위표시와는 공통된다. 또한 **상대방과 통정(합의)이 없다는 점에서 통정허위표시와 구별되고,** 제27회, 제30회, 제33회 **착오와는 공통된다.** 제32회

(2) 진의 아닌 의사표시에 있어서의 '**진의**'란 **특정한 내용의 의사표시를 하고자 하는 표의자의 생각을 말하는 것이지 표의자가 진정으로 마음속에서 바라는 사항을 뜻하는 것은 아니다.** 제27회 따라서 표의자가 의사표시의 내용을 진정으로 마음속에서 바라지는 아니하였다고 하더라도 당시의 상황에서는 그것이 최선이라고 판단하여 그 의사표시를 하였다면 진의 아닌 의사표시라고 할 수 없다.

(3) 따라서 비록 재산을 강제로 뺏긴다는 것이 표의자의 본심으로 잠재되어 있었다 하여도 당시의 상황에서는 그것이 최선이라고 판단하여 증여의 의사표시를 한 이상 이를 비진의표시라고 할 수는 없다(제3공화국 정치인 판례).

(4) 비진의표시를 하게 된 동기나 목적은 묻지 않는다.

(5) **실제 대출받는 자와 대출명의자가 다른 경우**

① 甲이 자신의 이름으로 대출을 받을 수 없는 乙에게 자신의 명의로 대출을 받도록 승낙한 경우, 甲의 의사는 甲 자신이 주채무자로서 책임을 지겠다는 것으로 보아야 한다. 즉 진의에 의한 의사표시이다.

기출 진의 아닌 의사표시는 상대방과 통정이 없다는 점에서 통정허위표시와 구별된다. (○)

기출 비진의 의사표시는 상대방과 통정이 없었다는 점에서 착오와 구분된다. (×)

기출 진의 아닌 의사표시에서 진의란 특정한 내용의 의사표시를 하고자 하는 표의자의 생각을 말하는 것이지 표의자가 진정으로 마음속에서 바라는 사항을 뜻하는 것은 아니다. (○)

② 따라서 금융기관이 甲의 명의대여 사실을 알고 있었다고 하더라도 甲이 책임을 진다. 판례도 학교법인이 사립학교법상의 제한규정 때문에 교직원의 명의를 빌려 은행으로부터 금원을 차용한 경우, 은행 역시 그러한 사정을 알고 있었다 하더라도 위 교직원들이 책임을 진다는 입장이다.

③ 다만 금융기관이 甲의 명의대여를 '양해'를 한 경우에는 이는 통정허위표시에 해당하여 무효이다. 즉 甲이 책임을 지지 않는다.

2 효 과

(1) **원칙**: 유효(선의 · 무과실) 제27회, 제32회

진의 아닌 의사표시는 원칙적으로 유효하다. 다만 상대방이 진의 아님을 알았거나 알 수 있었을 경우에는 무효이다. 즉 **비진의표시는 상대방이 선의 · 무과실인 경우에 한하여 유효하다.**

(2) **예외**: 무효(상대방의 악의나 과실)

① 근로자가 회사의 경영방침에 따라 사직원을 제출하고 즉시 재입사하는 형식을 취함으로써 계속 근무하였다면 그 사직원 제출은 비진의표시에 해당하고 회사 또한 근로자의 진의가 아님을 알고 있었다고 봄이 상당하다. 즉 사직서의 수리는 무효이다.

② 그러나 희망(중간, 특별)퇴직제 실시에 따라 근로자가 자의로 회사에 사직서를 제출한 것은 진의에 의한 의사표시이다.

③ 상대방은 선의로 추정되므로 상대방의 악의에 대해서는 무효를 주장하는 자, 즉 비진의표시를 한 자가 증명책임을 진다.

(3) **제3자와 관계**(통정허위표시 참조) 제27회

비진의표시가 무효가 되는 경우에도 선의의 제3자에게는 대항하지 못한다. 또한 상대방이 비진의표시에 대하여 선의 · 무과실이라면 비진의표시가 유효하므로 악의의 제3자도 보호된다.

③ 적용범위

(1) 단독행위

계약이나 상대방 있는 단독행위는 물론이고 상대방 없는 단독행위에도 적용된다. 나아가 상대방 없는 단독행위는 진의가 아님을 알았거나 알 수 있었을 상대방이 없으므로 무효가 될 여지가 없다. 즉 상대방 없는 단독행위의 비진의표시는 항상 유효하다.

(2) 가족법상의 행위 · 상법상의 행위 · 공법상의 행위(소송행위)

비진의표시 규정이 적용되지 않는다. 따라서 공무원이 사직의 의사 없이 사직의 의사표시를 한 경우에도 그 의사는 표시된 대로 효력이 발생한다.

02 통정허위표시

> **제108조【통정한 허위의 의사표시】** ① 상대방과 통정한 허위의 의사표시는 무효로 한다.
> ② 전항의 의사표시의 무효는 선의의 제3자에게 대항하지 못한다.

① 의의 및 효과

(1) 의 의

의사와 표시의 불합치에 대하여 상대방과 통정(합의)이 있어야 한다. 따라서 표의자가 의식적으로 진의와 다른 의사표시를 한다는 것을 상대방이 알았다는 것만으로는 통정허위표시가 성립하지 않는다. 제30회, 제33회

(2) 당사자 간의 효과

① **무 효** 제27회, 제28회

당사자 사이에는 언제나 무효이다. 제35회 즉 가장매매의 경우, **당사자는 이행 전에는 이행할 필요가 없다.** 그리고 허위표시 자체가 곧 반사회질서 법률행위(제103조)인 것은 아니므로 **가장매도인은 이행 후에는 부당이득반환이나 소유권에 기한 등기말소(진정명의회복을 위한 소유권이전등기)를 청구할 수 있다.**

② **철 회**

당사자는 언제든지 허위표시를 철회할 수 있다. 그러나 허위표시에 의해 형성된 외관(등기)을 제거하지 않으면 선의의 제3자에게 대항하지 못한다.

주의 통정허위표시는 반사회질서 법률행위에 해당하지 않는다. 즉 불법원인급여에 해당하지 않는다. 따라서 계약의 당사자는 이행 전이면 이행할 필요가 없고, 이행 후에는 부당이득반환을 청구할 수 있다.

③ 허위표시와 채권자취소권과의 관계

통정허위표시도 채권자취소권의 대상이 되고, 채권자취소권의 대상이 된 법률행위라도 통정허위표시의 요건을 갖춘 경우에는 무효이다. 제30회, 제35회 **따라서 가장매도인의 채권자는 통정허위표시를 이유로 무효를 주장할 수도 있고, 채권자취소권을 행사할 수도 있다.**

(3) 제3자에 대한 효과

1) 제3자

① 통정허위표시도 선의의 제3자에 대해서는 표시된 대로 효력이 발생한다. 따라서 **허위표시의 당사자뿐만 아니라 어느 누구도(가장매도인의 채권자 포함) 선의의 제3자에 대해서는 통정허위표시의 무효를 주장하지 못한다.** 제27회, 제33회

② 즉 가장매도인은 선의의 제3자에게는 등기말소를 청구할 수 없다. 다만 가장매수인에게는 손해배상이나 부당이득반환을 청구할 수 있다.

③ 제3자란 당사자와 그의 포괄승계인(상속인) 이외의 자로서 그 통정허위표시에 의해 형성된 법률관계를 토대로 새로운 법률상 이해관계를 맺은 자를 의미하고, **제3자의 범위는 실질적으로 파악해야 한다.** 제30회

④ **가장소비대차에 따른 대여금채권의 선의의 양수인**이나, 제33회 **통정허위표시에 의한 채권을 선의로 가압류한 자도 제3자에 해당한다.** 제26회, 제31회

⑤ 파산한 소비대주의 **파산관재인**은 파산자의 포괄승계인이지만, 파산자와는 독립된 지위도 가지므로 **제3자에 해당**하고, 나아가 **파산관재인의 선악도 파산관재인 개인이 아닌 총파산채권자를 기준**으로 하므로, 파산관재인이 악의라도 파산채권자 모두가 악의로 되지 않는 한 파산관재인은 선의의 제3자에 해당한다. 제30회~제32회, 제34회

⑥ **가장전세권에 선의로 (근)저당권을 설정한 자도 제3자에 해당한다.**

제26회, 제31회

⑦ **가장채무를 보증하고 그 보증채무를 이행하여 구상권을 취득한 선의의 보증인도 제3자에 해당**한다. 제31회, 제34회

⑧ **가장채권양도에서의 변제 전 채무자는 제3자에 해당하지 않는다.** 제31회

⑨ **계약의 인수인도** 당사자의 지위를 승계하므로 **제3자에 해당하지 않는다.**

제34회

⑩ **제3자를 위한 계약의 제3자(수익자)나** 대리행위에 있어서 **대리인이나 본인**은 통정허위표시의 **제3자에 해당하지 않는다.** 제26회, 제31회, 제33회

기출 통정허위표시에 의한 채권을 가압류한 자는 통정허위표시에서 보호받는 제3자가 아니다. (×)

기출 파산선고를 받은 가장채권자의 파산관재인은 제3자에 해당한다. (○)

기출 가장전세권에 저당권을 취득한 자도 제3자에 해당한다. (○)

기출 가장채무를 보증하고 그 보증채무를 이행하여 구상권을 취득한 보증인도 제3자에 해당한다. (○)

기출 채권의 가장양도에서 변제 전 채무자는 통정허위표시의 제3자에 해당한다. (×)

기출 제3자를 위한 계약의 제3자(수익자)는 통정허위표시에서 보호받는 제3자가 아니다. (○)

기출 차주와 통정하여 가장소비대차계약을 체결한 금융기관으로부터 그 계약을 인수한 자는 제3자에 해당한다. (×)

2) 선 의

제3자는 선의이면 족하고 무과실은 요건이 아니다. 즉 **제3자는 선의라면 과실이 있어도 보호된다.** 제27회, 제35회 그리고 제3자는 선의로 추정되므로 **제3자의 악의는 무효를 주장하는 자(가장매도인 측)가 증명해야 한다.**

제27회, 제32회, 제35회

3) '대항하지 못한다'의 의미

선의의 제3자에 대해서는 어느 누구도 무효를 주장하지 못하지만 선의의 제3자는 스스로 무효를 주장할 수도 있다.

(4) 전득자에 대한 효력

① 제3자가 선의인 경우에는 제3자는 완전한 권리를 취득하므로, 제3자로부터 다시 권리를 취득한 전득자는 악의일지라도 보호된다(엄폐물의 법칙).

② **제3자가 악의라도 전득자가 선의라면 보호된다.** 제35회 예컨대 甲과 乙이 가장전세권을 설정하고 악의의 丙이 가장전세권에 저당권을 설정한 후, 선의의 丁이 그 전세권저당권부 채권을 가압류한 경우, 丁은 선의의 제3자로서 보호된다.

2 적용범위

허위표시는 계약은 물론 상대방 있는 단독행위에도 적용된다. 그러나 상대방 없는 단독행위의 경우에는 통정의 상대방이 없으므로 허위표시 규정이 적용될 수가 없다.

3 은닉행위 제29회

부(父) 甲이 자(子) 乙에게 부동산을 증여하면서 세금을 탈루하기 위하여 가장매매를 한 경우, **가장매매는 무효이나 숨겨져 있는 증여(은닉행위)는 유효**이다. 제30회, 제33회 따라서 **乙에게서 부동산을 매수한 丙은 악의나 과실이 있는 경우라도 소유권을 취득**한다. 따라서 **甲이나 乙은 丙에게 등기말소를 청구할 수 없다.**

기출 ✍ 통정허위표시의 제3자 丙이 선의이더라도 과실이 있으면 소유권을 취득하지 못한다. (×)

기출 ✍ 통정허위표시의 무효에 대항하려는 제3자는 자신이 선의라는 것을 증명하여야 한다. (×)

03 착 오

> **제109조【착오로 인한 의사표시】** ① 의사표시는 법률행위의 내용의 중요부분에 착오가 있는 때에는 취소할 수 있다. 그러나 그 착오가 표의자의 중대한 과실로 인한 때에는 취소하지 못한다.
> ② 전항의 의사표시의 취소는 선의의 제3자에게 대항하지 못한다. 제35회

1 의 의

당사자가 착오를 이유로 의사표시를 취소하지 않기로 약정한 경우, 표의자는 의사표시를 취소할 수 없다. (○)

착오가 있더라도 상대방이 표의자의 진의에 동의한 경우에는 표의자의 진의대로 계약이 성립하므로 착오취소가 허용되지 않는다. 또한 착오 규정은 임의규정이므로 **당사자가 착오를 이유로 취소할 수 없음을 약정한 경우에는 착오취소가 허용되지 않는다.** 제28회

2 착오의 유형

(1) 동기의 착오

1) 동기의 착오가 고려되기 위한 요건

① 동기는 법률행위의 내용이 아니므로 원칙적으로 동기의 착오를 이유로 법률행위를 취소할 수는 없다. 다만 그 동기를 당해 의사표시의 내용으로 삼을 것을 상대방에게 표시하고 의사표시의 해석상 법률행위의 내용으로 되었다고 인정되면 법률행위를 취소할 수 있다. 나아가 당사자들 사이에 별도로 그 동기를 의사표시의 내용으로 삼기로 하는 합의까지 이루어질 필요는 없다.

② 유의할 점은 동기가 표시되었다고 바로 취소할 수 있는 것이 아니라 동기가 법률행위 내용의 중요부분이고 표의자에게 중과실이 없어야 한다.

③ 다만 **동기가 표시되지 않았더라도 동기의 착오가 상대방에 의해 유발되거나 제공된 경우에는 동기의 착오를 이유로 법률행위를 취소할 수 있다.** 제28회

2) 판 례

① 토지를 매수하였는데, 법령상의 제한(예 공장허가가 나지 않는 것)으로 그 토지를 의도한 목적대로 사용할 수 없게 된 것은 동기의 착오이다.

② 귀속해제된 토지인데도 귀속재산인줄로 잘못 알고 국가에 증여를 한 경우, 이러한 착오는 동기의 착오이나 그 동기를 제공한 것이 관계공무원이라면 착오를 이유로 그 증여계약을 취소할 수 있다.

상대방에 의해 유발된 동기의 착오는 동기가 표시되지 않았더라도 중요부분의 착오가 될 수 있다. (○)

③ 시(市)로부터 공원휴게소 설치시행허가를 받음에 있어 담당공무원이 법규오해로 인하여 잘못 회시한 공문에 따라 동기의 착오를 일으켜 법률상 기부채납의무가 없는 휴게소부지의 16배나 되는 토지 전부와 휴게소건물을 시에 증여한 경우, 휴게소부지와 그 지상시설물을 제외한 나머지 토지에 관한 법률행위의 일부취소는 가능하다.

⑵ 법률의 착오

법률행위의 내용의 착오와 똑같이 취급한다. 즉 법률(대부분 세금)의 착오가 계약의 중요부분이고, 중대한 과실이 없다면 착오를 이유로 그 법률행위를 취소할 수 있다.

⑶ 표시상의 착오 제28회

부동산거래계약서에 서명·날인한다는 착각에 빠진 상태로 연대보증의 서면에 서명·날인한 경우에는 표시상의 착오에 해당한다.

⑷ 내용의 착오

3 요 건

⑴ 중요부분의 착오일 것

1) 의 의

① 중요부분의 착오라 함은 표의자의 입장에서 중요한 것이어야 하고(주관적 요건), 일반인의 입장에서도 중요한 것이어야 한다(객관적 요건).

② 착오로 인하여 **표의자가 경제적인 불이익을 입은 것이 아니라면 중요부분의 착오가 아니다.** 제26회 따라서 기술신용보증기금이 가압류가 없는 것으로 믿고 보증을 하였으나 그 가압류가 무효임이 밝혀진 경우, 착오를 이유로 그 의사표시를 취소할 수 없다.

2) 중요부분 착오의 모습

① **당사자의 동일성에 대한 착오**
당사자의 동일성에 대한 착오는 현실매매 등의 경우에는 중요부분의 착오가 아니다. 그러나 임대차, 증여, 고용 등과 같은 경우에는 중요부분의 착오이다. 또한 근저당권설정계약에 있어서 채무자의 동일성에 대한 물상보증인의 착오는 중요부분의 착오이다.

② **목적물에 대한 착오**: 중요부분이다.

기출 ✎ 착오에 의한 의사표시로 표의자가 경제적인 불이익을 입지 않더라도 착오를 이유로 그 의사표시를 취소할 수 있다. (×)

③ **수량**(면적)·**가격**(시가) **등에 관한 착오**

물건의 성질·형상, 내력 또는 법률상태 등에 대한 착오는 일반적으로 동기의 착오이다. 또한 **물건의 수량(면적), 가격 등에 대한 착오는 일반적으로 중요부분의 착오가 아니다.** 제28회

④ **토지의 현황**(하천)·**경계**(담·담장)**에 관한 착오**

1389평을 전부 경작할 수 있는 농지인 줄 알고 매수하였으나 약 600평이 하천인 경우에는 중요부분의 착오이다.

⑤ **법률행위의 성질에 관한 착오**

임대차를 사용대차인 줄 알았거나 연대채무를 보증채무로 안 경우와 같은 경우에는 중요부분의 착오가 된다.

(2) 중과실이 없을 것

1) **중대한 과실의 의의**

① 표의자의 직업, 행위의 종류, 목적 등에 비추어 보통 요구되는 주의를 현저히 결여하는 것을 말한다.

② 공장을 설립할 목적으로 토지를 매수함에 있어 공장을 건축할 수 있는지 여부를 관할관청에 알아보지 아니한 과실을 중대한 과실에 해당한다.

③ 공인된 중개사나 신뢰성 있는 중개기관을 통하지 않고 개인적으로 토지 거래를 한 매수인이 임야도나 임야대장을 확인하지 않은 것은 중대한 과실에 해당한다.

2) **증명책임**

법률행위의 내용에 착오가 있었다는 사실과 그 착오가 의사표시에 결정적인 영향을 미쳤다는 점, 즉 만약 그 착오가 없었더라면 의사표시를 하지 않았을 것(중요부분)이라는 점은 표의자(무효를 주장하는 자)가 증명하나, **중대한 과실은 상대방(유효를 주장하는 자)이 증명책임을 부담한다.** 제26회

3) **적용의 배제**

상대방이 표의자의 착오를 알면서 이를 이용한 경우에는 표의자에게 중대한 과실이 있어도 의사표시를 취소할 수 있다. 제26회, 제28회, 제31회, 제35회

4 착오의 효과

(경)과실이 있는 표의자도 의사표시를 취소할 수 있다. 제29회 따라서 **상대방은 취소를 한 표의자에게 불법행위에 따른 손해배상을 청구할 수 없다.** 제26회, 제31회

기출 상대방이 표의자의 착오를 알면서 이를 이용한 경우에는 표의자는 중대한 과실이 있어도 의사표시를 취소할 수 있다.
(○)

주의 민법 제109조가 (경)과실이 있는 자의 착오취소를 허용하고 있으므로, 즉 경과실이 있는 자의 착오취소는 적법하므로 표의자가 착오를 이유로 취소권을 행사해도 불법행위에 따른 손해배상책임이 인정될 여지가 없다.

5 다른 제도와의 관계

(1) 사기와의 관계

착오가 기망에 의해 발생한 경우 표의자는 착오취소나 사기취소를 선택적으로 주장할 수 있다. 다만 기망에 의하여 동기의 착오가 아니라 표시상의 착오에 빠진 경우에는 사기취소가 허용되지 않는다. 즉 제3자의 기망에 의해 신원보증서류에 서명·날인한다는 착각에 빠진 상태로 연대보증의 서면에 서명·날인한 경우에는 사기규정은 적용되지 않고 착오규정만이 적용된다.

(2) 계약의 해제와 착오 제26회, 제29회, 제31회, 제32회, 제35회

매도인이 매매계약을 적법하게 해제한 후라도 매수인은 착오취소의 요건을 갖춘 이상 불이익을 면하기 위해 착오를 이유로 법률행위를 취소할 수 있다.

기출 매도인이 매매계약을 적법하게 해제하였더라도, 매수인은 계약해제의 효과로 발생하는 불이익을 면하기 위하여 착오를 원인으로 그 계약을 취소할 수 있다. (○)

(3) 하자담보책임과 착오 제31회

하자담보책임이 성립하는 경우에도 착오취소의 요건을 갖춘 이상 착오취소가 허용된다.

기출 매도인의 하자담보책임이 성립하더라도 착오를 이유로 한 매수인의 취소권은 배제되지 않는다. (○)

(4) 화해계약과 착오

화해계약은 착오를 이유로 취소하지 못함이 원칙이다(제733조). 그러나 화해계약에 사기가 개입된 경우에는 사기를 이유로 한 취소는 당연히 인정된다.

04 하자 있는 의사표시: 사기·강박

> **제110조 【사기, 강박에 의한 의사표시】** ① 사기나 강박에 의한 의사표시는 취소할 수 있다.
> ② 상대방 있는 의사표시에 관하여 제3자가 사기나 강박을 행한 경우에는 상대방이 그 사실을 알았거나 알 수 있었을 경우에 한하여 그 의사표시를 취소할 수 있다.
> ③ 전2항의 의사표시의 취소는 선의의 제3자에게 대항하지 못한다.

1 요 건

(1) 사기에 의한 의사표시

1) 사기자의 고의: 2단의 고의

표의자를 착오에 빠지게 하려는 고의와, 표의자가 이 착오에 기하여 의사표시를 하게 하려는 2단의 고의가 있어야 한다. 따라서 과실에 의해서는 사기가 성립할 수 없다.

2) 기망행위

① 기망은 널리 재산상의 거래관계에서 서로 지켜야 할 신의와 성실의 의무를 저버리는 모든 적극적, 소극적 행위를 말한다. 단순한 침묵이나, 의견이나 평가의 진술도 기망행위가 될 수 있다. 그러나 재산상의 이익을 얻을 목적이나 상대방에게 손해를 입히려는 의사는 필요 없다.

② 아파트 분양계약을 체결함에 있어 **분양회사가 인근에 공동묘지나 쓰레기 매립장이 조성될 사실을 알고도 이를 분양계약자에게 고지하지 않은 채 분양계약을 체결한 것은 부작위에 의한 기망에 해당한다.** 제27회, 제35회

③ **상가를 분양하면서** 그곳에 첨단오락타운을 조성하고 전문경영인에 의해 위탁경영을 통하여 일정수익을 보장한다는 취지의 광고를 하는 등 **다소의 과장·허위광고를 하였다 하더라도 곧 기망행위에 해당하지는 않는다.** 제27회

3) 사기의 위법성 제28회, 제32회, 제35회

특별한 사정이 없는 한 일방 당사자가 **자기가 소유하는 목적물의 시가를 묵비하여 상대방에게 고지하지 아니하거나 혹은 허위로 시가보다 높은 가액을 시가라고 고지하였다 하더라도 이는 상대방의 의사결정에 불법적인 간섭을 한 것이라고 볼 수 없다.**

4) 인과관계

인과관계는 표의자의 주관적인 것에 지나지 않아도 무방하다. 또한 기망에 의한 착오는 동기의 착오라도 무방하고, 중요부분의 착오가 아니라도 사기 취소는 가능하다.

(2) 강박에 의한 의사표시

① **강박의 정도가** 단순한 불법적 해악의 고지로 상대방으로 하여금 공포를 느끼도록 하는 정도가 아니고, 의사표시자로 하여금 의사결절을 스스로 할 수 있는 여지를 완전히 박탈한 상태에서 의사표시가 이루어져 단지 법률행위의 외형만이 만들어진 것에 불과한 정도인 경우에는 무효이다.

② **각서에 서명·날인할 것을 강력히 요구한 것만으로는 강박행위에 해당하지 않는다.** 제28회

③ 일반적으로 부정행위에 대한 고소, 고발은 위법하다고 할 수 없으나, 부정한 이익의 취득을 목적으로 하거나, 목적이 정당하다 하더라도 행위나 수단 등이 부당한 때에는 위법성이 인정되는 경우가 있을 수 있다.

기출 ✍ 분양회사가 상가를 분양하면서 그 곳에 첨단 오락타운을 조성하여 수익을 보장한다는 다소 과장된 선전광고를 하는 것은 기망행위에 해당한다. (×)

기출 ✍ 교환계약의 일방 당사자가 자신의 목적물의 시가를 묵비하여 고지하지 아니하거나 허위로 시가보다 높은 가액을 시가라고 고지한 경우, 특별한 사정이 없는 한 이는 상대방의 의사결정에 불법적인 간섭을 한 기망행위에 해당한다. (×)

④ 강박행위가 위법하기 위해서는, 해악의 고지로써 추구하는 이익이 정당하지 아니하거나 강박의 수단으로 상대방에게 고지하는 해악의 내용이 법질서에 위배된 경우, 또는 어떤 해악의 고지가 거래관념상 그 해악의 고지로써 추구하는 이익의 달성을 위한 수단으로 부적당한 경우 등에 해당해야 한다.

2 효 과

(1) 의사표시의 상대방에 대한 효과

1) 상대방(대리인)의 사기 · 강박의 경우

상대방의 사기 · 강박의 경우, 표의자는 의사표시를 취소할 수 있다. 제29회 **또한 대리인으로부터 사기 · 강박을 당하여 계약을 체결한 경우에는 상대방은 본인이 대리인의 사기 · 강박을 알았는지 여부와 무관하게 계약을 취소할 수 있다.** 제31회

2) 제3자의 사기 · 강박의 경우

① 상대방 없는 의사표시에 대해 제3자에게 사기나 강박을 당한 경우에는 보호할 상대방이 없으므로 표의자는 기간 내라면 언제든지 의사표시를 취소할 수 있다.

② 상대방 있는 의사표시
   ㉠ **표의자는 상대방이 제3자의 사기나 강박의 사실을 알았거나(악의) 알 수 있었던 경우(과실)에 한하여 취소할 수 있다.** 제27회
   ㉡ **상대방의 대리인 등 상대방과 동일시할 수 있는 자의 사기나 강박은 제3자의 사기 · 강박에 해당하지 않는다.** 제27회, 제35회 따라서 은행의 출장소장에게 기망을 당하여 소비대차계약을 한 고객은 은행이 그 사실을 알았거나 알 수 있었는지 여부와 상관없이 계약을 취소할 수 있다.
   ㉢ 그러나 단순히 상대방의 피용자이거나 상대방이 사용자책임을 져야 할 관계에 있는 자는 제3자에 해당한다. 따라서 상대방이 피용자의 사기 · 강박을 알았거나 알 수 있었을 경우에만 취소할 수 있다.

3) 적용범위

소송행위에는 원칙적으로 민법 규정이 적용되지 않는다. 따라서 **소송행위(소송상의 화해, 가처분신청 취소)가 착오나 사기 · 강박에 의해 이루어진 경우에도 이를 이유로 소송행위를 취소할 수는 없다.** 제26회

(2) 제3자에 대한 효과

취소 후라도 말소등기가 행해지기 전에 취소의 의사표시가 있음을 알지 못하고 새로운 이해관계를 맺은 자도 선의의 제3자로 보호한다.

기출

• 상대방 있는 의사표시에 관하여 제3자가 사기나 강박을 행한 경우, 상대방이 그 사실을 알았거나 알 수 있었던 때에 한하여 그 의사표시를 취소할 수 있다. (○)

• 대리인의 기망행위에 의해 계약이 체결된 경우, 계약의 상대방은 본인이 선의이더라도 계약을 취소할 수 있다. (○)

3 다른 제도와의 관계

(1) **착오와의 관계**: 선택적 주장 가능

(2) **하자담보책임과의 관계**

사기로 인한 의사표시가 담보책임의 요건과 경합하는 경우 매수인은 취소권과 담보책임을 선택적으로 주장할 수 있다.

(3) **불법행위와의 관계**

① 법률행위가 사기로 취소되는 경우에 그 법률행위가 동시에 불법행위를 구성하는 때에는 취소의 효과로 생기는 부당이득반환청구권과 불법행위로 인한 손해배상청구권은 경합하여 병존하는 것이므로, 채권자는 어느 것이라도 선택하여 행사할 수 있지만 중첩적으로 행사할 수는 없다.

② 또한 **제3자의 사기행위가 불법행위를 구성하는 이상 피해자가 제3자를 상대로 손해배상청구를 하기 위하여 반드시 그 계약을 취소할 필요는 없다.**
제27회

③ **아파트분양자에게 기망행위가 인정된다면, 수분양자는 기망을 이유로 계약을 취소하거나 취소를 원하지 않을 경우 손해배상만을 청구할 수 있다.** 제27회

[기출 ✎ 제3자의 사기로 인하여 매매계약을 체결하여 손해를 입은 자가 제3자에 대해 손해배상을 청구하기 위해서는 먼저 매매계약을 취소하여야 한다. (×)]

05 의사표시의 효력발생

> **제111조【의사표시의 효력발생시기】** ① 상대방이 있는 의사표시는 상대방에게 도달한 때에 그 효력이 생긴다.
> ② 의사표시자가 그 통지를 발송한 후 사망하거나 제한능력자가 되어도 의사표시의 효력에 영향을 미치지 아니한다. 제26회, 제27회, 제29회~제31회, 제35회

1 도달주의 원칙 제31회

(1) **도달의 의의**

① 도달이란 상대방의 지배권 내에 들어가서 상대방이 그 의사의 내용을 알 수 있는 객관적인 상태가 생겼다고 인정되는 때를 말한다. 따라서 **상대방이 이를 현실적으로 수령하거나 그 통지의 내용을 알았을 것까지를 요하지는 않는다.** 제30회, 제35회

② 상대방이 정당한 사유 없이 수령을 거절한 경우에도 상대방이 그 통지의 내용을 알 수 있는 객관적 상태에 놓이면 의사표시의 효력이 발생한다.

제27회, 제35회

③ 보통우편의 방법으로 발송되고 반송되지 않았다는 사실만으로는 도달이 추정되지 않는다. 그러나 **등기우편(취급)이나 내용증명의 방법으로 발송되고 반송이 되지 않았다면 도달이 된 것으로 보아야 한다.** 제27회, 제30회, 제35회

> **기출** 내용증명 우편물이 반송되지 않았다면 특별한 사정이 없는 한 그 무렵에 송달되었다고 보아야 한다. (○)

(2) 도달의 효과

① **의사표시의 철회**

의사표시는 도달 전에만 철회할 수 있다. 제27회, 제28회, 제30회, 제32회, 제33회 따라서 철회의 의사표시는 원래의 의사표시보다 먼저 내지 최소한 동시에는 도달하여야 한다.

② **의사표시의 연착 · 불착**

도달주의를 취하는 결과 연착 · 불착의 불이익은 의사표시자가 부담한다.

③ **발신 후의 사정 변경**(제111조 제2항)

유효한 의사표시의 발신 후 의사표시자가 사망하거나 행위능력을 상실해도 의사표시는 여전히 유효하다. 사망이나 행위능력의 상실시기가 의사표시의 도달 전인지 후인지 여부도 묻지 않는다.

> **기출** 표의자(청약자)가 그 통지를 발송한 후 사망하거나 제한능력자가 되어도 의사표시의 효력에 영향을 미치지 않는다. (○)

2 의사표시의 수령능력

의사표시의 상대방이 제한능력자이면 의사표시자는 제한능력자에게 의사표시의 도달을 주장하지 못한다(제112조 본문). 제30회, 제35회 다만 제한능력자 측에서 도달을 주장하는 것은 무방하다. 또한 상대방이 제한능력자라도 상대방의 법정대리인이 의사표시의 도달을 안 경우에는 의사표시자는 그 의사표시의 도달을 주장할 수 있다(제112조 단서).

3 의사표시의 공시송달 제28회

의사표시자가 과실 없이 상대방을 알지 못하거나 상대방의 소재를 알지 못하는 경우에는 의사표시는 민사소송법 규정에 의하여 송달할 수 있다(제113조). 따라서 의사표시자가 상대방이나 상대방의 소재지를 알고도 고의로 공시송달을 한 경우에는 설사 상대방이 공시송달 사실을 알았다 하더라도 무효이다.

> **기출** 표의자가 과실 없이 상대방을 알지 못하는 경우, 의사표시는 민사소송법의 공시송달 규정에 의하여 송달할 수 있다. (○)

법률행위의 대리

01 **대리권**(본인과 대리인의 관계)

1 대리권의 발생

(1) 법정대리권의 발생원인 : 법률규정

(2) 임의대리권의 발생원인(대리권 수여행위 : 수권행위)

① 수권행위는 상대방 있는 단독행위이다.

② **수권행위는** 특별한 방식을 필요로 하지 않는 **불요식행위로서 묵시적 방법으로도 가능하다.** 제30회, 제33회

③ **수권행위는 언제든지 철회할 수 있다**(제128조 후단). 제30회

④ 수권행위는 본인이 하므로 수권행위의 하자는 본인을 기준으로 판단한다.

2 대리권의 범위

(1) 임의대리권의 범위 : 수권행위의 해석

① 보통 능동대리권은 그 권한에 부수하여 필요한 한도에서 수동대리권도 포함한다.

② **부동산의 매도권한을 수여받은 대리인은 특별한 사정이 없는 한 중도금·잔금을 수령할 권한이 인정된다.** 제27회, 제29회, 제30회, 제33회, 제34회

③ 매매계약의 체결과 이행에 관하여 **포괄적으로 대리권을 수여받은 대리인은 매매대금지급기일을 연기하여 줄 권한도 가진다.** 제29회

④ 다만 **금전소비대차 및 그를 위한 담보권설정계약을 체결한 대리인에게 그 계약관계를 '해제'할 권한은 없고,** 제27회, 제31회, 제35회

⑤ 부동산을 매수할 권한을 받은 대리인에게 그 부동산을 '처분'할 권한은 없고,

⑥ 부동산을 경락받은 대리인에게 채권자의 경매신청 '취하'에 동의해 줄 권한은 없고,

[기출]
• 부동산 매매계약을 체결할 대리권을 수여받은 대리인은 특별한 사정이 없는 한 중도금과 잔금을 수령할 권한이 있다. (○)
• 매매계약의 체결과 이행에 관하여 포괄적으로 대리권을 수여받은 대리인도 특별한 사정이 없는 한 상대방에 대하여 약정된 매매대금지급기일을 연기하여 줄 권한은 없다. (×)

⑦ 예금계약의 체결을 위임받은 자에게 그 예금을 담보로 하여 대출을 받거나, 이를 '처분'할 수 있는 권한은 없다.

⑧ 나아가 어떤 계약의 '체결'에 관해서만 대리권을 수여받은 대리인은 계약을 체결하면 그 목적이 달성되어 대리권이 소멸하는 것이므로, 체결된 계약에 대해서 상대방의 (해제)의사를 수령할 권한은 없다.

⑵ 대리권의 범위를 정하지 않은 경우(제118조)

> 제118조【대리권의 범위】권한을 정하지 아니한 대리인은 다음 각 호의 행위만을 할 수 있다.
> 1. 보존행위
> 2. 대리의 목적인 물건이나 권리의 성질을 변하지 아니하는 범위에서 그 이용 또는 개량하는 행위

① **보존행위**(무제한 허용) 제27회, 제29회

가옥의 수선, 소멸시효의 중단, **미등기부동산의 등기**, 제28회 기한이 도래한 채무의 변제, 채권의 추심, 부패하기 쉬운 물건의 처분행위 등이 있다.

② **이용·개량행위**

이용·개량행위는 물건이나 권리의 성질이 변하지 않는 범위 내에서만 허용된다. 제30회 즉 무이자 소비대차를 이자부소비대차로 바꾸는 것은 허용된다. 논(밭)을 밭(논)으로, 논·밭(대지)을 대지(논·밭)로 바꾸거나, 예금(주식)을 주식(예금)이나 개인에게 높은 금리로 빌려주는 행위, 주택의 교환 등은 본인에게 이익이 되는 경우라도 허용되지 않는다.

③ **처분행위**: 절대 불허

③ 대리권의 제한

⑴ **자기계약·쌍방대리의 금지**(제124조)

1) 허용되는 경우

① **본인의 허락이 있는 경우** 제30회, 제33회

② **새로운 이해관계를 창설하지 않는 경우**

㉠ 다툼이 없는 채무의 이행, 주식의 명의개서, 소유권이전등기신청(법무사) 등은 허용된다. 또한 **대리인에 대한 본인의 금전채무가 기한이 도래한 경우 대리인은 본인의 허락 없이도 그 채무를 변제할 수 있다.** 제27회

기출
- 대리권의 범위를 정하지 않은 경우, 대리인은 보존행위를 할 수 있다. (○)
- 권한을 정하지 아니한 대리인은 보존행위만을 할 수 있다. (×)
- 임의대리인이 본인 소유의 미등기부동산의 보존등기를 하기 위해서는 본인에 의한 특별수권이 있어야 한다. (×)

기출 대리인에 대한 본인의 금전채무가 기한이 도래한 경우 대리인은 본인의 허락 없이 그 채무를 변제하지 못한다. (×)

ⓛ 그러나 다툼이 있는 채무, 기한 미도래의 채무, 항변권이 붙은 채무의 변제 나 대물변제, 경개 등은 허용되지 않는다.

ⓒ 또한 부동산 입찰절차에서 동일물건에 관하여 이해관계가 다른 2인 이상 의 대리인이 된 경우에는 그 대리인이 한 입찰은 무효이다.

2) 위반의 효과

허용되지 않는 자기계약·쌍방대리를 한 경우, 확정적 무효가 아니라 무권대 리(유동적 무효)가 된다. 따라서 **본인이 추인**하거나 상대방이 선의·무과실인 **경우**(표현대리)**에는 본인에게 효력이 발생할 수도 있다.** 제28회

(2) 각자대리 원칙 제27회, 제29회~제31회, 제33회

> **제119조【각자대리】** 대리인이 수인인 때에는 각자가 본인을 대리한다. 그러나 법률 또는 수권행위에 다른 정한 바가 있는 때에는 그러하지 아니하다.

4 대리권의 남용

(1) 대리권 남용이란 대리인이 '대리권한 내'에서 대리인 자신이나 제3자의 이익을 위해 대리행위를 하는 것을 말한다. 대리권 남용이란 표현을 쓰지 않고, 대리인 이 본인을 배신(배임), 또는 횡령했다고 출제되기도 한다.

(2) 즉 대리권한 내에서 행위를 한 경우이므로 본인에게 손해가 되는 경우라도 **원 칙적으로 본인이 책임**을 진다. **그러나 상대방이 대리권 남용사실을 알았거나, 알 수 있었을 경우에는 본인에게 효과가 없다**(제107조 제1항 단서 유추적용설). 제28회, 제34회

(3) 그리고 대리권 남용이론은 임의대리는 물론 법정대리에도 적용된다. 즉 甲의 법정대리인 乙이 대리권을 남용하고 상대방 丙이 이에 대하여 악의인 경우에 도 선의의 丁이 丙과 새로운 법률관계를 맺은 경우, 丁에 대해서는 어느 누구 도 대리권 남용을 이유로 무효를 주장할 수 없다. 그리고 丁이 악의라는 사실 에 관한 주장·증명책임은 무효를 주장하는 자에게 있다.

기출 본인의 허락이 없는 자 기계약이라도 본인이 추인하면 유효한 대리행위로 될 수 있다. (○)

기출 대리인이 수인인 때에는 각자가 본인을 대리하지만, 법 률 또는 수권행위에서 달리 정 할 수 있다. (○)

기출
• 대리인의 대리권 남용을 상대 방이 알았거나 알 수 있었을 경우, 대리행위는 본인에게 효력이 없다. (○)
• 대리인 乙이 자기의 이익을 위한 배임적 대리행위를 하였 고 상대방 丙도 이를 안 경우, 乙의 대리행위는 본인 甲에게 효력을 미친다. (×)

5 대리권의 소멸

> **제127조【대리권의 소멸사유】** 대리권은 다음 각 호의 어느 하나에 해당하는 사유가 있으면 소멸된다.
> 1. 본인의 사망
> 2. 대리인의 사망, 성년후견의 개시 또는 파산
>
> **제128조【임의대리의 종료】** 법률행위에 의하여 수여된 대리권은 전조의 경우 외에 그 원인된 법률관계의 종료에 의하여 소멸한다. 법률관계의 종료 전에 본인이 수권행위를 철회한 경우에도 같다.

(1) 임의대리·법정대리의 공통의 소멸원인으로 **본인의 사망, 대리인의 사망, 성년후견개시, 파산이 있다.** ^{제33회} 즉 본인의 성년후견개시나 파산, 그리고 **대리인의 한정후견개시는 대리권 소멸사유가 아니다.** ^{제30회}

(2) 그리고 임의대리의 특유한 소멸원인으로 원인된 법률관계의 종료나 **원인된 법률관계의 종료 전 수권행위의 철회가 있다.** ^{제31회, 제33회}

02 대리행위(대리인과 상대방)

1 현명주의

(1) 보통 '甲 대리인 乙'이라는 방법으로 현명한다. 그러나 대리인이 자신의 이름을 쓰지 않고, 본인의 이름을 쓰고 인장을 날인한 경우나, 계약서에는 대리인 자신의 이름만 기재했으나 **본인의 위임장을 제시한 경우에도 현명을 한 것으로 본다.** ^{제35회}

(2) 현명을 하지 않으면 대리인 자신을 위한 것으로 간주되므로 대리인 자신이 책임을 부담하고 착오를 주장하지 못한다. 그러나 상대방이 대리인이 대리인으로서 행위를 한 것을 알았거나 알 수 있었던 경우에는 본인에게 효력이 생긴다 (제115조).

---

2 대리행위의 하자와 대리인의 능력

> **제116조【대리행위의 하자】** ① 의사표시의 효력이 의사의 흠결, 사기, 강박 또는 어느 사정을 알았거나 과실로 알지 못한 것으로 인하여 영향을 받을 경우에 그 사실의 유무는 대리인을 표준하여 결정한다.
> ② 특정한 법률행위를 위임한 경우에 대리인이 본인의 지시에 좇아 그 행위를 한 때에는 본인은 자기가 안 사정 또는 과실로 인하여 알지 못한 사정에 관하여 대리인의 부지를 주장하지 못한다.

(1) 대리행위의 하자 : 대리인 기준

① 본인의 착오는 대리행위와 상관이 없다. 즉 본인의 착오를 이유로 대리행위를 취소할 수는 없다. **진의 아닌 의사표시인지 여부도 대리인을 표준으로 결정한다.** 제27회 또한 본인이 상대방에게 사기 · 강박을 당했다 할지라도 대리인이 사기 · 강박을 당하지 않는 한 사기 · 강박을 이유로 대리행위를 취소할 수는 없다.

② 또한 **대리인이 매도인의 배임행위에 적극가담하여 부동산을 이중매수한 경우, 본인은 그 사실에 대하여 선의 · 무과실이라도 부동산의 소유권을 취득할 수 없다.** 제26회, 제30회

③ 다만 대리행위가 불공정한 법률행위에 해당하는지를 판단함에 있어서는 **경솔과 무경험은 대리인을 기준으로 판단하나, 궁박은 본인을 기준으로 판단한다.** 제28회, 제29회, 제31회, 제34회

(2) 대리인의 능력(제117조)

① 의 의
    대리인은 행위능력이 필요 없다. 제34회 즉 **대리인의 제한능력을 이유로 대리행위를 취소할 수는 없다.** 제29회, 제31회 본인, 대리인, 대리인의 법정대리인 어느 누구도 취소할 수 없다. 그러나 의사능력은 있어야 하므로 의사무능력자의 대리행위는 무효이다.

② 제한능력자인 대리인과 본인의 관계
    제117조는 제한능력을 이유로 대리행위를 취소하지 못하도록 한 것이지 대리인과 본인과의 내부적 관계에는 전혀 영향이 없다. 따라서 제한능력자(법정대리인 포함)는 본인과의 내부적 법률관계(고용, 위임, 도급, 조합 등)를 제한능력을 이유로 취소할 수 있다.

기출 ✎ 대리행위에 있어서 진의 아닌 의사표시인지 여부는 대리인을 표준으로 결정한다. (○)

기출 ✎ 甲의 대리인 乙이 매도인 丙이 丁에게 부동산을 매도한 사실을 알면서 이중매매를 요청하여 부동산을 매수한 후 甲 명의로 등기를 한 경우, 甲은 乙의 행위에 대해서 선의라도 소유권을 취득하지 못한다. (○)

기출 ✎
• 복대리인은 행위능력자임을 요하지 않는다. (○)
• 대리인 乙이 미성년자인 경우, 본인 甲은 乙이 제한능력자임을 이유로 대리행위를 취소할 수 있다. (×)

03 대리의 효과(본인과 상대방)

(1) 대리의 법률효과는 본인에게 귀속된다. 따라서 **상대방이 대리인에게 대금을 지급하였다면 대리인이 본인에게 지급하지 않았다 하더라도 상대방의 대금지급의무는 소멸한다.** 제31회 또한 본질적인 법률효과뿐만 아니라 거기에 따르는 부수적인 효과인 **취소권, 해제권, 무효주장권 등도 본인에게 귀속된다.** 제33회

(2) 즉 **상대방 丙의 채무불이행이 있는 경우에도 대리인 乙은 특별한 사정이 없는 한 계약을 해제할 수 없다.** 제29회, 제34회

(3) 또한 상대방 丙이 매매계약을 적법하게 해제한 경우, 그 **해제로 인한 원상회복의무는 본인 甲과 상대방 丙이 부담**한다. 제29회, 제34회

(4) 나아가 위의 경우, **丙은 본인 甲에게 손해배상을 청구해야지 대리인 乙에게 손해배상을 청구할 수는 없다.** 제29회, 제34회

04 복대리

1 복대리의 의의 및 법적 성질

(1) 복대리인도 법률행위를 대리하는 대리인이다. 즉 사실행위를 하는 사자(使者)가 아니다. 따라서 대리인은 그 권한 내에서 사자를 사용할 수 있으나, 이때에는 복대리에 관한 규정이 적용되지 않는다.

(2) 복대리인은 **대리인이 대리인 자신의 이름으로 선임한 '본인의 대리인'**이다. 제29회~제33회 따라서 복대리인은 본인의 이름만 현명하면 되고, 대리인의 이름을 현명할 필요는 없다.

(3) 그리고 대리인 '자신'의 이름으로 선임하므로 복임행위는 대리행위가 아니다.

(4) 또한 복대리인은 '선임', 즉 수권행위에 의해 대리인이 되므로 언제나, 즉 법정대리인이 선임해도 임의대리인이다.

2 임의대리인의 복임권과 책임

> **제120조 【임의대리인의 복임권】** 대리권이 법률행위에 의하여 부여된 경우에는 대리인은 본인의 승낙이 있거나 부득이한 사유 있는 때가 아니면 복대리인을 선임하지 못한다.
>
> **제121조 【임의대리인의 복대리인 선임의 책임】** ① 전조의 규정에 의하여 대리인이 복대리인을 선임한 때에는 본인에게 대하여 그 선임감독에 관한 책임이 있다.
> ② 대리인이 본인의 지명에 의하여 복대리인을 선임한 경우에는 그 부적임 또는 불성실함을 알고 본인에게 대한 통지나 그 해임을 태만한 때가 아니면 책임이 없다.

(1) 내 용

① 임의대리인은 원칙적으로 복임권이 없다. 제29회, 제35회 다만 **부득이한 사유가 있거나 본인의 승낙이 있는 경우에만 복임권을 갖는다.** 제31회

② 또한 판례는 법률행위의 성질상 대리인 자신에 의한 처리가 필요하지 아니한 경우에는 복대리 금지의 의사를 명시하지 않는 한 복대리인 선임에 관하여 묵시적인 승낙이 있는 것으로 본다. 제32회 **다만 대리인의 능력에 따라 사업의 성공여부가 결정되는 사무(분양업무)에 관한 대리인은 본인의 명시적 승낙이 없는 한 복대리인을 선임할 수 없다.** 제34회

(2) 책 임

임의대리인이 부득이한 사유가 있거나 본인의 승낙에 의하여 복대리인을 선임한 경우에도 복대리인에 대한 선임 · 감독의 책임(과실책임)을 진다. 제30회, 제32회 다만 본인의 지명에 의해 복대리인을 선임한 경우에는 그 부적임 또는 불성실을 알고 본인에 대한 통지나 그 해임을 태만한 때가 아니면 책임이 없다.

3 법정대리인의 복임권과 책임

> **제122조 【법정대리인의 복임권과 그 책임】** 법정대리인은 그 책임으로 복대리인을 선임할 수 있다. 제33회, 제34회 그러나 부득이한 사유로 인한 때에는 전조 제1항에 정한 책임만이 있다.

법정대리인은 복임권이 무제한 인정되므로, 책임도 가중되어 복대리인 선임 · 감독에 대해 과실이 없더라도 모든 책임을 진다(무과실책임). 다만 **부득이한 사유로 복대리인을 선임한 경우에는 선임 · 감독상의 과실책임만 진다.** 제30회

기출 ✎ 임의대리인 乙은 본인 甲의 승낙이나 부득이한 사유가 없더라도 복대리인을 선임할 수 있다. (✕)

기출 ✎ X토지의 매매계약이 갖는 성질상 대리인 乙에 의한 처리가 필요하지 않다면, 특별한 사정이 없는 한 복대리인 丙의 선임에 관하여 묵시적 승낙이 있는 것으로 보는 것이 타당하다. (○)

기출 ✎ 대리인의 능력에 따라 사업의 성공여부가 결정되는 사무에 대해 대리권을 수여받은 자는 본인의 묵시적 승낙으로도 복대리인을 선임할 수 있다. (✕)

기출 ✎ 임의대리인이 본인의 승낙을 얻어 복대리인을 선임한 경우에는 본인에 대하여 선임 · 감독에 관한 책임이 없다. (✕)

기출 ✎ 법정대리인은 그 책임으로 복대리인을 선임할 수 있다. (○)

4 복대리의 법률관계

(1) 복대리권도 대리권 일반의 소멸사유(**본사**(복)**대사후파**)에 의해 **소멸한다.** 제32회 또한 복대리는 임의대리이므로 원인된 법률관계의 종료 및 수권행위의 철회에 의해 소멸한다. 그리고 복대리권은 대리권의 존재와 범위에 의존하는 권리이므로 **대리권이 소멸하면 복대리권도 소멸한다.** 제30회 그러나 대리인이 복대리인을 선임하였다고 하여 대리권이 소멸하는 것은 아니다. 대리권이 소멸하면 복대리권도 소멸하므로 복대리인 선임이 무의미해지기 때문이다.

(2) **복대리인은 본인 및 상대방에 대하여 대리인과 동일한 권리·의무가 있다**(제123조 제2항). 제34회 또한 복대리인은 임의대리인이므로 원칙적으로 복대리인을 선임할 수 없다. 다만 본인의 승낙이나 부득이한 사유가 있는 경우에만 복대리인을 선임할 수 있다.

기출
• 복대리인 丙을 적법하게 선임한 후 X토지 매매계약 전에 본인 甲이 사망한 경우, 특별한 사정이 없다면 丙의 대리권은 소멸하지 않는다. (×)
• 대리권이 소멸하면 복대리권도 소멸한다. (○)

기출 복대리인은 본인에 대하여 대리인과 동일한 권리의무가 있다. (○)

05 협의의 무권대리 : 유동적(불확정적) 무효

1 서 설

(1) 광의의 무권대리에는 협의의 무권대리와 표현대리가 있다. 즉 표현대리는 본인이 책임을 지지만 그 본질은 무권대리이다. 판례도 '**유권대리에 관한 주장 속에 무권대리에 속하는 표현대리의 주장이 포함되어 있다고 볼 수 없으며,** 따로 표현대리에 관한 주장이 없는 한 법원은 표현대리의 성립 여부를 판단할 필요가 없다.'는 입장이다. 제26회, 제30회~제32회

(2) 본인의 추인권, 추인거절권, 상대방의 최고권, 철회권은 모두 유동적 무효상태에서만 행사할 수 있다. 따라서 **본인이 상대방에게 추인을 한 경우에는** 계약이 확정적 유효가 되므로 **상대방은 철회를 할 수 없다.** 제31회

기출 상대방의 유권대리 주장에는 표현대리의 주장도 포함된다. (×)

2 본인과 상대방 사이의 관계

(1) **본인에 대한 효과** : 유동적 무효

> 제130조 【무권대리】 대리권 없는 자가 타인의 대리인으로 한 계약은 본인이 이를 추인하지 아니하면 본인에 대하여 효력이 없다. 제27회, 제30회, 제31회

기출 무권대리인 乙과 상대방 丙 사이의 매매계약은 원칙적으로 본인 甲에게 효력이 없다. (○)

1) 추인권

① **추인의 의의**

본인(상속인)의 추인은 상대방 있는 단독행위(형성권)로 상대방이나 무권대리인의 동의가 필요 없다. 제34회 그리고 **추인은 무권대리행위가 있음을 알고 하여야 한다.** 제28회

② **추인의 상대방**

추인은 무권대리인, 상대방, 기타 승계인에 대해서도 할 수 있다. 제28회, 제35회 그러나 **무권대리인에게만 추인한 경우에는 선의의 상대방에게 대항하지 못한다.** 제26회, 제28회 따라서 **선의의 상대방은 계약을 철회할 수도 있고, 본인이 무권대리인에게 추인을 하였음을 주장할 수도 있다.** 제33회

③ **추인의 방법**

추인은 특별한 방식을 요하지 않으며 **묵시적으로도 할 수 있다.** 제30회 다만 추인은 무권대리행위 전부에 대해 해야 하고 **일부추인이나 변경을 가한 추인, 또는 조건부 추인은 상대방이 동의하지 않는 한 효력이 없다.** 제26회, 제30회

㉠ 묵시적 추인을 인정한 판례
ⓐ 본인이 무권대리인으로부터 매매대금의 전부 또는 일부를 받은 경우
ⓑ 상대방의 변제요구에 대해 본인이 기한의 유예를 요청한 경우
ⓒ 처의 근저당권설정행위에 대해 남편이 근저당권이 설정된 토지와 아파트를 채권자에게 이전하고 사후에 정산하기로 합의한 후 합의가 깨어진 경우

㉡ 묵시적 추인을 부정한 판례
ⓐ 무권대리행위에 대해 본인이 이의를 제기하지 않고 상당기간 이를 방치한 경우
ⓑ **범죄가 되는 무권대리행위에 대해 장기간 형사고소를 하지 않은 경우**
제35회

④ **추인의 효과** : 소급효

무권대리행위의 추인은 소급효가 있다(임의규정). 제26회, 제27회, 제30회, 제31회, 제33회, 제35회 즉 추인을 한 때부터 유효가 되는 것이 아니다. 그러나 추인을 하였다고 하여 무권대리인이 유권대리인이 되는 것은 아니다. 또한 **추인의 소급효로 제3자(선·악 불문)의 권리를 해하지 못한다.** 제34회

⑤ **무권리자의 행위에 대한 추인** 제28회, 제31회, 제34회

사적 자치의 원칙상 무권대리행위의 추인처럼 무권리자의 처분행위도 추인이 가능하다. 따라서 **무권리자 乙이 甲의 권리를 자기의 이름으로 처분한 경우, 甲이 그 처분을 추인하면 처분행위의 효력이 소급하여 甲에게 미친다.**

2) 추인 거절권

무권대리인이 본인을 단독상속한 경우, 무권대리인은 추인거절권을 상속하나 추인을 거절하는 것은 금반언(신의칙)의 원칙에 반하여 허용되지 않는다. 제28회, 제31회, 제32회, 제34회 따라서 무권대리인은 현재의 등기명의인에게 무권대리를 이유로 등기말소나 부당이득반환을 청구할 수 없다. 즉 무권대리인이 본인을 단독상속한 경우, 상대방의 등기는 실체관계에 부합하여 유효가 된다.

(2) 상대방에 대한 효과

① 최고권(제131조) : **상대방의 선·악 불문** 제30회

> 제131조 【상대방의 최고권】 대리권 없는 자가 타인의 대리인으로 계약을 한 경우에 상대방은 상당한 기간을 정하여 본인에게 그 추인여부의 확답을 최고할 수 있다. 본인이 그 기간 내에 확답을 발하지 아니한 때에는 추인을 거절한 것으로 본다.
> 제27회, 제31회, 제33회, 제35회

상대방의 최고에 대하여 본인이 그 기간 내에 확답을 발(발신주의)하지 않으면 무권대리행위는 확정적 무효가 된다. 따라서 기간이 지난 후에 한 추인은 아무런 의미가 없으므로 본인은 상대방에게 이행을 청구할 수 없다.

② 철회권(제134조) : **선의의 상대방만** 제26회, 제27회, 제29회, 제32회~제35회

선의의 상대방이 무권대리행위를 철회하면 계약을 확정적 무효가 되므로 본인은 이를 추인하지 못한다. **상대방이 대리권이 없음을 알았다는 점에 대한 주장·증명책임은 철회의 효과를 다투는 본인에게 있다.** 제31회, 제32회

3 무권대리인과 상대방 사이의 관계(제135조)

> 제135조 【상대방에 대한 무권대리인의 책임】 ① 다른 자의 대리인으로서 계약을 맺은 자가 그 대리권을 증명하지 못하고 또 본인의 추인을 받지 못한 경우에는 그는 상대방의 선택에 따라 계약을 이행할 책임 또는 손해를 배상할 책임이 있다.
> ② 대리인으로서 계약을 맺은 자에게 대리권이 없다는 사실을 상대방이 알았거나 알 수 있었을 때 또는 대리인으로서 계약을 맺은 사람이 제한능력자일 때에는 제1항을 적용하지 아니한다.

기출✎ 무권대리인 乙이 본인 甲을 단독상속한 경우, 乙은 甲의 지위에서 추인을 거절할 수 있다. (×)

기출✎ 상대방 丙이 계약 당시에 乙에게 대리권이 없음을 안 경우에는 甲의 추인 전이라도 매매계약을 철회할 수 없다. (○)

기출✎ 만약 무권대리인 乙이 미성년자라면, 본인 甲이 乙의 대리행위에 대해 추인을 거절하더라도 丙은 乙에 대해 계약의 이행이나 손해배상을 청구할 수 없다. (○)

(1) **무권대리인의 책임의 요건**

① ㉠ 무권대리인이 대리권을 증명하지 못하고, ㉡ 본인의 추인도 얻지 못하고, ㉢ 상대방이 철회권을 행사하지 않고, ㉣ **상대방이 무권대리에 대해 선의·무과실이고,** 제27회 ㉤ **무권대리인이 제한능력자가 아닐 것** 제28회, 제33회, 제34회 등의 요건을 충족하여야 한다.

② **상대방이 대리권이 없음을 알았다는 사실 또는 알 수 있었는데도 알지 못하였다는 사실에 관한 주장·증명책임은 무권대리인에게 있다.** 제31회

(2) **책임의 근거 및 내용**

① **'상대방'의 선택에 의해 무권대리인은 계약을 이행하거나 손해배상을 해야 한다.** 제33회

② 무권대리인의 책임은 무과실 책임이다. 따라서 **무권대리행위가 제3자의 기망이나 문서위조 등 위법행위로 야기되어 무권대리인에게 과실이 없는 경우라도 무권대리인의 책임이 부정되는 것이 아니다.** 제26회

4 본인과 무권대리인 사이의 효과

(1) 본인이 추인하지 않으면 무효이므로 본인과 무권대리인 사이에는 법률관계가 발생하지 않는다.

(2) 그러나 **본인이 추인하면** 일반원칙에 따라 본인과 무권대리인 사이에 사무관리 (제734조 이하), **부당이득반환청구**(제741조 이하), 불법행위에 따른 손해배상청구 (제750조) **등의 문제가 발생할 수 있다.** 제31회

5 단독행위의 무권대리

(1) **상대방 있는 단독행위의 무권대리**(제136조)

행위 당시에 대리인이라 칭하는 자의 대리권 없는 행위에 동의하거나 그 대리권을 다투지 아니한 때에 한하여 계약의 무권대리규정을 준용한다. 대리권 없는 자에 대하여 그 동의를 얻어 단독행위를 한 때에도 같다. 즉 상대방이 무권대리인의 동의를 얻어 단독행위를 한 경우, 본인은 이를 추인할 수 있다.

(2) **상대방 없는 단독행위(圃 재단법인 설립)의 무권대리는 절대적 무효이므로 추인이 있더라도 무효이다.** 제28회

기출 ▶ 본인 甲이 무권대리를 이유로 상대방 丙의 등기의 말소를 청구하는 때에는 丙이 무권대리인 乙의 대리권의 존재를 증명할 책임이 있다. (×)

기출 ▶ 무권대리행위가 무권대리인의 과실 없이 제3자의 기망 등 위법행위로 야기된 경우, 특별한 사정이 없는 한 무권대리인은 상대방에게 책임을 지지 않는다. (×)

06 표현대리

1 대리권수여표시에 의한 표현대리(제125조)

(1) 요 건

1) 대리권수여의 표시

① 표시는 불특정 다수인에 하더라도 무방하다(신문광고). 또한 본인이 직접 하지 않고 무권대리인이 표시를 하더라도 무방하다(백지위임장).

② 대리권수여표시에 의한 표현대리는 본인과 대리행위를 한 자 사이의 기본적인 법률관계의 성질이나 그 효력의 유무와는 직접적인 관계가 없이 성립할 수 있다.

③ **대리권수여의 표시는 반드시 대리권 또는 대리인이라는 말을 사용하여야 하는 것이 아니라 사회통념상 대리권을 추단할 수 있는 직함이나 명칭 등의 사용을 승낙 또는 묵인한 경우에도 대리권수여의 표시가 있은 것으로 볼 수 있다.** 제26회

④ 수권행위는 불요식행위로서 묵시적인 의사표시에 의하여 할 수도 있으며, 어떤 사람이 대리인의 외양을 가지고 행위하는 것을 본인이 알면서도 이의를 하지 아니하고 방임하는 등 사실상의 용태에 의하여 대리권의 수여가 추단되는 경우도 있다.

2) 표시된 대리권 범위 내의 행위

표시된 범위 내의 행위이어야 한다. 범위를 넘는 경우에는 권한을 넘은 표현대리(제126조)가 문제된다.

3) 대리행위의 상대방

통지를 받은 상대방에 한한다. 제32회 즉 甲이 丙에게 乙에게 대리권을 수여하였다고 표시하였으나 대리권을 주지 않은 경우, 乙이 丁과 대리행위를 하면 제125조의 표현대리가 성립하지 않는다. 또한 상대방은 선의·무과실이어야 하고, 상대방의 악의나 과실에 대해서는 본인이 증명책임을 진다.

(2) 적용범위

제125조의 표현대리는 대리권을 수여했다는 표시를 해야만 성립하므로 임의대리에만 적용되고 대리권수여표시가 있을 수 없는 법정대리에는 적용되지 않는다.

기출 ⊘ 대리권수여표시에 의한 표현대리에서 대리권수여표시는 대리권 또는 대리인이라는 표현을 사용한 경우에 한정된다. (×)

기출 ⊘ 본인이 타인에게 대리권을 수여하지 않았지만 수여하였다고 상대방에게 통보한 경우, 그 타인이 통보받은 상대방 외의 자와 본인을 대리하여 행위를 한 때는 민법 제125조의 표현대리가 적용된다. (×)

2 권한을 넘은 표현대리(제126조)

> **제126조【권한을 넘은 표현대리】** 대리인이 그 권한 외의 법률행위를 한 경우에 제3자가 그 권한이 있다고 믿을 만한 정당한 이유가 있는 때에는 본인은 그 행위에 대하여 책임이 있다.

(1) 요 건

1) 기본대리권의 존재

① **기본적인 어떠한 대리권도 없는 자에게는 권한을 넘은 표현대리가 성립할 수 없다.** 제33회

② 사실행위를 위한 사자라 하더라도 외견상 그에게 어떠한 권한이 있는 것의 표시 내지 행동이 있어 상대방이 그를 믿었고 또 그를 믿음에 있어 정당한 사유가 있다면 표현대리의 법리에 의하여 본인에게 책임이 있다.

③ **복대리권과 일상가사대리권(법정대리권)도 기본대리권이 될 수 있다.** 제26회, 제30회, 제33회 즉 부부 중 일방이 일상가사대리권을 기본대리권으로 하여 일상가사의 범위를 넘는 행위를 하는 경우에도 상대방에게 정당한 이유가 인정되면 제126조가 적용된다.

④ **제125조와 제129조의 표현대리가 성립하는 경우에 그 대리인이 권한을 넘는 대리행위를 한 경우에는 제126조의 표현대리가 성립될 수 있다.** 제26회, 제32회

⑤ **복대리인 선임권이 없는 대리인에 의하여 선임된 복대리인의 권한이나, 대리권이 소멸한 후에 복대리인을 선임한 경우에도 기본대리권이 될 수 있다.** 제32회, 제33회

2) 권한을 넘는 대리행위

① 대리형식에 의한 것이 아니면 제126조가 적용될 여지가 없다. 따라서 본인을 위한 것임을 현명하지 않은 경우에는 표현대리는 성립하지 않는다.

㉠ **乙이 甲으로부터 부동산에 관한 담보권설정의 대리권만 수여받고도 그 부동산에 대하여 자기 앞으로 소유권이전등기를 하고 이어서 丙에게 처분한 경우에는 제126조의 표현대리가 성립할 수 없다.** 제29회

㉡ 사술을 써서 대리행위의 표시를 하지 아니하고 단지 본인의 성명을 모용하여 자기가 마치 본인인 것처럼 기망하여 본인 명의로 직접 법률행위를 한 경우에는 특별한 사정이 없는 한 제126조의 표현대리는 성립될 수 없다 (제비판례).

기출
- 권한을 넘은 표현대리의 기본대리권에는 대리인에 의하여 선임된 복대리인의 권한도 포함된다. (○)
- 법정대리권을 기본대리권으로 하는 권한을 넘은 표현대리는 성립하지 않는다. (×)

기출 복임권이 없는 대리인이 선임한 복대리인의 권한도 기본대리권이 될 수 있다. (○)

기출 대리인 乙이 X토지에 대한 매매계약을 본인 甲명의가 아니라 자신의 명의로 丙과 체결한 경우, 丙이 선의·무과실이더라도 표현대리가 성립할 여지가 없다. (○)

② **월권대리행위는 기본대리권과 동종·유사할 필요는 없고, 전혀 별개의 행위라도 무방하다.** 제26회, 제31회 따라서 기본대리권이 등기신청행위(공법상의 대리권)라도 표현대리인이 그 권한을 유월하여 대물변제라는 사법상의 법률행위를 한 경우에도 표현대리가 성립한다.

③ 표현대리는 거래안전을 보호하기 위한 제도이므로 대리행위 자체는 유효해야 한다. 따라서 **대리행위가 강행규정 위반으로 무효인 경우에는 표현대리가 성립할 수 없다.** 제28회, 제32회, 제33회 따라서 ㉠ 증권거래법에 위반한 투자수익보장약정, ㉡ 교인총회 결의 없는 교회대표자의 교회재산 처분, ㉢ 이사회 심의·의결 없는 사립학교 이사장의 사립학교의 기본재산 처분, ㉣ 총회 결의 없는 주택조합 조합장의 주택조합 재산의 처분, ㉤ **토지거래허가제를 위반한 대리행위 등에는 표현대리가 인정되지 않는다.** 제29회

3) **제3자에게 정당한 이유(선의·무과실)가 있을 것**

① **제3자의 범위**

표현대리에 있어 제3자라 함은 당해 표현대리행위의 직접 상대방이 된 자만을 지칭한다. 따라서 표현대리의 상대방이 악의나 과실이라면 그와 다시 거래한 승계인(전득자)이 선의·무과실이어도 표현대리는 성립하지 않는다.

② **정당한 이유의 판단시기**

정당한 이유의 유무는 대리행위 당시를 기준으로 판단하고 그 이후의 사정은 고려하지 않는다. 제33회

③ **증명책임**

판례는 제125조, 제129조와는 달리 상대방이 자신의 선의·무과실을 증명해야 한다는 입장이다.

⑵ **적용범위**

제126조는 법정대리(후견인)에도 적용된다. 즉 미성년자의 후견인이 권한 외의 법률행위를 한 경우에도 상대방의 정당한 이유가 인정된다면 미성년자가 책임을 진다.

기출✎ 권한을 넘은 표현대리의 기본대리권은 대리행위와 같은 종류의 행위에 관한 것이어야 한다. (×)

기출✎ 대리행위가 강행법규에 위반하여 무효가 된 경우에는 표현대리가 적용되지 아니한다. (○)

3 대리권 소멸 후의 표현대리(제129조)

(1) 임의대리와 법정대리 모두에 적용된다.

(2) **대리인이 대리권 소멸 후 복대리인을 선임하여 복대리인으로 하여금 상대방과 사이에 대리행위를 하도록 한 경우에도, 상대방이 선의 · 무과실이라면 제129조에 의한 표현대리가 성립할 수 있다.** 제32회, 제34회 또한 복대리인이 대리인의 대리권한을 넘은 경우에도 상대방이 선의 · 무과실이라면 제126조의 권한을 넘은 표현대리가 성립할 수 있다.

4 표현대리의 효과

(1) **본인과 상대방의 법률관계**

① 유권대리와 마찬가지로 본인이 표현대리행위에 책임을 진다.

② **과실상계의 적용여부** 제29회, 제32회
표현대리행위가 성립하는 경우에 그 본인은 표현대리행위에 대하여 전적인 책임을 져야 하고, 상대방에게 과실이 있다고 하더라도 과실상계의 법리를 유추적용하여 본인의 책임을 경감할 수 없다.

(2) **무권대리규정의 적용여부**

① 표현대리도 본질이 무권대리이므로 무권대리에 관한 규정은 표현대리에 적용된다. 즉 표현대리가 성립하여도 본인은 상대방이 표현대리행위를 철회하기 전에 표현대리행위를 추인할 수 있다. 거절도 할 수는 있지만 상대방이 표현대리를 주장하면 본인은 책임을 져야하므로 거절권 행사는 의미가 없다. 또한 상대방은 표현대리를 철회하거나 본인에게 추인여부를 최고할 수도 있다.

② 표현대리는 상대방을 보호하기 위한 제도이므로 상대방 측만 주장할 수 있다. 즉 **본인이나 무권대리인은 표현대리를 주장할 수 없다.** 제29회

기출 ✎ 대리인이 대리권 소멸 후 복대리인은 선임하여 그로 하여금 대리행위를 하도록 한 경우, 대리권 소멸 후의 표현대리가 성립할 수 있다. (○)

기출 ✎ 표현대리가 성립한 경우, 상대방에게 과실이 있으면 이를 이유로 본인의 책임을 경감할 수 있다. (×)

기출 ✎ 甲으로부터 X토지에 대한 담보권설정의 대리권만을 수여받은 乙이 X토지를 丙에게 매도하는 계약을 체결한 경우, 乙은 표현대리를 주장할 수 있다. (×)

Chapter 04 무효와 취소

01 서 설

1 무효와 취소의 구별

무효는 ① 특정인의 주장과 관계없이 법률행위가 처음부터 효과가 발생하지 않은 것으로 확정되어 있는 것으로, ② **누구든지 주장할 수 있고**, 제30회 ③ 시간의 경과에 의해 효력의 변동이 일어나지 않고, ④ 추인하여도 효력이 없는 것이 원칙이다(제139조). 이에 비해 취소는 ① 일단 유효이나 취소권자가 취소를 하면 소급해서 무효가 되고, ② 취소권자의 주장이 있어야 하며, ③ 일정한 기간이 경과하면 취소권이 소멸하여 법률행위가 확정적으로 유효가 되고(제146조), ④ 추인에 의해 확정적으로 유효가 된다(제143조).

2 무효와 취소의 이중효

하나의 법률행위가 무효와 취소사유를 모두 포함하는 경우이다. 이에는 제한능력과 의사무능력의 경합(미성년자가 만취 상태에서 계약하는 경우) 등이 있다. 판례는 표의자의 증명곤란을 구제하기 위해 표의자는 무효와 취소 어느 쪽도 주장할 수 있다는 입장이다.

02 무 효

1 무효의 의의와 일반적 효과

(1) 무효는 법률행위의 효과가 발생하지 않으므로 이행 전에는 이행할 필요가 없고, 이행 후에는 부당이득반환을 청구할 수 있다(제741조). 다만 제103조의 반사회질서 법률행위는 부당이득반환청구가 허용되지 않는다(불법원인급여).

(2) 무효인 법률행위는 그 법률행위가 성립한 당초부터 당연히 효력이 발생하지 않는 것이므로, 무효인 법률행위에 따른 법률효과를 침해하는 것처럼 보이는 위법행위나 채무불이행이 있다고 하여도 법률효과의 침해에 따른 손해는 없는 것이므로 그 손해배상을 청구할 수는 없다.

2 무효의 종류

(1) 절대적 무효(원칙)와 상대적 무효

절대적 무효는 누구에게나 무효를 주장할 수 있는 경우이고, 상대적 무효는 선의의 제3자에게는 무효를 주장할 수 없는 경우이다(비진의 표시가 무효인 경우, 통정허위표시).

(2) 전부무효와 일부무효(제137조)

법률행위의 일부가 무효인 경우에는 전부가 무효임이 원칙이다(약관법은 일부무효가 원칙). 그러나 법률행위의 일체성, 분할가능성(가분성) 그리고 **나머지 부분만으로도 유효로 하려는 당사자의 '가정적 의사'가 인정되면 일부가 유효가 될 수 있다.** 제32회 따라서 법률행위가 불가분인 경우에는 전부무효이지 일부무효를 논할 수가 없다.

(3) 유동적 무효 : 토지거래허가제

1) 의 의

허가를 받으면 소급해서 확정적으로 유효가 되고, 허가를 받지 못하면 확정적으로 무효가 되는데 **거래 이후 허가를 받기 전까지의 계약은 유동적 무효 상태에 있다.** 제30회 그러나 처음부터 허가를 배제하거나 잠탈하려고 한 경우에는 확정적 무효이다.

2) 효 과

① **원칙 : 무효**
허가를 받기 전의 상태에서는 채권적 효력도 전혀 발생하지 않으므로 권리의 이전 또는 설정에 관한 어떠한 내용의 이행청구(소구)도 할 수 없다. 따라서 **상대방의 채무불이행을 이유로 거래계약을 해제하거나 그로 인한 손해배상을 청구할 수 없다.** 제26회, 제30회 또한 **토지거래허가가 있을 것을 조건으로 매도인에게 소유권이전등기절차의 이행을 청구할 수 없다.** 제26회 나아가 매수인이 대금을 지급할 의무가 없으므로 **매도인은 매매대금의 지급이 없었음을 이유로 매수인의 협력의무의 이행을 거절하거나 동시이행의 항변권을 행사할 수도 없다.** 제31회, 제32회, 제34회

기출 법률행위의 일부분이 무효일 때, 그 나머지 부분의 유효성을 판단함에 있어 나머지 부분을 유효로 하려는 당사자의 가정적 의사는 고려되지 않는다. (×)

기출
• 토지거래허가구역 내의 계약의 경우, 허가를 받기 전에는 매수인은 매도인의 소유권이전등기의무의 불이행을 이유로 계약을 해제할 수 없다. (○)
• 매도인 甲은 매수인 乙의 매매대금 이행제공이 있을 때까지 허가신청절차 협력의무의 이행을 거절할 수 있다. (×)

② 협력의무 이행 청구 가능

양 당사자는 서로 토지거래에 협력할 의무가 있으므로 협력의무의 이행을 소(訴)로서 구할 수 있다. 제26회, 제30회, 제33회 또한 상대방이 협력의무를 이행하지 않은 경우에는 손해배상을 청구할 수 있고, 상대방이 협력의무를 이행하지 않거나 허가신청에 이르기 전에 계약을 철회하는 경우에는 일정한 손해배상을 하기로 하는 약정도 가능하다. 그러나 협력의무는 주된 채무가 아니므로 협력의무 불이행을 이유로 계약을 해제할 수는 없다.

③ 가처분

'토지거래허가신청절차청구권'을 피보전권리로 하여 매매목적물의 처분을 금하는 가처분을 구할 수 있다. 다만 계약이 무효이므로 '소유권이전등기청구권'을 피보전권리로 하는 가처분은 허용될 수 없다.

④ 계약금

유동적 무효상태에서는 당사자는 서로 협력할 의무가 있으므로 **계약금(중도금)에 대한 부당이득반환청구가 허용되지 않는다.** 제26회 확정적 무효가 되어야 비로소 부당이득반환청구를 할 수 있다. 다만 유동적 무효 상태에서도 계약금해제는 가능하다. 토지거래허가를 받았다 하더라도 마찬가지이다.

3) 확정적 유효 또는 무효로 되는 경우

① 확정적 유효로 되는 경우

㉠ 허가를 받으면 소급하여 확정적 유효가 된다. 따라서 새로 계약을 체결할 필요는 없다.

㉡ **토지거래허가구역이 해제되거나 허가구역 지정기간이 만료되었음에도 허가구역 재지정을 하지 않는 경우에는** 토지매매계약은 허가를 받을 필요 없이 **확정적 유효가 된다.** 제30회, 제33회

㉢ 다만 허가를 배제하거나 잠탈하는 내용으로 매매계약이 체결되어 확정된 무효인 경우에는 계약체결 후 허가구역 지정이 해제되거나 허가구역 지정기간 만료 이후 재지정을 하지 아니한 경우라 하더라도 유효가 될 수 없다.

② 확정적 무효로 되는 경우

㉠ **불허가처분이 있는 경우**, 쌍방이 허가를 신청하지 않기로 의사표시를 명백히 한 경우, 제29회 **매도인의 채무가 이행불능임이 명백하고 매수인도 거래 존속을 원하지 않은 경우** 제33회 등에는 **확정적 무효가 된다.** 판례는 매도인이 매수인의 채무불이행을 이유로 해제통지를 하자 매수인이 계약금 상당액을 청구금액으로 하여 목적 토지를 가압류한 경우에도 무효가 될 여지가 있다는 입장이다.

기출 당사자 일방이 토지거래허가 신청절차에 협력할 의무를 이행하지 않는다면 다른 일방은 그 이행을 소구할 수 있다. (○)

기출 매수인은 계약이 현재 유동적 무효 상태라는 이유로 이미 지급한 계약금 등을 부당이득으로 반환청구할 수 있다. (×)

기출
• 토지거래허가구역 내의 토지 매매계약은 관할관청의 불허가 처분이 있으면 확정적 무효이다. (○)
• 매도인의 채무가 이행불능임이 명백하고 매수인도 거래의 존속을 바라지 않는 경우, 계약은 확정적 무효가 된다. (○)

ⓛ 매매계약 체결 당시 일정한 기간 안에 토지거래허가를 받기로 약정하였다고 하더라도, 특별한 사정이 없는 한 이를 쌍무계약에서 이행기를 정한 것과 달리 볼 것이 아니므로 **위 약정기간이 경과하였다는 사정만으로 곧바로 매매계약이 확정적으로 무효가 된다고 할 수는 없다.** 제34회

ⓒ 토지거래가 계약 당사자의 표시와 불일치한 의사(비진의표시, 허위표시 또는 착오) 또는 사기·강박과 같은 하자 있는 의사에 의하여 이루어진 경우에는 거래허가를 신청하기 전 단계에서 이러한 사유를 주장하여 거래허가신청 협력에 대한 거절의사를 일방적으로 명백히 함으로써 그 계약을 확정적으로 무효화시키고 자신의 거래허가절차에 협력할 의무를 면할 수 있다.

ⓔ 정지조건부 계약인 경우에 있어서 그 정지조건이 토지거래허가를 받기 전에 이미 불성취로 확정되었다면 계약관계는 확정적으로 무효가 된다.

ⓜ **토지거래허가 구역 내에서의 거래계약이 확정적으로 무효가 된 경우에는 거래계약이 확정적으로 무효로 됨에 있어서 귀책사유가 있는 자라고 하더라도 그 계약의 무효를 주장할 수 있다.** 제29회

③ 불허가 처분이 있더라도 확정적 무효로 되지 않는 경우
불허가를 유도할 목적으로 불성실하게 허가신청서를 기재하는 바람에 불허가가 되었다면 곧바로 확정적으로 무효가 된 것으로 볼 수 없고, 또한 불허가의 취지가 미비된 요건의 보정을 명하는 데에 있고 그러한 흠결된 요건을 보정하는 것이 객관적으로 불가능하지도 아니한 경우라면 확정적으로 무효가 되는 것은 아니다.

3 무효행위의 전환(제138조)

(1) 일단 성립한 법률행위가 무효이어야 한다. 법률행위가 성립요건을 갖추지 못하면 법률행위가 존재하지 않으므로 무효행위의 전환 자체를 논의할 수 없다.

(2) 당사자가 무효를 알았더라면 다른 법률행위를 의욕하였으리라는 '가정적 의사'가 인정되어야 한다.

(3) **매매대금의 과다로 말미암아 불공정한 법률행위(폭리행위)에 해당하여 무효인 경우에도 무효행위에 전환에 관한 제138조가 적용될 수 있다.**
제28회, 제29회, 제31회, 제34회

(4) 효력규정인 구 임대주택법령에 위반하여 임차인의 동의 없이 체결된 임대차 계약은 무효이다. 다만 절차상 위법이 있어 강행법규 위반으로 무효가 되는 경우에는 특별한 사정이 없는 한 임대차계약은 민법 제138조에 따라 표준임대보증금과 표준임대료를 임대조건으로 하는 임대차계약으로서 유효하게 존속한다.

4 무효행위의 추인(제139조)

> **제139조【무효행위의 추인】** 무효인 법률행위는 추인하여도 그 효력이 생기지 아니한다. 그러나 당사자가 그 무효임을 알고 추인한 때에는 새로운 법률행위로 본다.

(1) **무효행위는 추인하여도 효력이 없다. 다만 당사자가 무효임을 알고 추인한 때에는 새로운 법률행위로서 유효하다. 즉 소급효가 인정되지 않는다.** 제28회, 제29회, 제32회 따라서 **무효인 가등기를 전용하기로 한 약정은 그때부터 유효하고, 소급하여 유효가 되는 것은 아니다.** 제28회 그러나 제3자의 권리를 해하지 않는다면 당사자 사이에서는 특약으로 소급효를 인정하는 것은 허용된다.

(2) 양도금지의 특약에 위반해서 채권을 제3자에게 양도한 경우, 채무자가 **무효인 그 채권양도에 대하여 승낙을 한 때에는 다른 약정이 없는 한 소급효가 인정되지 않고 양도의 효과는 승낙시부터 발생한다.** 제34회

(3) 추인은 **당사자가 이전의 법률행위가 무효임을 알고 그 행위에 대하여 추인하여야 한다.** 제34회 따라서 당사자가 이전의 법률행위가 유효함을 전제로 이에 터잡은 후속행위를 하였다고 하여 묵시적 추인을 하였다고 단정할 수 없다. **묵시적 추인이 인정** 제32회 되기 위해서는 이전의 법률행위가 무효임을 알거나 적어도 의심하면서 그 행위의 효과를 자기에게 귀속시키도록 하는 의사로 후속행위를 하였음이 인정되어야 한다.

(4) 또한 **무효행위의 추인은 그 무효원인이 소멸한 후에 하여야 그 효력이 있다.** 제28회, 제32회, 제34회

(5) **제103조의 반사회질서 법률행위(불법조건이 붙은 법률행위),** 제28회 **제104조 불공정한 법률행위(폭리행위), 강행규정 위반의 법률행위(처음부터 허가를 잠탈할 목적으로 체결된 토지거래허가구역 내의 토지거래계약)는 절대적 무효이므로 추인이 인정되지 않는다.** 제31회, 제32회

03 취 소

1 취소(유동적 유효)

(1) **취소사유**: 제·착·사 제31회

甲과 乙이 계약을 체결한 후 甲은 강박을 이유로, 乙은 착오를 이유로 취소의 의사표시를 하였으나 주장하는 취소사유가 인정되지 않는 이상, 甲·乙 쌍방이 취소의 의사표시를 하였다는 사정만으로 위 계약이 무효가 되는 것이 아니다.

기출 무효인 법률행위는 무효임을 안 날로부터 3년이 지나면 추인할 수 없다. (×)

기출 무효인 법률행위를 추인하면 특별한 사정이 없는 한 처음부터 새로운 법률행위를 한 것으로 본다. (×)

기출 양도금지특약에 위반하여 무효인 채권양도에 대해 양도대상이 된 채권의 채무자가 승낙하면 다른 약정이 없는 한 양도의 효과는 승낙시부터 발생한다. (○)

기출 사회질서의 위반으로 무효인 법률행위는 추인의 대상이 되지 않는다. (○)

(2) **취소권자**(제140조) : 제·착·사·대·승

① **제한능력자도 단독으로 취소할 수 있다.** ^{제29회, 제33회} 따라서 제한능력자의 취소를 법정대리인의 동의가 없음을 이유로 다시 취소할 수는 없다.

② 착오나 사기·강박에 의해 의사표시를 한 자, **강박상태에서 벗어나지 못한 경우**에는 추인할 수 없으나 **취소권은 행사할 수 있다.** ^{제35회}

③ **법정대리인은 당연히 취소권을 행사할 수 있다.** ^{제26회} 그러나 임의대리인은 취소권에 대해 따로 수권을 받지 않는 한 취소권을 행사할 수 없다.

④ **승계인** : 특정승계인, 포괄승계인 모두를 포함한다. 그러나 취소권만의 승계는 인정되지 않는다.

(3) **취소의 상대방**(제142조)

취소할 수 있는 법률행위의 상대방이 확정된 경우에는 취소는 그 상대방에게 하여야 한다. ^{제29회, 제32회, 제35회} 예컨대 甲이 乙의 사기에 의해 부동산을 처분하고, 乙이 이를 다시 제3자 丙에게 처분한 경우, 甲의 취소의 상대방은 양도인 乙이 된다. 나아가 甲이 제3자 丙의 사기에 의하여 乙과 계약을 체결한 경우, 甲은 乙에게 취소권을 행사하여야 한다.

(4) **취소의 방법**

취소권은 단독행위(**형성권**)이므로 ^{제32회} 원칙적으로 조건을 붙이지 못한다. 또한 취소는 특정한 방식이 요구되는 것이 아니므로 취소를 당연한 전제로 한 소송상의 이행청구나 이를 전제로 한 이행거절 가운데는 취소의 의사표시가 포함되어 있다고 볼 수 있다.

(5) **일부취소의 문제**(법률행위의 일체성, 분할가능성, 당사자의 가상적 의사)

하나의 법률행위의 일부분에만 취소사유가 있는 경우에 그 법률행위가 가분적이거나 그 목적물의 일부가 특정될 수 있다면, 그 나머지 부분이라도 이를 유지하려는 당사자의 가정적 의사가 인정되는 경우 그 일부만의 취소도 가능하다.

(6) **취소의 효과** : 소급효

> **제141조 【취소의 효과】** 취소된 법률행위는 처음부터 무효인 것으로 본다. 다만, 제한능력자는 그 행위로 인하여 받은 이익이 현존하는 한도에서 상환할 책임이 있다.

① **법률행위를 취소하면 법률행위를 한 때로 소급하여 무효가 된다.** ^{제26회, 제29회, 제32회, 제33회} 또한 선의의 수익자는 현존이익의 한도에서 반환하면 되나, 악의의 수익자는 모든 손해를 배상하여야 한다.

기출∥ 제한능력자가 제한능력을 이유로 자신의 법률행위를 취소하기 위해서는 법정대리인의 동의를 얻어야 한다. (×)

기출∥ 취소할 수 있는 법률행위의 상대방이 확정되어 있는 경우, 그 취소는 상대방에 대한 의사표시로 하여야 한다. (○)

기출∥ 법률행위를 취소하면 그 법률행위는 취소한 때로부터 무효가 된다. (×)

② 그러나 **제한능력자는 악의라도 현존이익의 한도에서만 반환하면 된다.** 제27회, 제33회 제한능력자가 금전을 유흥비로 소비한 경우에는 현존이익이 없으므로 반환의무를 지지 않지만, **생활비로 사용한 경우에는 현존이익이므로 이를 반환하여야 한다.** 제26회

③ 착오나 사기·강박을 이유로 한 취소는 선의의 제3자에게 대항할 수 없으나, **제한능력을 이유로 취소를 한 경우에는 선의의 제3자에게도 대항할 수 있다.** 제26회

기출 ✎ 미성년자 甲이 乙에게 매도한 부동산을 乙이 선의의 丙에게 처분하고 이전등기를 한 후에 甲이 미성년자임을 이유로 취소한 경우에도 丙은 소유권을 취득한다. (×)

2 취소할 수 있는 법률행위의 추인 : 취소권의 포기

(1) 추인의 요건

> **제144조【추인의 요건】** ① 추인은 취소의 원인이 소멸된 후에 하여야만 효력이 있다.
> ② 제1항은 법정대리인 또는 후견인이 추인하는 경우에는 적용하지 아니한다.

① 추인은 취소의 원인이 종료한 후에 하여야 한다. 따라서 제한능력자는 능력자가 된 후에, 착오나 사기·강박에 의해 의사표시를 한 자는 그 상태를 벗어난 후에 추인할 수 있다.

② 그러나 제한능력자도 법정대리인의 동의를 얻으면 제한능력 상태에서도 추인할 수 있고, **법정대리인(후견인)은 취소의 원인이 종료되기 전이라도 추인할 수 있다.** 제27회, 제29회

③ 추인은 취소권의 포기이므로 취소할 수 있는 행위임을 알고 하여야 한다.

기출 ✎ 법정대리인의 추인은 취소의 원인이 소멸한 후에 하여야만 효력이 있다. (×)

(2) 추인의 효과

① **취소할 수 있는 법률행위를 추인하면** 확정적 유효가 되므로 추인 후에는 취소할 수 없다(제143조). 즉 **취소권은 소멸한다.** 제33회

② 취소한 법률행위는 처음부터 무효인 것으로 간주되므로 취소할 수 있는 법률행위가 일단 취소된 이상 그 후에는 취소할 수 있는 법률행위의 추인(제143조)에 의하여 이미 취소되어 무효인 것으로 간주된 당초의 의사표시를 다시 확정적으로 유효하게 할 수는 없고, 다만 무효인 법률행위의 추인(제139조)의 요건과 효력으로서 추인할 수는 있다.

3 법정추인(제145조)

> **제145조 【법정추인】** 취소할 수 있는 법률행위에 관하여 전조의 규정에 의하여 추인
> 할 수 있는 후에 다음 각 호의 사유가 있으면 추인한 것으로 본다. 그러나 이의를
> 보류한 때에는 그러하지 아니하다.
> 1. 전부나 일부의 이행
> 2. **이행의 청구** 제35회
> 3. **경개** 제35회
> 4. **담보의 제공** 제35회
> 5. 취소할 수 있는 행위로 취득한 권리의 전부나 일부의 양도
> 6. **강제집행** 제35회

(1) **일정한 사유가 존재할 것** 제27회, 제30회

① 전부나 일부의 이행, ② 이행의 청구, ③ 경개, ④ 담보의 제공, ⑤ 취소할 수 있는 행위로 취득한 권리의 전부나 일부의 양도, ⑥ 강제집행이 있어야 한다. **이 경우 ②, ⑤의 경우에는 취소권자가 하는 경우에만 법정추인사유가 된다.**

기출 ✎
• 취소권자가 상대방으로부터 이행의 청구를 받는 경우에도 법정추인이 된다. (×)
• 혼동은 법정추인사유가 아니다. (○)

(2) 취소로 인하여 취득하게 될 권리를 처분하는 것은 법정추인사유가 아니다. 예컨대 **매도인 甲으로부터 사기를 당하여 甲의 건물을 매수한 乙이 매매계약의 취소를 통해 취득하게 될 계약금 반환청구권을 丙에게 양도한 것은 오히려 취소하겠다는 의사가 명백히 드러난 경우이므로 법정추인에 해당하지 않는다.** 제26회

기출 ✎ 취소할 수 있는 법률행위에 관하여 법정추인이 되려면 취소권자가 취소권의 존재를 인식해야 한다. (×)

(3) 취소의 원인이 종료한 후에 법정추인사유가 있어야 한다. 즉 **제·착·사에서 벗어나지 못한 상태에서 위의 여섯 가지 행위를 하더라도 법정추인이 되지 않는다.** 제29회 **법률규정에 의한 추인이므로 취소의 원인이 종료되기만 하면 되는 것이지 취소권자가 취소할 수 있는 행위라는 것을 알고 할 필요는 없다.** 제32회

(4) 이의를 보류하지 않아야 한다. 즉 이의를 보류하면 법정추인이 되지 않는다.

4 취소권의 단기소멸(제146조)

기출 ✎
• 취소권은 취소할 수 있는 날로부터 3년 내에 행사하여야 한다. (×)
• 취소권은 취소사유가 있음을 안 날로부터 10년 내에 행사하여야 한다. (×)

취소권은 '추인할 수 있는 날(취소할 수 있는 날이 아니다)'로부터 3년 내에 '법률행위를 한 날(취소사유가 있음을 안 날이 아니다)'로부터 10년 내에 행사하여야 한다. 제27회~제29회, 제32회, 제33회, 제35회 이 기간은 제척기간으로 법원의 직권조사사항이다. 출소기간은 아니므로 재판 외에서도 행사할 수 있다. 두 기간 중 하나의 기간이 도과하면 취소권은 소멸한다.

Chapter 05 조건과 기한

01 조건부 법률행위

1 조건의 의의

법률행위의 '효력'의 발생 또는 소멸을 장래의 '불확실한 사실의 성부'에 의존케 하는 법률행위의 부관이다. ^{제32회} 조건의사가 있더라도 그것이 외부에 표시되지 않으면 법률행위의 동기에 불과할 뿐 조건이 되지는 않는다. ^{제35회} 또한 과거의 사실도 조건이 되지 못한다. ^{제32회}

2 조건의 종류

> **제147조 【조건성취의 효과】** ① 정지조건 있는 법률행위는 조건이 성취한 때로부터 그 효력이 생긴다.
> ② 해제조건 있는 법률행위는 조건이 성취한 때로부터 그 효력을 잃는다.
> ③ 당사자가 조건성취의 효력을 그 성취 전에 소급하게 할 의사를 표시한 때에는 그 의사에 의한다.

(1) 정지조건과 해제조건

1) 정지조건

① 법률행위의 '효력 발생'을 장래의 불확실한 사실에 의존케 하는 조건이다. ^{제32회} 즉 정지조건 있는 법률행위는 조건이 성취한 때로부터 그 효력이 생긴다. ^{제29회} 따라서 정지조건부 법률행위는 조건이 불성취로 확정되면 (확정적) 무효로 된다. ^{제28회}

② 소멸시효는 그 권리를 행사할 수 있는 때로부터 소멸시효가 진행하는데, 정지조건부 권리는 조건이 성취되지 않은 경우에는 그 권리를 행사할 수 없으므로 정지조건부 권리는 조건이 성취되지 않은 동안은 소멸시효가 진행되지 않는다.

> 기출 ∥ 정지조건부 법률행위는 조건이 불성취로 확정되면 무효로 된다. (○)

③ 동산의 소유권 유보부 매매(할부매매)는 대금완납을 '정지조건'으로 하는 법률행위이다(**불확정적 법률행위**). 따라서 매매목적물이 매수인에게 인도되었다고 하더라도 매매대금이 모두 지급되기 전까지는 매도인은 매수인이나 제3자에 대하여 소유권을 주장할 수 있다.

2) 해제조건

법률행위의 '효력 소멸'을 장래의 불확실한 사실에 의존케 하는 조건이다. 즉 **해제조건부 법률행위는 조건이 성취한 때로부터 그 효력을 잃는다.** 제30회 따라서 해제조건부 법률행위는 조건이 성취되지 않는 한 효력이 소멸하지 않는다.

(2) 가장조건 - 조건이 아님

① 법정조건

조건은 의사표시에 의하여 부과되어야 하므로 법률규정에 의하여 요구되는 요건 내지 사실인 **법정조건은 조건이 아니다.** 제32회

② 불법조건(제151조 제1항)

조건이 선량한 풍속 기타 사회질서에 위반된 때에는 당해 조건만이 아니라 법률행위 전부가 무효이다. 즉 조건 없는 법률행위(유효)가 되는 것이 아니다. 제28회, 제29회, 제32회~제34회 즉 부첩관계의 종료를 해제조건으로 하는 증여계약은 조건뿐만 아니라 증여계약 자체가 무효이다.

③ 기성조건 · 불능조건(제151조 제2항 · 제3항)

구 분	정지조건(＋)	해제조건(－)
기성조건(＋)	(＋) 조건 없는 법률행위 제28회, 제30회	(－) **무효** 제29회, 제31회, 제34회
불능조건(－)	(－) **무효** 제31회, 제32회	(＋) 조건 없는 법률행위

3 조건과 기한에 친하지 않은 법률행위

단독행위(취소, 해제, 상계 등)에는 **원칙적으로 조건 · 기한을 붙이지 못한다.** 제30회 그러나 **상대방의 동의를 얻었다거나,** 상대방에게 유리한 경우(**채무면제,** 제28회 유증), 또한 **정지조건부 계약해제** 제33회 등의 경우에는 **조건을 붙일 수 있다.** 그리고 **조건을 붙일 수 없는 법률행위에 조건을 붙인 경우, 조건뿐만 아니라 법률행위 전체가 무효로 된다.** 제28회, 제35회

[기출] 불법조건이 붙은 법률행위나 조건을 붙이는 것이 허용되지 아니하는 법률행위에 조건을 붙인 경우 그 조건만을 분리하여 무효로 할 수 있다. (×)

[기출]
- 기성조건을 정지조건으로 한 법률행위는 무효이다. (×)
- 조건이 법률행위 당시 이미 성취한 것인 경우, 그 조건이 해제조건이면 그 법률행위는 무효로 한다. (○)
- 조건부 법률행위에서 불능조건이 정지조건이면 그 법률행위는 무효이다. (○)
- 조건부 법률행위에서 기성조건이 해제조건이면 그 법률행위는 무효이다. (○)

4 조건의 성취와 불성취

(1) 신의칙에 반하는 조건의 성취와 불성취(제150조)

① 조건의 성취로 인하여 불이익을 받을 당사자가 신의성실에 반하여 조건의 성취를 방해한 때에는 상대방은 그 조건이 성취한 것으로 주장할 수 있다. 이때 **조건이 성취된 것으로 의제되는 시점은 이러한 신의성실에 반하는 행위가 없었더라면 조건이 성취되었으리라고 추산되는 시점이다.** 제33회

② 여기서 말하는 '조건의 성취를 방해한 때'란 방해행위가 없었더라도 조건의 성취가능성이 현저히 낮은 경우까지 포함되는 것은 아니다.

③ 또한 조건의 성취로 이익을 받을 당사자가 신의성실에 반하여 조건을 성취시킨 때에는 상대방은 그 조건이 성취하지 아니한 것으로 주장할 수 있다.

(2) 조건 성취에 대한 증명책임

법률행위에 조건이 붙어 있다는 사실은 그 조건의 존재를 주장하는 자가 증명해야 한다. 제31회, 제34회 **또한 정지조건부 법률행위에 있어서 조건이 성취되었다는 사실은 이에 의하여 권리를 취득하고자 하는 자가 증명책임을 지고,** 제28회 **정지조건부 법률행위에 해당한다는 사실은 그 법률효과의 발생을 다투려는 자에게 증명책임이 있다.** 제35회

> 기출 법률행위에 조건이 붙어 있는지 여부는 조건의 존재를 주장하는 자에게 증명책임이 있다. (○)

5 조건부 법률행위의 효력

(1) 조건의 성취에 따른 효력(제147조)

조건성취의 효력은 소급효가 없음이 원칙이다. 즉 조건이 성취한 '때로부터' 효력이 생기거나 소멸하는 것이지 법률행위 당시로 소급하지 않는다. 제33회 **다만 기한과 달리 당사자의 의사로 소급효를 줄 수 있다.** 제28회, 제29회

> 기출
> • 정지조건부 법률행위에서 조건성취의 효력은 원칙적으로 법률행위가 성립한 때로부터 발생한다. (×)
> • 당사자가 조건 성취의 효력을 그 성취 전에 소급하게 할 의사를 표시하더라도, 당사자 사이에서 법률행위는 조건이 성취한 때부터 효력이 생긴다. (×)

(2) 조건성취 이전의 효력

① 조건부 권리의 소극적 보호(침해금지)

조건 있는 법률행위의 당사자는 조건의 성부가 미정인 동안에 조건의 성취로 인하여 생길 상대방의 이익을 해하지 못한다(제148조).

② 조건부 권리의 적극적 보호

> 제149조 【조건부권리의 처분 등】 조건의 성취가 미정한 권리의무는 일반규정에 의하여 처분, 상속, 보존 또는 담보로 할 수 있다.
> 제154조 【기한부권리와 준용규정】 제148조와 제149조의 규정은 기한 있는 법률행위에 준용한다. 제29회

> 기출 기한의 도래가 미정한 권리의무는 일반규정에 의하여 처분하거나 담보로 할 수 없다. (×)

02 기한부 법률행위

1 기한의 의의

법률행위의 '효력'의 발생이나 소멸 또는 채무의 이행을 장래에 발생하는 것이 '확실한 사실'에 의존케 하는 법률행위의 부관이다.

2 확정기한과 불확정기한

(1) 불확정기한과 조건의 구별은 결국 법률행위 해석의 문제로 귀착된다.

(2) 부관(조건과 기한)에 표시된 사실이 발생하지 않으면 채무를 이행하지 않아도 된다고 보는 것이 상당한 경우에는 조건으로 보아야 하고, **표시된 사실이 발생한 때에는 물론이고 반대로 발생하지 아니하는 것이 확정된 때에도 그 채무를 이행해야 한다고 보는 것이 상당한 경우에는 불확정기한으로 보아야 한다.** 제33회

(3) **당사자가 불확정한 사실이 발생한 때를 이행기한으로 정한 경우에는** 그 사실이 발생한 때는 물론이고 **그 사실의 발생이 불가능하게 된 때에도 이행기한은 도래한 것**으로 보아야 하므로 채무자는 채무를 이행하여야 한다. 제30회, 제35회

> 기출 ✎ 불확정한 사실이 발생한 때를 이행기한으로 정한 경우, 그 사실의 발생이 불가능하게 된 때에도 기한이 도래한 것으로 본다. (○)

3 기한부 법률행위의 효력

> **제152조【기한도래의 효과】** ① 시기 있는 법률행위는 기한이 도래한 때로부터 그 효력이 생긴다.
> ② 종기 있는 법률행위는 기한이 도래한 때로부터 그 효력을 잃는다. 제31회, 제34회

기한에는 소급효가 없다. 조건과 달리 특약에 의해서도 절대 소급효를 줄 수 없다.

4 기한의 이익

> 기출 ✎ 기한은 채권자의 이익을 위한 것으로 추정하며, 기한의 이익은 포기할 수 있다. (×)

> **제153조【기한의 이익과 그 포기】** ① 기한은 채무자의 이익을 위한 것으로 추정한다. 제34회
> ② 기한의 이익은 이를 포기할 수 있다. 그러나 상대방의 이익을 해하지 못한다. 제29회

(1) ① 채무자가 담보를 손상하거나 감소 또는 멸실하게 한 때, ② 채무자가 담보 제공의 의무를 이행하지 아니한 때(제388조), ③ 채무자가 파산한 때에는 기한 의 이익을 상실한다.

(2) 정지조건부 기한이익 상실의 특약은 기한이익 상실의 사유가 발생하면 채권자 가 의사표시를 하지 않더라도 기한이익이 상실된다. 즉 기한이익 상실사유가 발생하면 바로 이행기가 도래하고, 채무자는 이행지체책임을 진다.

(3) 그러나 형성권적 기한이익 상실의 특약은 기한이익 상실 사유가 발생하더라도 채권자의 의사표시가 있어야 기한이익이 상실된다. 즉 채권자의 이행청구 등 의사표시가 있어야 이행기가 도래한다.

(4) **기한이익 상실의 특약은 명백히 정지조건부 기한이익 상실의 특약이라고 볼 만 한 특별한 사정이 없는 이상 형성권적 기한이익 상실의 특약으로 추정된다.**

제30회, 제31회, 제35회

기출 기한이익 상실의 특약은 특별한 사정이 없는 한, 정지조 건부 기한이익 상실의 특약으로 추정한다. (×)

물권법

물권의 종류 및 객체

1 물권법정주의(제185조 - 강행규정)

물권은 법률(형식적 의미의 법률)과 관습법에 의하는 외에는 임의로 창설하지 못한다. 제32회, 제34회, 제35회

2 물권의 종류

물권법이 인정하는 8가지 물권(점유권과 본권(7개))과 관습법상 인정되는 분묘기지권, 관습법상 법정지상권 등이 있다. 그 외에 특별법상 물권으로는 가등기담보권이나 양도담보권, 광업권, 조광권, 어업권 등이 있다. **판례는** 이들 물권 이외에 **온천권, 근린공원이용권, 사도통행권 등은 관습법상의 물권으로 인정하지 않는다.** 제26회, 제32회

3 물권의 객체

물권의 객체는 현존하고 특정되고 독립된 물건이다. 다만 **지상권이나 전세권을 객체로 하는 저당권**(제371조)**처럼 권리를 목적으로 하는 경우도 있다.** 제34회

4 동산과 부동산

(1) 의 의

토지 및 그 정착물이 부동산이고, 부동산 이외의 물건이 동산이다.

(2) 부동산

1) 토 지

토지소유권의 범위는 현실 경계와 관계없이 공부의 경계에 의해 확정되는 것이 원칙이지만, 지적도를 작성하면서 기점을 잘못 선택하는 등 **기술적인 착오로 지적도의 경계선이 진실한 경계선과 다르게 작성되었다는 등과 같은 특별한 사정이 있는 경우에는 토지의 경계는 실제의 경계에 의한다.** 제32회, 제34회

2) 토지와 별개의 부동산으로 다루어지는 정착물

① 건 물

항상 토지와 별개의 부동산으로 취급한다. 즉 토지에 부합하지 않는다. 따라서 타인의 토지에 무단으로 건물을 건축한 경우에도 최소한의 기둥과 지붕, 그리고 주벽이 이루어지면 신축한 자가 등기 없이도 소유권을 취득한다.

② 수목·미분리의 과실

원칙적으로는 토지에 부합하므로 독립한 부동산이 아니나, 입목법에 의한 입목이나 명인방법을 갖춘 수목(수목의 집단)은 독립한 부동산으로 취급된다. 미분리의 과실도 명인방법을 갖추면 독립한 부동산으로 취급한다.

③ 농작물

수확기에 있는 농작물은 토지에 부합하지 않고, 명인방법을 갖출 필요도 없이 항상 경작자의 소유이다. 단 수확하지 않은 농작물을 법률행위(매매)로 취득하는 경우에는 명인방법을 갖추어야 한다.

(3) 의제부동산

선박, 항공기, 자동차, 중장비 등은 법률상 부동산으로 취급되어 등기나 등록에 의해 공시된다. 따라서 담보권을 설정하는 경우에도 저당권이 설정된다.

5 일물일권주의

(1) 의 의

① 하나의 물건 위에 종류, 성질, 범위, 순위가 같은 물권이 동시에 성립할 수 없고, 물건의 일부분이나 수개의 물건 위에 하나의 물권이 성립할 수 없다.

② 일물일권주의 원칙상 하나의 **부동산에 대한 전유부분의 면적 표시가 잘못된 경우**, 이는 경정등기의 방법으로 바로 잡아야 하고 **그 잘못 표시된 면적만큼의 소유권보존등기의 말소를 구하는 소는 허용되지 아니한다.** 제34회

(2) 일물일권주의의 예외

① **용익물권과 유치권, 점유권은 물건의 일부 위에도 성립할 수 있다.** 제34회 **물건의 일부 위에 저당권은 성립할 수 없다.** 제33회, 제35회

② **유동집합물(양어장의 뱀장어 등)도 특정성과 독립성을 인정할 수 있으면 그 집합물 위에 물권이 성립**하며,제35회 그 구성물에 변동이 있더라도 특정성을 잃지 않는다. 또한 다수의 기업재산에 대한 하나의 저당권도 인정된다(공장 및 광업재단저당).

> 기출 ✎ 구분소유의 목적이 되는 건물의 등기부상 표시에서 전유부분의 면적 표시가 잘못된 경우, 그 잘못 표시된 면적만큼의 소유권보존등기를 말소할 수 없다. (○)

> 기출 ✎
> • 1필의 토지의 일부를 객체로 하여 지상권을 설정할 수 없다. (×)
> • 1필 토지의 일부에 대해서는 저당권이 성립할 수 없다. (○)

Chapter 02 물권의 효력

01 우선적 효력

물권 상호 간에는 원칙적으로 먼저 성립한 권리가 나중에 성립한 권리보다 우선한다. 물권과 채권은 물권이 우선하는 것이 원칙이다. 그러나 채권 중에 ① 주임법(상임법)상 소액임차인의 우선변제권 ② 근로기준법상의 임금우선특권 ③ 국세징수법상 조세(당해세) 우선특권 등은 항상 물권에 우선하고, ④ 부동산 임차권을 등기한 경우 ⑤ 채권이 가등기 된 경우 ⑥ 주임법(상임법)상 대항력을 갖춘 경우 ⑦ 일반 조세채권 등의 경우에는 시간적 선후에 의해 채권이 먼저 대항력을 갖춘 경우에는 채권이 우선한다.

02 물권적 청구권

1 개 념

(1) 반환청구권, 방해제거(배제)청구권, 방해예방청구권 세 가지가 있다. 가장 많이 출제되는 것이 건물철거청구와 등기말소청구이다. 이 주제가 나오면 물권적 청구권(방해제거청구권) 문제임을 인식하고 풀면 된다.

기출 ✔ 소유권에 기한 방해제거 청구권은 현재 계속되고 있는 방해의 원인과 함께 방해결과의 제거를 내용으로 한다. (×)

(2) **소유권에 기한 방해배제청구권에 있어서 '방해'라 함은 현재에도 지속되고 있는 침해를 의미한다.** 제34회 **법익 침해가 과거에 일어나서 이미 종결된 경우인 '손해'와는 다르다.** 제30회 **따라서 소유권에 기한 방해배제청구권은 방해결과의 제거를 내용으로 하는 것이 되어서는 아니 되며(이는 손해배상의 영역이다) 현재 계속되고 있는 방해의 원인을 제거하는 것을 내용으로 한다.** 제29회, 제32회 그러므로 과거에 이루어진 위법한 쓰레기 매립으로 인한 쓰레기 제거를 위해 소유권에 기한 방해배제청구권을 행사하는 것은 인정될 수 없다.

기출 ✔ 소유자는 물권적 청구권에 의하여 방해제거비용 또는 방해예방비용을 청구할 수 없다. (○)

(3) 제214조의 손해배상의 담보청구는 방해할 염려가 있는 행위에 의해 장래에 발생하리라고 예상되는 손해에 대한 담보를 청구하는 권리이다. 따라서 **소유자가 이미 발생한 방해제거 행위 또는 방해예방 행위를 하는 데 드는 비용을 청구할 수 있는 권리는 손해배상의 담보청구에 포함되지 않는다.** 제29회, 제34회

2 민법규정

(1) 물권적 청구권(이하 '물청'이라고 한다)에 관한 일반적인 규정은 없으며, 점유권 과 소유권 부분에 물청 규정을 두고, 소유권에 기한 물청 규정을 다른 물권이 준용하고 있다.

(2) 다만 **유치권에는 준용규정이 없으므로 유치권이라는 본권에 기한 반환청구권 (물청)은 인정되지 않고**, 다만 **점유권에 기한 물청으로 보호될 수 있을 뿐이다.**
제26회, 제30회

(3) 지역권과 저당권은 점유를 수반하지 않는 권리이므로 소유권에 기한 방해제거 청구와 방해예방청구권 규정만 준용될 뿐(제301조, 제370조, 214조), 소유권에 기 한 반환청구권(제213조) 규정은 준용되지 않는다. 즉 **지역권과 저당권은 방해제 거와 방해예방청구권만 인정될 뿐 '반환청구권'은 절대로 인정되지 않는다.**
제26회, 제29회, 제31회~제34회

(4) **방해예방청구와 손해배상의 담보청구는 선택적으로만 행사할 수 있다**(제206조, 제214조). 제28회, 제33회

3 법적성질

(1) 물청은 물권에 기한 것이므로 채권적 청구권(이하 '채청'이라고 한다)에 우선한다.

(2) 물권이 이전·소멸하면 물청도 함께 이전·소멸하므로, 물청을 물권에서 분리 하여 양도하지 못한다.

(3) **소멸시효**

채청은 원칙적으로 10년의 소멸시효에 걸리나, **소유권에 기한 물청은 소멸시 효에 걸리지 않는다.** 제30회~제32회 제한물권에 기한 물청도 시효에 걸리지 않는 다는 것이 다수설이다.

(4) **불법행위에 기한 손해배상청구권과의 관계**

물청은 침해의 우려만 있어도 행사할 수 있고(방해예방청구권), **침해자의 귀책 사유 유무를 불문한다.** 제30회, 제32회, 제35회 그러나 손해배상청구는 상대방의 귀 책사유가 있어야만 행사할 수 있고, 손해의 '우려'가 있다는 사정만으로는 행사 할 수 없다. 즉 물청이 손해배상청구권을 당연히 포함하는 것이 아니다. 따라서 침해자에게 귀책사유가 있으면 물청과 손해배상청구권을 중첩적으로 행사할 수 있다.

기출 유치권자가 점유를 침탈 당한 경우, 유치권에 기한 반환 청구권을 행사할 수 있다. (×)

기출
• 저당권자는 목적물에서 임의 로 분리, 반출된 물건을 자신 에게 반환할 것을 청구할 수 있다. (×)
• 승역지의 점유가 침탈된 때에 도 지역권자는 승역지의 반환 을 청구할 수 없다. (○)
• 소유자는 자신의 소유권을 방 해할 염려 있는 행위를 하는 자에 대하여 그 예방이나 손 해배상의 담보를 청구할 수 있다. (○)

(5) **甲의 토지를 乙(국가)이 자신 앞으로 보존등기를 한 후 丙에게 처분하여 丙이 등기부취득시효를 완성한 경우, 甲은 乙에게 소유권에 기한 등기말소청구**(진정명의회복)**의 이행불능을 이유로 손해(전보)배상을 청구할 수 없다.** 제31회 소유권(母權)의 상실로 소유권에 기한 물청(子權)도 소멸하므로, 물청의 이행불능은 있을 수 없기 때문이다. 물론 불법행위에 따른 손해배상청구는 가능하다.

(6) **물권적 청구권 보전을 위한 가등기는 허용되지 않는다**(부동산등기법 제88조). 제32회

---

4 **물권적 청구권자** : 현재의 물권자

(1) **토지 사용을 방해받은 소유자라 하더라도 일단 소유권을 상실한 경우에는 불법점유자에게 소유권에 기한 방해배제를 청구할 수 없다.** 제29회, 제32회, 제33회 예를 들어 甲의 토지 위에 乙이 건물을 무단신축한 경우, 甲은 乙에게 건물철거와 토지인도를 청구할 수 있다. 그러나 甲이 丙에게 토지소유권을 이전하면 甲은 더 이상 乙에게 소유권에 기한 물청을 행사할 수 없다. 甲의 乙에 대한 건물철거 소송 진행 중에 소유권이 이전된 경우에도 마찬가지이다. 즉 甲의 소송은 더 이상 진행될 수 없다. 나아가 **甲과 丙의 특약으로 소유권에 기한 물청을 甲에게 유보하여 甲에게 행사하게 하는 것도 인정되지 않는다.** 제32회

(2) **미등기건물의 매수인은** 매매대금을 전부 지급한 경우에도 소유권을 취득하지 못하므로(소유권에 유사한 관습상의 물권도 인정되지 않는다), 제26회 **건물의 불법점유자에게 소유권에 기한 반환청구를 할 수 없다.** 제34회 **다만 점유권에 기한 물청을 행사하거나 소유자의 물청을 대위행사할 수 있을 뿐이다.** 제26회

(3) **용익권을 설정해 준 소유자도 물청을 행사할 수 있다.** 제33회 즉 甲이 자신의 토지를 乙에게 지상권이나 전세권을 설정해 준 경우, 丙이 해당 토지를 불법점유하면 甲은 소유권에 기하여, 乙은 지상권이나 전세권에 기하여 물청을 행사할 수 있다.

(4) 甲의 토지 위에 乙의 근저당권이 설정된 후에 甲이 피담보채무를 변제하고 부동산의 소유권을 丙에게 양도한 경우, 물청으로서의 등기말소청구권은 현재의 소유자 丙에게만 인정된다. 다만 판례는 종전의 소유자인 甲도 계약상의 권리, 즉 채청으로 乙을 상대로 등기말소를 청구할 수 있다는 입장이다.

5 물권적 청구권의 상대방 : 현재의 침해자(점유자, 등기명의자)

(1) 간접점유자는 점유자이므로 물청의 상대방이 되나, 점유보조자는 점유자가 아니므로 물청의 상대방이 되지 못한다.

(2) 불법점유를 이유로 명도(인도)를 청구하려면 현실적으로 그 목적물을 점유하고 있는 자를 상대로 하여야 하고 불법점유자라 하여도 그 물건을 다른 사람에게 인도하여 현실적으로 점유를 하고 있지 않은 이상, 그 자를 상대로 한 명도(인도)청구는 부당하다. 따라서 甲의 토지 위에 乙이 건물을 무단신축하고 이를 丙에게 처분하고 소유권이전등기를 경료한 경우, 甲은 현재의 건물 소유자 丙에 대해서만 물청을 행사할 수 있다.

(3) **甲의 토지 위에 乙이 건물을 무단신축하고, 이를 丙에게 임대차 한 경우, 甲은 乙에게만 건물철거청구를 할 수 있다.** 제27회 丙은 건물부지의 점유자가 아니기 때문이다.

(4) **甲의 토지 위에 乙이 건물을 무단신축하고 보존등기 없이 丙에게 양도한 경우, 甲은** 이전등기가 없어 소유권을 취득하지 못한 丙(미등기건물의 매수인)**에게 건물철거와 토지반환을 청구할 수 있다.** 제26회, 제27회, 제31회

(5) **甲의 토지 위에 乙이 건물을 무단신축한 경우에도 甲은 乙에게 퇴거청구는 할 수 없다.** 제27회, 제35회 퇴거청구는 타인의 건물을 점유하고 있는 자에게 청구할 수 있는데, 건물을 무단신축한 경우에도 건물의 소유권은 乙에게 귀속되기 때문이다. 다만 **건물의 철거청구 및 토지의 인도청구, 부당이득반환청구 등은 당연히 할 수 있다.** 제35회 **乙이 丙에게 동 건물을 임대차한 경우에는 甲은 丙에게는 퇴거청구를 할 수 있다.** 제27회, 제35회 건물을 철거하기 위해서는 丙의 퇴거가 필요하기 때문이다. 丙이 대항요건을 갖추거나 전세권자인 경우에도 마찬가지이다. 다만 **丙이 건물을 무단점유하는 경우, 당연히 乙은 丙에게 건물의 인도를 청구할 수 있다.** 제35회

(6) **甲의 토지를 매수한 乙이 이전등기 없이 그 토지를 점유하는 경우, 甲은 乙에게 토지반환을 청구할 수 없다.** 제35회 乙의 점유는 적법하기 때문이다. 나아가 **乙이 그 토지를 제3자 丙에게 전매하거나 임대차하여 인도한 경우, 甲은 丙에게도 소유권에 기한 물청을 행사할 수 없다.** 제26회, 제35회 丙 역시 적법한 점유권원이 인정되기 때문이다(제213조).

(7) **등기말소청구는 현재의 등기명의자에게 하여야 한다.** 제31회 따라서 무효인 저당권등기가 이전된 경우, 저당권등기의 말소청구는 양수인(현재의 저당권부기등

기출 甲의 토지에 건물을 무단신축한 乙이 丁에게 건물을 매도한 후 매매대금을 전부 지급받고 인도하였으나 건물이 아직 미등기인 경우, 甲은 丁을 상대로 건물의 철거를 청구할 수 없다. (×)

기출 甲의 토지 위에 乙이 건물을 무단신축한 경우에도 甲은 乙에게 퇴거청구는 할 수 없다. (○)

기출 乙이 소유자 甲으로부터 토지를 매수하고 인도받았으나 등기를 갖추지 않고 다시 丙에게 이를 전매하고 인도한 경우, 甲은 丙에게 소유물반환청구를 할 수 있다. (×)

기명의자)만을 상대로 하면 족하고 양도인은 상대방이 아니다. 또한 이때 주등기의 말소만을 구하면 되고, 주등기가 말소되면 부기등기는 직권으로 말소된다.

(8) **그러나 등기명의인이 허무인**(실체가 없는 단체)**인 경우에는 허무인**(실체가 없는 단체) **명의로 등기를 경료한 자에 대하여 그 등기말소를 청구할 수 있다.** 제31회

(9) '회복'등기청구권은 종전의 순위를 회복해야 하므로, 현재의 소유자가 아니라 말소(멸실) 당시의 소유자에게 행사해야 한다. 따라서 乙의 가등기가 경료된 甲의 부동산이 丙에게 양도되어 이전등기가 된 후 乙의 가등기가 불법으로 말소된 경우, 乙은 丙을 상대로 가등기의 회복등기를 청구하여야 한다.

[기출] 임차인은 임차목적물 침해자에 대하여 소유자인 임대인의 물권적 청구권을 대위행사할 수 있다. (○)

6 부동산 임차권과 물권적 청구권

임차권은 채권이므로 **임차권에 대한 침해가 있어도** 임차권에 기한 물청은 인정되지 않는다. 단지 점유권에 기한 물청 행사나, **임대인이 갖는 물청의 대위행사만 가능하다.** 제30회 다만 임차인이 대항요건(등기나 주민등록과 인도)을 갖추면 물청 규정을 유추적용해 임차권 자체에 기한 물청이 인정된다. 다만 대항요건을 갖추어도 임차권은 여전히 채권이다.

7 점유권에 기한 물권적 청구권(점유보호청구권)

(1) **점유물반환청구권**(점유의 회수 – 제204조)

1) **청구권자**: 현재의 점유자

직접점유, 간접점유를 불문하나, 점유보조자에게는 인정되지 않는다. 다만 간접점유자는 먼저 직접점유자에게 반환할 것을 청구하고, 직접점유자가 반환받을 수 없거나, 이를 원하지 않는 경우에 한하여 자기에게 반환할 것을 청구할 수 있다(제207조).

2) **상대방**

① 침탈자, 침탈자의 포괄승계인(선악 불문), 침탈자의 악의의 특별승계인에 대해서만 행사할 수 있다. 즉 선의의 특별승계인에 대해서는 행사할 수 없다. 또한 선의의 특별승계인으로부터 전득한 자에게는 그가 악의라도 행사할 수 없다. 나아가 **타인의 점유를 침탈한 자라 하더라도 제3자에 의하여 다시 침탈을 당한 자에 대해서는 점유물반환청구의 상대방이 될 수 없다.** 제35회

② 이러한 제한은 점유권에 기한 물청에 한하고, 본권에 의한 물청 행사는 이러한 제한을 받지 않는다. 즉 **소유자는 소유물을 불법점유한 사람의 특별승계인에 대해서도 그 반환을 청구할 수 있다.** 제29회

[기출] 소유자는 소유물을 불법점유한 사람의 특별승계인에 대하여는 그 반환을 청구하지 못한다. (×)

③ 점유보호청구권 역시 물청이므로 침탈자의 귀책사유는 요하지 않는다. 다만 손해배상을 청구하기 위해서는 침탈자에게 귀책사유가 있어야 한다.

3) 요 건

① '침탈', 즉 점유자의 의사에 반하여 빼앗긴 경우에만 가능하므로, **사기(기망)·강박, 횡령, 유실의 경우에는 인정되지 않는다.** 제32회, 제35회

[기출] 점유자가 상대방의 사기에 의해 물건을 인도한 경우 점유침탈을 이유로 한 점유물반환청구권은 발생하지 않는다. (○)

② **직접점유자가 간접점유자의 의사에 반하여 점유물을 타에 양도한 경우(이 경우가 횡령이다)에도 간접점유자는 점유물반환청구를 할 수 없다.** 제30회

[기출] 직접점유자 乙이 간접점유자 甲의 의사에 반하여 점유물을 丙에게 인도한 경우, 甲은 丙에게 점유물반환청구권을 행사할 수 없다. (○)

4) 기간(제척기간)

① **'침탈'을 당한 날**('안 날'이 아니다)**로부터 1년 내에 행사해야 하고 이 기간은 출소기간이다.** 제28회 즉 반드시 소를 제기해야 한다.

② 역시 본권에 기한 물청은 이런 기간제한이 없다.

(2) **점유물방해배제청구권**(제205조)

① 점유침탈 이외의 방법에 의해 점유를 방해받은 때에 행사할 수 있다.

② 역시 1년의 출소기간 내에만 행사할 수 있다.

③ 기산점이 되는 '방해가 종료한 날'은 방해 행위가 종료한 날을 의미한다.

④ **공사로 인하여 점유의 방해를 받은 때에는**, 건물이 완공되지 않았다 하더라도 공사착수 후 1년이 경과하거나, 공사착수 후 1년이 되지 않았다 하더라도 **건물이 완공된 때에는 방해배제를 청구하지 못하고 손해배상만 청구할 수 있다.** 제35회

(3) **점유물방해예방청구권**(제206조)

방해예방청구와 손해배상의 담보청구는 선택적으로만 행사할 수 있다.

(4) 점유권에 기한 소와 본권에 기한 소는 서로 영향을 미치지 않는다. 즉 둘 다 별개로 인정된다. 따라서 점유권에 기한 소송에서 패소하더라도 다시 소유권에 기한 소송을 제기할 수 있다. 또한 **점유권에 기인한 소는 본권에 관한 이유로 재판하지 못한다**(제208조). 제28회, 제35회

[기출] 점유권에 기인한 소는 본권에 관한 이유로 재판할 수 있다. (×)

8 건물부지의 점유

(1) 건물은 부지를 떠나서는 존재할 수 없으므로 **건물 부지는 그 건물 소유자가 점 유하는 것으로 보아야 한다.** 제32회 건물 소유자가 현실적으로 그 건물이나 부 지를 점거하고 있지 않아도 마찬가지이다.

(2) 다만 유일한 예외로 미등기 건물을 양수하여 건물에 대한 사실상의 처분권을 보유하게 된 양수인 역시 건물 부지에 대한 점유가 인정된다.

9 등기를 갖추지 않은 부동산 매수인의 지위

(1) **등기를 갖추지 못한 부동산 매수인**은 등기를 갖추지 못해 소유권을 취득하지 못했다. 따라서 **매도인의 채권자가 부동산을 강제집행하는 경우, 매수인은 이 에 대해 이의를 제기하지 못한다.** 제26회

(2) 매매계약에 근거해 점유를 하고 있으므로 점유는 적법하다. 따라서 소유자인 매도인은 물청을 행사할 수 없다.

(3) 법률상 · 사실상의 처분권이 인정된다. 즉 甲의 토지를 매수한 乙은 甲의 동의가 없어도 해당 토지를 제3자에게 처분할 수 있다(법률상의 처분권). 또한 미등기건 물을 매수한 매수인은 소유자인 매도인의 동의 없이 건물을 철거할 수 있다 (사실상의 처분권).

(4) **甲의 토지를 매수한 乙의 소유권이전등기청구권은 채청이므로 원칙적으로 10 년의 소멸시효에 걸린다.** 제30회 그러나 **乙이 점유 · 사용을 하고 있다면 소멸시 효에 걸리지 않는다.** 제30회, 제32회, 제34회, 제35회

(5) 나아가 판례는 乙이 해당 토지를 丙에게 처분하고 점유를 이전해 준 경우에도 더 적극적인 권리를 행사한 것이므로, 즉 권리 위에 잠자는 자로 볼 수 없다는 이유로 乙의 소유권이전등기청구권은 소멸시효에 걸리지 않는다는 입장이다.

(6) 위의 경우, **丙은 채권자에게 불과하므로 甲에게 직접 소유권이전등기를 청구할 수는 없고, 乙의 소유권이전등기청구권을 대위행사할 수 있을 뿐이다.** 제30회

기출 ✍ 매수인 乙이 매수한 토 지를 점유하고 있는 경우에는 乙의 甲에 대한 이전등기청구권 은 소멸시효에 걸리지 않는다. (○)

물권의 변동

01 법률행위에 의한 부동산 물권변동

1 성립요건주의

법률행위(매매 등)에 의한 부동산 물권변동은 등기를 해야 한다(제186조). 제26회, 제35회 다만 점유권과 유치권은 권원의 성질상 등기를 요하지 않는다.

2 문제되는 경우

(1) **원인행위**(채권행위)**의 실효**(취소, 해제, 합의해제 등)

매매계약이 취소, 해제, 합의해제되면 매수인 명의의 등기를 말소하지 않더라도 소유권이 매도인에게 바로 복귀한다. 제31회, 제33회 따라서 **매도인의 소유권이전등기청구권**(등기말소청구)은 소유권에 기한 물청이므로 소멸시효에 걸리지 않는다.

기출 ✍ 매매계약의 취소로 인한 매도인의 매수인에 대한 등기청구권은 물권적 청구권이다. (○)

(2) **재단법인설립에서의 출연재산의 귀속시기**

재단법인 설립을 위해 부동산을 출연한 경우 출연자와 재단법인 사이에는 등기가 없이도 재단법인에게 소유권이 귀속하나, 제3자에게 대항하기 위해서는 등기가 필요하다.

3 발생 원인에 따른 등기청구권의 성질

(1) **논의의 이유**

등기청구권이 채청이면 10년의 소멸시효에 걸리고, 자신과 법률관계를 맺은 상대방에게만 행사할 수 있으나, 물청은 이러한 제한이 없다는 점에서 구별이 문제된다.

(2) **법률행위에 의한 소유권이전등기청구권**: 채청 제34회

기출 ✍ 교환으로 인한 이전등기청구권은 물권적 청구권이다. (×)

(3) **실체관계와 등기가 일치하지 않는 경우**: 물청

등기가 위조되거나 원인행위의 무효, 취소, 해제로 인한 말소등기청구권

(4) **취득시효의 경우**: 채청

점유취득시효에 의한 부동산물권변동은 등기를 해야만 물권을 취득하므로(제245조) 취득시효를 원인으로 하는 등기청구권은 채권적 청구권이다.

(5) **진정명의회복을 위한 소유권이전등기청구권**: 물청

1) **요 건**

① 이미 자기 명의로 소유권을 표상하는 등기가 되어 있었거나, ② 법률에 의하여 소유권을 취득한 진정한 소유자(상속인)만 행사할 수 있다. 즉 채권자에게는 절대로 진정명의회복을 위한 소유권이전등기청구권이 인정되지 않는다.

2) **등기말소청구권과의 관계**

두 청구권 모두 소유권에 기한 방해배제청구권으로서 그 법적 근거(제214조)와 성질이 동일하므로 등기말소청구소송에서 패소한 경우 그 판결의 기판력은 진정명의회복을 원인으로 하는 소유권이전등기소송에도 미친다. 제34회

(6) **가등기에 기한 소유권이전등기청구권이 시효완성으로 소멸된 후 그 부동산을 취득한 제3자가 가등기권자에 대해 갖는 등기말소청구권은 소유권에 기한 권리이므로 물청이다.** 제30회

기출 ⟋ 진정명의회복을 원인으로 하는 소유권이전등기청구권의 법적성질은 소유권에 기한 방해배제청구권이다. (○)

---

02 법률규정에 의한 부동산물권변동(제187조)

1 제187조의 적용범위

(1) **상속**(포괄유증, 회사의 합병), 공용징수, 판결, 경매**의 경우에는 등기가 필요 없다**. 제26회~제28회, 제31회 공용징수의 경우에 협의수용인 경우에는 협의에 의해 정하는 시기에, 강제수용의 경우에는 보상금의 지급을 정지조건으로 수용기일에 물권변동이 일어난다.

(2) 그리고 **판결은 형성판결(공유물분할판결)만을 의미**하므로 제34회, 제35회 확인판결이나 **이행판결(소유권이전등기청구소송이나 화해조서)의 경우에는 등기를 해야 한다.** 제26회, 제30회, 제31회 **경매는 공경매만을 의미하여 경락(매각)대금을 완납하면 소유권을 취득한다** 제26회, 제27회, 제31회, 제33회, 제34회

기출 ⟋
• 상속인은 피상속인의 사망과 더불어 상속재산인 부동산에 대한 등기를 한 때 소유권을 취득한다. (×)
• 법률행위를 원인으로 하여 소유권이전등기를 명하는 판결에 따른 소유권의 취득에는 등기를 요하지 않는다. (×)

기출 ⟋ 이행판결에 기한 부동산 물권의 변동시기는 판결확정시이다. (×)

(3) 법률규정에 의해 부동산 물권을 취득한 경우에도 처분할 때에는 등기를 하고 처분하여야 한다(제187조).

(4) **점유취득시효에 의한 부동산 물권취득은** 법률규정에 의한 부동산물권취득이지만 제245조 제1항에 의해 **등기를 하여야 부동산 물권을 취득한다.** 제35회

2 물권의 변동과 등기의 요부(要否)

등기를 요하는 경우	등기를 요하지 않는 경우
① **합유(공유)지분 등 부동산 물권의 포기** 제27회, 제30회, 제31회	① **신축건물의 소유권 취득** 제31회, 제34회, 제35회
② 점유취득시효에 의한 부동산 물권 취득	② **(관습상) 법정지상권,** 제27회, 제31회 법정저당권의 취득
③ **법정지상권이 있는 건물이 '매매'된 경우 그 매수인의 법정지상권 취득** 제29회, 제30회	③ **존속기간 만료에 의한 용익물권의 소멸** 제28회
④ **공유물의 현물분할합의에 의한 단독 소유권 취득** 제35회	④ **피담보채권의 소멸에 의한 저당권의 소멸** 제26회, 제28회, 제34회
⑤ **공유물분할의 소에서 조정이 성립한 경우** 제27회	⑤ **혼동에 의한 물권의 소멸**
⑥ 이행판결(확인판결)에 의한 소유권 취득	⑥ **건물 전세권의 법정갱신** 제27회, 제32회, 제34회
⑦ 환매권 행사에 의한 부동산 물권 취득	⑦ 원인행위의 실효(취소, 해제, 합의해제, 해제조건 성취)에 의한 물권의 복귀
⑧ 등기된 입목에 대한 저당권의 취득	⑧ **분묘기지권의 시효취득** 제27회
	⑨ **1동의 건물 중 구분된 건물부분이 구조상·이용상 독립성을 갖추고 구분행위로 인하여 구분소유권을 취득하는 경우** 제26회, 제32회
	⑩ **법정지상권이 있는 건물을 '경매'로 취득한 경우 법정지상권의 취득** 제28회, 제29회
	⑪ **집합건물의 구분소유권을 취득하는 경우 공용부분에 대한 물권 취득** 제29회~제31회

|기출 ✎|
• 합유지분포기에 따른 물권변동의 효력은 등기 없이도 발생한다. (×)
• 신축건물의 소유권 취득에는 등기가 필요 없다. (○)
• 존속기간 만료에 의한 지상권의 소멸에는 말소등기가 있어야 한다. (×)
• 1동의 건물 중 구분된 건물부분이 구조상·이용상 독립성을 갖추고 구분행위로 인하여 구분소유권을 취득하는 경우에는 등기가 필요하다. (×)

03 등기의 유효요건

1 등기의 형식적 유효요건

(1) 등기의 존재

1) 등기신청을 했어도 등기부에 기재가 되지 않으면 물권변동의 효력이 발생하지 않는다.

2) **등기가 불법말소된 경우**

① **등기는 물권의 효력발생요건이지 효력존속요건이 아니므로 물권에 관한 등기가 원인 없이 말소된 경우에도 그 물권의 효력에는 아무런 영향을 미치지 않는다.** 제28회, 제30회 즉 **여전히 권리의 '존속'이 추정되는 것이지 권리의 '소멸'이 추정되는 것은 아니다.** 제31회

② 저당권설정등기가 불법말소되었다는 사정만으로 곧바로 저당권이 소멸하는 것은 아니다. 그러나 저당목적물이 경락되고 경락인이 경락대금을 완납하였다면 원인 없이 말소된 저당권은 소멸하였다. 따라서 저당권자는 저당권의 말소회복등기를 청구할 수 없다. 다만 먼저 배당받은 자에게 부당이득반환을 청구하거나 불법말소한 자에게 불법행위에 따른 손해배상만을 청구할 수 있을 뿐이다.

③ 불법으로 말소된 등기의 회복등기가 있을 때에는 그 회복등기는 말소된 종전의 등기와 같은 순위가 된다. 설사 기간 내에 회복등기를 경료하지 않았다 하더라도 소유권을 상실하지 않는다.

(2) 이중보존등기의 문제

1) **표시란의 이중등기**

이중보존등기가 그 부동산의 표시에 있어서 차이가 나는 경우에는 등기의 선후에 관계없이 부동산의 실제상황에 맞는 등기만이 유효이다.

2) **사항란의 이중등기**

① **등기명의인이 동일한 경우**

실체관계의 부합여부를 가릴 것도 없이 선등기만 유효하다.

② **등기명의인이 다른 경우**

선등기가 원인무효이면 후등기가 유효가 될 수 있다. 따라서 선등기가 원인무효가 아닌 한, 후등기는 그 부동산의 매수인에 의해 이루어져 실체관계에 부합해도 무효이다.

기출 ✎ 물권에 관한 등기가 원인 없이 말소된 경우에 그 물권의 효력에는 아무런 영향을 미치지 않는다. (○)

3) 등기부취득시효에 있어서 등기는 무효등기라도 상관없으나, 1부동산 1등기 용지 원칙상 무효인 이중보존등기나 그에 기초한 등기로는 시효취득을 할 수 없다.

(3) 부동산등기법이 정하는 절차에 따를 것

① 판례는 실체관계에 부합하면 등기절차에 하자가 있다하더라도 그 등기는 유효하다는 입장이다.

② 즉 증여나 대물변제로 인한 소유권이전등기를 매매로 하거나, 법률행위가 무효 · 취소된 경우 말소등기를 하지 않고 이전등기를 한 경우, 위조된 등기신청 서류에 의하여 경료된 소유권이전등기 등도 실체관계에 부합하면 유효하다.

③ 또한 **신축건물의 보존등기를 건물 완성 전에 하였더라도 그 후 그 건물이 곧 완성된 이상 등기를 무효라고 볼 수 없다.** 제28회

④ 다만 이중보존등기나 토지거래허가 구역 내에서의 중간생략등기는 실체관계에 부합해도 무효이다.

2 무효등기의 유용

(1) 사항란의 유용

무효등기의 유용이 인정되기 위해서는 유용의 합의 이전에 등기상의 이해관계가 있는 제3자가 없는 경우이어야 한다. 예컨대 甲이 乙에게 금전을 차용하면서 자신의 부동산 위에 저당권을 설정한 후, 그 채무를 변제하면 乙의 저당권 등기는 무효가 된다. 그 후 다시 甲이 乙에게 금전을 차용하면서 무효인 기존의 저당권 등기를 유용할 수 있다. 그러나 유용하기 전에 丙이 甲의 부동산을 압류한 경우에는 무효등기의 유용은 인정되지 않는다.

(2) 표제부 등기의 유용 : 무효

표제부등기의 유용은 인정되지 않는다. 즉 **멸실된 건물의 보존등기를 멸실 후에 신축한 건물의 보존등기로 유용하는 것은 인정되지 않는다.** 제26회, 제29회

3 중간생략등기

(1) 유효성

① 부동산등기특별조치법은 단속규정이므로 이를 위반한 중간생략등기도 유효하다. 다만 아직 등기를 경료하지 못한 최종매수인 丙의 소유권이전등기청구권은 채권적 청구권이므로 3자 합의가 없는 한 최초매도인 甲에게 직접 소유권이전등기를 청구할 수는 없고 乙의 소유권이전등기청구권을 대위행사할 수 있을 뿐이다.

② **3자 합의가 있는 경우에도 최종매수인은 채권자대위권을 행사할 수 있다.** 제35회

③ 중간생략등기라도 유효하나, **중간생략등기의 합의 자체는** 부동산등기특별조치법 위반이므로 그 자체가 **적법한 등기원인이 될 수는 없다.** 제29회

(2) 중간생략등기의 합의

3자간의 합의가 있으면 최종매수인은 최초매도인에 대해 직접 이전등기를 청구할 수 있다. 제31회, 제35회 이러한 3자간의 합의는 순차적으로 행해져도 무방하다. 다만 3자 합의가 인정되기 위해서는 최초매도인과 중간자, 그리고 중간자와 최종매수인 사이의 합의 외에 최초매도인과 최종매수인 사이에도 합의가 있어야 한다.

(3) 이미 경료된 중간생략등기의 효력

① 이미 중간생략등기가 이루어진 이상, 중간생략등기에 관한 합의가 없어도 등기는 유효하다. 따라서 3자 합의가 없었음을 이유로 최초매도인이 최종매수인에게 등기말소를 청구할 수는 없다.

② **토지거래허가구역 내에 있는 토지에 대해서 이루어진 중간생략등기는 무효**이다. 설사 **허가를 받아도 무효이다.** 제30회 또한 중간생략등기의 합의 역시 확정적 무효이므로 **최종매수인은 최초매도인에게 직접 허가신청절차의 협력을 구할 수도 없다.** 제31회

③ **미등기건물을 매수하여 매수인이 자신 명의로 직접 소유권보존등기를 한 경우, 그 등기는 실체관계에 부합하여 유효이다(모두생략등기).** 제29회 또한 상속인이 부동산을 매도하고 상속등기 없이 피상속인으로부터 매수인 앞으로 소유권이전등기가 된 경우에도 유효하다.

(4) 합의에 의한 중간생략등기청구권

1) 소유권이전등기청구권의 양도

비록 **최종매수인이 중간자로부터 소유권이전등기청구권을 양도받았다 하더라도 최초매도인이 그 양도에 대하여 동의하지 않고 있다면 최종매수인은 최초매도인에게 직접 소유권이전등기를 청구할 수 없다.** 제31회, 제34회 일반적인 채권양도(제450조)의 경우에는 통지나 승낙(동의) 중 하나만 있으면 되나 매매로 인한 소유권이전등기청구권의 양도(명의신탁해지에 따른 소유권이전등기청구의 양도)의 경우에는 단순한 통지만으로는 안 되고 반드시 최초매도인(명의수탁자)의 승낙 내지 동의를 얻어야 한다.

기출 매매로 인한 이전등기청구권의 양도는 특별한 사정이 없는 한 양도인의 채무자에 대한 통지만으로 대항력이 생긴다. (×)

2) 중간생략등기의 합의의 의미

① **중간생략등기의** 합의는 중간등기를 생략해도 당사자 사이에 이의가 없겠고 또 그 등기의 효력에 영향을 미치지 않겠다는 의미가 있을 뿐, 최초매도인과 최종매수인 사이에 계약이 체결된 것은 아니므로 그러한 **합의가 있었다 하여 중간매수인의 소유권이전등기청구권이 소멸된다거나 첫 매도인의 중간매수인에 대한 소유권이전등기의무가 소멸되는 것은 아니다.** 제31회

기출 乙이 甲의 X부동산을 丙에게 전매하였고 甲·乙·丙간에 중간생략등기를 하기로 합의한 경우, 乙의 甲에 대한 등기청구권은 소멸한다. (×)

② 따라서 **중간생략등기의 합의가 있은 후에도** ㉠ **최초매도인은 중간매수인의 대금 미지급을 이유로 최종매수인의 소유권이전등기청구를 거절할 수 있고,** 제29회 ㉡ 최초매도인과 중간매수인 간에 매매대금을 인상하는 약정이 체결된 경우, 인상된 매매대금이 지급되지 않았음을 이유로 최종매수인의 소유권이전등기청구를 거절할 수도 있다. ㉢ 또한 3자 합의 후 甲·乙이 매매계약을 합의해제한 경우, 甲은 이를 이유로 丙의 소유권이전등기청구를 거절할 수 있다.

기출 甲·乙·丙 사이의 중간생략등기의 합의가 있더라도 甲은 乙이 매매대금을 지급하지 않았음을 이유로 丙의 소유권이전등기청구를 거절할 수 있다. (○)

04 등기의 추정력

1 의 의

등기가 있으면 그에 상응하는 실체법상의 권리가 등기명의인에게 있는 것으로 추정되는 힘을 말한다. 상대방이 등기의 무효를 '증명'하지 않는 한 등기의 추정력은 깨어지지 않는다. 다만 **상대방이 매매를 원인으로 한 소유권이전등기가 원인무효라는 것을 증명한 경우에는 등기의 추정력이 깨어지는 것이고 증여 등 또 다른 등기원인이 있을 것까지 추정할 수는 없다.** 제31회

2 추정력이 미치는 범위

(1) 추정력의 물적 범위

1) 등기 절차의 적법추정

① 등기가 있으면 일단 적법한 절차에 의하여 경료된 등기인 것으로 추정된다. 따라서 농지매매의 소유권이전등기에는 소재지관서의 증명이 구비되었음이 추정된다.

② 또한 전 등기명의인이 미성년자이고 당해 부동산을 친권자에게 증여하는 행위가 이해상반행위라 하더라도 일단 친권자에게 소유권이전등기가 경료된 이상, 특별한 사정이 없는 한 그 소유권이전등기에 필요한 절차를 적법하게 거친 것으로 추정된다.

2) 등기된 권리의 적법추정

근저당권설정등기가 있으면 담보물권의 존재뿐만 아니라 이에 상응하는 피담보채권의 존재도 추정된다. 그러나 근저당권의 성립 당시 근저당권의 피담보채권을 성립시키는 법률행위가 있었는지 여부에 대한 입증책임은 그 존재를 주장하는 측에 있다. ⇨ 즉 **법률행위(기본계약)가 존재한다는 사실에 대해서는 추정력이 없다.** 제30회

3) 등기 원인의 적법 추정

① 등기명의자가 등기부상 기재된 등기원인에 의하지 아니하고 다른 원인으로 적법하게 취득하였다고 하면서 등기원인행위의 태양이나 과정을 다소 다르게 주장한다거나 이러한 주장이 인정되지 않는다고 하여 그러한 사실만으로는 그 등기의 추정력이 깨어진다고 할 수 없다.

② 토지에 관하여 점유취득시효 완성에 따라 소유권이전등기가 마쳐진 경우에도 적법한 등기원인에 따라 소유권을 취득한 것으로 추정되므로, 제3자가 등기명의자의 취득시효 기간 중 일부 기간 동안 해당 토지 일부에 관하여 직접적 · 현실적인 점유를 한 사실이 있다는 사정만으로 등기의 추정력이 깨어진다거나 위 소유권이전등기가 원인무효의 등기가 된다고 볼 수는 없다.

4) 제3자의 대리권한 추정 제30회, 제31회, 제33회

전등기명의인의 직접적인 처분행위에 의한 것이 아니라 제3자가 그 처분행위에 개입된 경우에도 현등기명의인의 등기는 적법하게 이루어진 것으로 추정된다. 따라서 전등기명의인이 그 제3자에게 대리권이 없었다든지, 그 제3자가 전등기명의인의 등기서류를 위조하였다는 등의 사실을 증명해야 한다.

기출 ✎ 대리인을 통한 부동산 거래에서 상대방 앞으로 소유권이전등기가 마쳐진 경우, 대리권 유무에 대한 증명책임은 대리행위의 유효를 주장하는 상대방에게 있다. (×)

(2) **추정력의 인적 범위**(권리변동의 당사자 간에도 미침)

부동산의 등기명의자는 제3자에 대하여서뿐만 아니라, 그 전소유자에 대하여서도 적법한 등기원인에 의하여 소유권을 취득한 것으로 추정되므로, 전등기명의자가 현등기명의자의 소유권이전등기가 무효라는 증명을 하여야 한다. 제31회

기출 ∅ 등기부상 물권변동의 당사자 사이에는 등기추정력이 원용될 수 없다. (×)

3 추정의 효과

(1) 기본적 효과

등기의 효력을 다투는 자가 등기부의 기재가 진실이 아님을 증명해야 한다. 추정의 효과는 등기명의인뿐만 아니라 제3자도 원용할 수 있다. 그리고 추정은 등기명의인의 이익뿐 아니라 불이익한 사실(세금문제 등)에도 미친다.

(2) 부수적 효과

등기를 믿고 거래한 자는 선의·무과실로 추정된다. 제33회 반면 등기에 기재되어 있는 사실을 모르고 거래한 자는 과실이 있었던 것으로 추정된다. 또한 부동산을 취득하려는 자는 등기부를 조사하는 것이 일반적이므로 등기내용에 대해서는 악의가 추정된다.

4 적용범위

(1) 가등기와 예고등기, 그리고 표제부에는 추정력이 없다.

(2) 민법 제200조의 점유자의 권리적법추정 규정은 특별한 사정이 없는 한 부동산 물권에 대하여는 적용되지 아니하고 다만 그 등기에 대하여서만 추정력이 부여된다.

5 추정력의 복멸

(1) 소유권이전등기의 추정력

① **사자(死者)나 허무인으로부터의 소유권이전등기에는 추정력이 인정되지 않는다.** 제30회 그러나 사자로부터의 이전등기라도 등기의무자의 사망 전에 그 등기원인이 존재하는 등의 사정이 있는 경우에는 추정력이 복원된다.

② 또한 등기 기재 자체가 부실등기임이 명백한 경우(공유지분의 합계가 분모를 초과하는 경우)에는 추정력이 깨어진다.

⑵ 소유권보존등기의 추정력

① 보존등기는 '최초 소유권 취득'에만 추정력이 인정될 뿐, '권리 이전 사실'에 대해서는 추정력이 인정되지 않는다.

② 따라서 소유권 보존등기의 명의인이 건물을 신축하지 않은 것으로 밝혀진 경우나, **보존등기 명의자가 이전의 소유자로부터 부동산을 양수한 것이라고 주장하고 전소유자는 양도사실을 부인하는 경우에는 추정력이 깨어진다.** 제30회

③ 나아가 보존등기 명의인 이외의 자가 당해 토지를 사정받은 것으로 밝혀지면 그 보존등기의 추정력은 깨어지고 그 보존등기 명의자 측에서 그 양수사실을 증명해야 한다.

기출 ✎ 건물 소유권 보존등기의 명의자가 전(前)소유자로부터 그 건물을 양수하였다고 주장하는 경우, 전(前)소유자가 양도사실을 부인하더라도 그 보존등기의 추정력은 깨어지지 않는다. (×)

⑥ 가등기의 효력

⑴ 가등기를 할 수 있는 경우(부동산 등기법 제88조)

① 장차 부동산 물권 및 이에 준하는 권리의 변동을 발생케 하는 청구권을 보존할 때,

② 또는 그 청구권이 시기부 또는 **정지조건부일 경우,** 제32회

③ 청구권이 장래에 확정될 것인 때(예약완결권)

④ 따라서 **물권적 청구권을 보존하기 위한 가등기는 허용되지 않는다.** 제32회

⑵ 본등기 전의 효력 : 실체법상 아무런 효력이 없다.

① 소유권이전의 가등기가 되어 있더라도 소유권이전등기를 청구할 어떤 법률관계가 있다고 추정되지 않는다.

② 가등기권리자는 가등기 후에 그 부동산에 대하여 적법하게 소유권이전등기를 한 제3자에 대하여는 그 가등기만으로는 소유권을 주장할 수 없다.

③ 가등기권리자는 가등기에 기한 본등기 청구 소송에서 승소판결이 확정되었다 하더라도 본등기를 하기 전에는 무효인 중복소유권보존등기의 말소를 구할 수 없다.

기출 ✎ 물권적 청구권을 보존하기 위한 가등기는 허용되지 않는다. (○)

(3) 본등기 후의 효력(본등기 순위보전의 효력)

1) 가등기에 기해 본등기를 하면 본등기의 순위는 가등기의 순위에 의한다. 즉 가등기 후에 이루어진 다른 등기가 있을 경우, 후에 가등기에 기하여 본등기를 하게 되면 다른 등기가 본등기보다 후순위가 되거나 실효되는 것이다.

2) **물권변동의 시기는 본등기를 한 때이다. 즉 가등기한 때로 소급하지 않는다.** ^{제30회} 따라서 본등기 전에 종전 소유자나 제3자가 해당 부동산을 점유·사용한 것은 적법한 것이므로 가등기권자는 이에 대해 부당이득반환이나 손해배상을 청구할 수는 없다.

3) 절차상의 문제

① **가등기에 기한 본등기 청구권은 채권적 청구권이므로 현재의 소유명의인이 아니라 가등기의무자(종전 소유자)를 상대로 청구해야 된다.** ^{제32회}

② 다만 가등기가 불법말소된 경우 '말소회복등기'는 말소 당시의 소유자에게 행사하여야 한다. 따라서 가등기가 된 부동산이 제3자 앞으로 소유권이전등기가 마쳐진 후 그 가등기가 말소된 경우, 그 가등기의 '회복'등기청구는 가등기가 말소될 당시의 소유자인 제3자를 상대로 하여야 한다.

4) **가등기에 기한 가등기의 허용**

순위 보전의 대상이 되는 물권변동의 청구권은 그 성질상 양도될 수 있는 재산권일 뿐만 아니라 가등기로 인하여 그 권리가 공시되어 결과적으로 공시방법까지 마련된 셈이므로, **이를 양도한 경우에는 양도인과 양수인의 공동신청으로 그 가등기상의 권리의 이전등기를 가등기에 대한 부기등기의 형식으로 경료할 수 있다.** ^{제32회}

7 명인방법과 입목등기

(1) 수목이나 수목의 집단, 그리고 **미분리의 과실은 명인방법을 갖추면 토지와 분리하여 독립한 부동산이 될 수 있다.** ^{제27회}

(2) 명인방법은 특정되고 계속되어야 유효하다.

(3) 명인방법으로 표상할 수 있는 물권은 소유권(양도담보 포함)에 한한다. 즉 명인방법으로는 저당권을 표상할 수 없다.

(4) 입목법에 의해 표상할 수 있는 물권은 소유권과 저당권에 한한다.

기출 ✎ 청구권 보전을 가등기에 기한 본등기 되면 물권변동의 효력은 가등기로 소급하여 발생한다. (×)

기출 ✎ 소유권이전청구권을 보전하기 위한 가등기에 기한 본등기를 청구하는 경우, 가등기 후 소유자가 변경되더라도 가등기 당시의 등기명의인을 상대로 하여야 한다. (○)

05 선의취득 : 부동산의 선의취득은 인정되지 않는다.

06 물권의 소멸

1 목적물의 멸실

(1) 물건이 멸실되면 물권도 소멸한다. 그러나 담보물권(유치권은 제외)의 경우에는 그 가치적 변형물이 있으면 거기에 미친다(물상대위).

(2) **토지가 포락되면 종전의 소유권은 영구적으로 소멸한다.** ^{제32회} 따라서 그 후 어떠한 이유로 성토화(成土化)되어도 종전 소유권이 부활하지는 않는다.

2 소멸시효

소유권은 소멸시효에 걸리지 않고(제162조), 점유권과 유치권은 점유를 상실하면 곧바로 권리가 소멸하므로 소멸시효에 걸릴 여지가 없고, 담보물권은 피담보채권이 소멸하면 같이 소멸할 뿐(부종성) 피담보채권과 독립하여 소멸시효에 걸리지 않는다. 결국 소멸시효에 걸리는 권리는 용익물권, 즉 지상권, 지역권, 전세권뿐이다.

3 물권의 포기

물권의 포기는 자유이나, 지상권 또는 전세권이 저당권의 목적인 경우에는 저당권자의 동의를 얻어야 포기할 수 있다(제371조 제2항). 그리고 포기는 '법률행위(단독행위)이므로 부동산물권의 포기는 포기의 의사표시 외에 말소(이전)등기가 있어야 한다. 따라서 합유(공유)지분에 대해 포기의 의사표시를 한 합유자(공유자)도 그에 따른 등기말소(이전)가 이루어지지 않는 한 여전히 합유자(공유자)로서의 권리를 행사할 수 있다.

4 혼동(제191조) : 꼬리

(1) 소유권과 제한물권의 혼동

① 원칙적으로 제한물권은 소멸한다. 예를 들어 甲의 토지에 대한 지상권자 乙이 해당토지에 대해서 소유권을 취득하면 지상권은 소멸한다. 또한 甲의 토지 위에 乙이 지상권, 丙이 저당권을 가지고 있는 경우, 丙이 토지의 소유권을 취득하면 丙의 저당권은 소멸한다.

② 제한물권이 제3자의 권리의 목적인 때에는 소멸하지 않는다. 위의 경우 지상권자 乙이 지상권에 대하여 丙에게 저당권을 설정한 후에 소유권을 취득한 경우에는 지상권은 소멸하지 않는다.

③ 본인의 이익을 위한 경우에도 소멸되지 않는다. 예를 들어 甲의 토지에 乙이 1번 저당권, 丙이 2번 저당권을 가지고 있는 경우, 乙이 토지소유권을 취득하여도 乙의 1번 저당권은 소멸하지 않는다. 다만 2번 저당권자인 丙이 소유권을 취득한 경우에는 丙의 2번 저당권은 혼동으로 소멸한다.

④ 소유권과 임차권이 동일인에게 귀속하면 임차권은 혼동으로 소멸하지만, 그 임차인이 대항요건을 갖춘 후에 저당권이 설정된 때에는 임차권은 소멸하지 않는다. 다만 이 경우 임차인이 경매로 소유권을 취득하면 경매로 인해 저당권이 소멸하므로 임차권도 혼동으로 소멸한다.

⑤ 지상권자가 토지소유자에게 금전을 대여하고 담보목적으로 소유권이전등기를 넘겨받은 경우, 지상권자는 소유권이 아니라 저당권과 유사한 양도담보권을 취득하였고, 지상권과 양도담보권은 양립이 가능하므로 지상권은 혼동으로 소멸하지 않는다.

(2) 제한물권과 제한물권의 혼동

① 제한물권과 그 제한물권을 목적으로 하는 다른 제한물권이 동일인에게 귀속되는 경우, 그 다른 권리는 소멸한다. 예를 들어 甲의 토지에 대한 지상권자 乙이 그 지상권 위에 丙에게 저당권을 설정해 준 경우, 丙이 지상권을 취득하면 丙의 저당권은 소멸한다.

② 그러나 그 제한물권이 다른 권리의 목적인 때에는 소멸하지 않는다. 즉 위의 경우, 丙의 저당권부 채권에 丁의 질권이 성립한 후에 丙이 지상권을 취득한 경우에는 丙의 저당권은 소멸하지 않는다.

③ 또한 본인의 이익을 위한 경우에도 소멸되지 않는다. 위 ①의 경우, 丙의 저당권이 설정된 후에 丁이 乙의 지상권에 저당권을 취득한 후 丙이 乙의 지상권을 취득한 경우에는 丙의 저당권은 소멸하지 않는다.

(3) 가등기에 기한 본등기청구권의 소멸

토지를 乙에게 명의신탁하고 장차의 소유권이전의 청구권 보전을 위하여 자신의 명의로 가등기를 경료한 甲이 乙에 대하여 가지는 가등기에 기한 본등기청구권은 채권으로서 甲이 가등기에 기한 본등기 절차에 의하지 아니하고 乙로부터 별도의 소유권이전등기를 경료받았다고 하여 혼동의 법리에 의하여 소멸하는 것은 아니다. 따라서 **부동산에 관한 가등기 경료 이후에 다른 가압류등기가 경료되었다면 별도로 소유권이전등기를 경료받은 甲은 특별한 사정이 없는 한 乙에 대하여 그 가등기에 기한 본등기 절차의 이행을 구할 수도 있다.** 제32회

기출 / 가등기에 기한 본등기 절차에 의하지 않고 별도로 본등기를 경료받은 경우, 제3자 명의로 중간처분의 등기가 있어도 가등기에 기한 본등기 절차의 이행을 구할 수 없다. (×)

(4) 혼동으로 소멸하지 않는 물권 : 점유권, 광업권

(5) 혼동의 효과

혼동에 의하여 물권은 절대적으로 소멸한다. 그러나 혼동의 원인이 존재하지 않거나 실효된 경우에는 소멸한 물권은 부활한다. 따라서 근저당권자가 소유권을 취득하면 그 근저당권은 혼동에 의하여 소멸하지만 그 뒤 그 소유권취득이 무효인 것이 밝혀지면 소멸하였던 근저당권은 당연히 부활한다.

점유권

---

01 점유제도

① 점유의 관념화

(1) **점유보조자**(제195조)

점유보조자는 점유자가 아니므로 점유권이 인정되지 않는다. 따라서 점유보호청구권(물청)을 행사할 수 없고, 물청의 상대방도 될 수 없다. 다만 점유주를 위한 자력구제권은 인정된다.

(2) **간접점유**(제194조 – 제28회)

① 간접점유가 성립하기 위해서는 점유매개관계가 존재해야 하는데, **점유매개관계는 반드시 적법·유효할 필요는 없다.** 즉 임대차관계의 종료 후나 임대차계약이 무효·취소된 경우에도 점유매개관계가 인정될 수 있다. 제30회

② 점유매개관계는 중첩적으로 있을 수 있다(전전세, 전대차). 즉 **임차인이 전대를 하면 임대인과 임차인(전대인) 모두 간접점유자가 된다.** 제29회

③ **점유매개관계에 의한 직접점유자는 권원의 성질상 타주점유이다.** 제29회

④ **간접점유자도 점유자이므로 점유보호청구권이 인정되고**(제207조), 물청의 상대방도 된다. 그러나 자력구제권은 인정되지 않는다. 제30회, 제33회

(3) **상속인의 점유**(제193조)

피상속인이 사망한 경우 상속인은 물건에 대한 사실상의 지배가 없어도 피상속인의 점유를 승계한다. 제28회 물건의 존재나 상속의 개시(피상속인의 사망 사실)를 알 필요도 없다.

기출 ∅
• 甲이 乙로부터 임차한 건물을 乙의 동의 없이 丙에게 전대한 경우, 乙만이 간접점유자이다. (×)
• 점유매개관계의 직접점유자는 타주점유자이다. (○)

기출 ∅ 상속에 의하여 피상속인의 점유권은 상속인에게 이전된다. (○)

02 점유의 모습과 승계

1 자주점유와 타주점유

(1) 개 념

① 소유의 의사를 가지고 하는 점유가 자주점유이고, 소유의 의사가 없는 점유가 타주점유이다.

② **소유의 의사 유무는 점유 취득의 원인이 된 권원의 성질에 의하여 외형적·객관적으로 결정된다.** 제26회 따라서 지상권자, 전세권자, 임차인 등의 점유는 타주점유이다.

기출 점유자의 점유가 자주점유인지 타주점유인지의 여부는 점유자의 내심의 의사에 의하여 결정된다. (×)

(2) **구별실익**

점유자의 책임(제202조), 취득시효(제245조), 무주물선점(제252조)

(3) **자주점유의 인정 여부**

1) 권원의 성질상 자주점유인 경우

① 매수인이 매매계약에 의하여 목적 토지의 점유를 취득한 경우, 설사 그것이 타인의 토지의 매매에 해당하여 곧바로 소유권을 취득할 수 없다거나, 등기를 수반하지 아니한 점유임이 밝혀졌다고 하여 이 사실만 가지고 바로 점유권원의 성질상 소유의 의사가 결여된 타주점유라고 할 수 없다.

② 또한 점유의 시초에 소유의 의사로 점유한 것이라면, 후에 그 매도인에게 처분권한이 없었다는 사실을 알게 되었다고 하더라도 타주점유로 전환되지 않는다.

기출 실제 면적이 등기된 면적을 상당히 초과하는 토지를 매수하여 인도받은 때에는 특별한 사정이 없으면 초과부분의 점유는 자주점유이다. (×)

③ 매수인이 착오로 인접 토지의 일부를 그가 매수·취득한 토지에 속하는 것으로 믿고서 점유하고 있다면 자주점유이다. 역시 나중에 그 인접 토지가 자신의 토지가 아님을 알게 되었다고 하더라도 타주점유로 전환되지 않는다. 다만 **매매대상 대지의 면적이 등기부상의 면적을 상당히 초과하는 경우에는 타주점유로 보아야 한다.** 제29회

④ 토지의 점유자가 토지소유자를 상대로 매매를 원인으로 소유권이전등기청구소송을 제기하였다가 패소하였다 하더라도 자주점유의 추정이 번복되지 않는다. 반대로 토지의 소유자가 토지의 점유자를 상대로 소유권이전등기말소청구소송을 제기하여 점유자가 패소한 경우에는 점유자는 소가 제기된 때로부터 악의의 점유자로 간주되고, 판결확정시부터 타주점유가 된다.

2) 권원의 성질상 타주점유인 경우

① **악의의 무단점유**

점유자가 점유 개시 당시에 소유권 취득의 원인이 될 수 있는 법률행위 기타 법률요건이 없다는 사실을 잘 알면서 **타인 소유의 부동산을 무단점유한 것임이 증명된 경우에는 자주점유의 추정은 깨어진다.** 제30회

② 처분권한이 없는 자로부터 그 사실을 알면서 부동산을 취득하거나 어떠한 법률행위가 무효임을 알면서 그 법률행위에 의하여 부동산을 취득하여 점유를 시작한 때에는 소유의 의사가 있다고 할 수 없다.

③ 부동산매매계약이 해제된 경우에 매수인의 점유는 타주점유로 되며, 나아가 무허가건물을 매수할 당시에 그 부지가 타인의 소유라는 사정을 잘 알면서 점유를 개시한 경우에도 자주점유의 추정은 깨어진다.

④ 타인의 토지 위에 분묘를 설치 또는 소유하는 자는 점유권원의 성질상 소유의 의사가 추정되지 아니한다.

⑤ **명의신탁에 의하여 부동산의 소유자로 등기된 자(명의수탁자)의 점유는 권원의 성질상 타주점유이므로 시효취득이 인정되지 않는다.** 제29회, 제31회

⑥ 계약명의신탁에서 매도인이 선의인 경우, 명의신탁자의 부동산에 대한 자주점유의 추정은 깨어진다.

⑦ 부동산의 공유자 한 사람이 전부를 점유하고 있다고 하더라도, 특별한 사정이 없는 한 다른 공유자의 지분비율의 범위 내에서는 타주점유이다.

(4) 전 환

1) 타주점유에서 자주점유로의 전환

① 타주점유자가 새로운 권원에 의하여 소유의 의사를 가지고 점유를 시작하거나, 타주점유자가 타주점유를 하게 한 자(간접점유자)에 대하여 소유의 의사를 표시한 경우에는 그 때부터 자주점유로 전환된다.

② 그러나 점유자가 자신의 명의로 소유권보존등기나 이전등기를 한 사실, 점유 지상에 건축물을 건축하여 건축물관리대장에 등재한 사실 등만으로는 간접점유자에게 소유의 의사를 표시한 것으로 볼 수 없다.

2) 자주점유에서 타주점유로의 전환

매도인의 점유는 특별한 사정이 없는 한 타주점유로 전환된다. 또한 경락에 의한 소유권이전등기가 있으면 종전 소유자의 점유는 자주점유에서 타주점유로 전환된다.

기출 甲이 乙과의 명의신탁 약정에 따라 자신의 부동산 소유권을 乙명의로 등기한 경우, 乙의 점유는 자주점유이다. (×)

2 선의점유와 악의점유

과실수취권(제201조), 점유자의 책임(제202조), 취득시효(제245조), 선의취득 등과 관련하여 구별의 실익이 있다. 또한 권원 없는 점유였음이 밝혀졌다고 하여 곧 그 동안의 점유에 대한 선의의 추정이 깨어졌다고 할 수 없다.

3 점유권의 승계(제199조)

(1) 점유의 이전

소유권이전등기가 마쳐진 경우에는 그 시점에 대지의 점유를 이전받은 것으로 보아야 한다. 다만 소유권보존등기는 해당 토지의 양도를 전제로 하는 것이 아니므로 보존등기를 마쳤다고 하여 다른 사람으로부터 점유를 이전받았다고 볼 수는 없다.

(2) 점유의 분리 · 병합

> **제199조 【점유의 승계의 주장과 그 효과】** ① 점유자의 승계인은 자기의 점유만을 주장하거나 자기의 점유와 전점유자의 점유를 아울러 주장할 수 있다. 제32회
> ② 전점유자의 점유를 아울러 주장하는 경우에는 그 하자도 계승한다. 제28회

① 점유자가 전점유자의 점유를 아울러 주장하는 경우에도 점유의 개시시기를 전점유자의 점유기간 중의 임의시점을 택하여 주장할 수는 없다.

② 전점유자의 점유가 타주점유라 하여도 승계인이 자기의 점유만을 주장하는 경우에는 현 점유자의 점유는 여전히 자주점유로 추정된다.

(3) 포괄승계(상속)의 경우

상속에 의하여 점유권을 취득한 경우에는 상속인은 새로운 권원에 의하여 자기 고유의 점유를 개시하지 않는 한 피상속인의 점유를 떠나 자기만의 점유를 주장할 수 없다. 자주점유가 되기 위해서는 소유자에 대하여 소유의 의사를 표시하거나 새로운 권원에 의하여 다시 소유의 의사로써 점유를 시작하여야 한다. 즉 상속 자체는 타주점유를 자주점유로 전환할 수 있는 '새로운 권원'이 되는 것이 아니다.

4 **점유권의 소멸**(제192조 제2항)

점유자가 점유를 상실하면 점유권을 소멸한다. 다만 점유침탈의 경우에는 점유자가 1년 이내에 점유를 회수한 때에는 점유를 상실하지 않은 것으로 본다. 즉 점유가 계속된 것으로 본다.

03 점유권의 효력

1 **점유의 추정력**

(1) 점유모습의 추정(제197조)

> **제197조 【점유의 태양】** ① 점유자는 소유의 의사로 선의, 평온 및 공연하게 점유한 것으로 추정한다.
> ② 선의의 점유자라도 본권에 관한 소에 패소한 때에는 그 소가 제기된 때로부터 악의의 점유자로 본다. 제32회, 제33회

① 점유자는 자주·선의·평온·공연하게 점유한 것으로 추정된다. 다만 무과실은 추정되지 않으므로 점유자가 스스로 과실 없음을 증명해야 한다. 제28회, 제29회

② 자주점유가 추정되므로 점유의 상대방(취득시효의 성립을 부정하는 자)이 점유자의 점유가 타주점유임을 증명해야 한다. 제33회 점유자가 매매 등의 자주점유의 권원을 주장하였으나, 이것이 인정되지 않은 경우에도(상대방이 타주점유임을 증명하지 못하는 한) 그것만으로는 자주점유의 추정이 깨어지거나 타주점유로 전환되지 않는다. 제26회, 제32회

③ 자주점유의 추정은 국가나 지방자치단체가 점유하는 경우에도 적용된다. 따라서 국가 및 지자체가 토지에 관하여 공공용 재산으로서의 취득절차를 밟았음을 인정할 증거(서류)를 제출하지 못하고 있다는 사유만으로는 자주점유의 추정이 번복된다고 할 수 없다.

(2) 점유계속의 추정

> **제198조 【점유계속의 추정】** 전후 양시에 점유한 사실이 있는 때에는 그 점유는 계속한 것으로 추정한다. 제28회, 제31회

전후 양 시점의 점유자가 다른 경우에도 점유의 승계가 증명되는 한 점유 계속은 추정된다. 제32회

기출 점유자는 소유의 의사로 평온·공연하게 선의·무과실로 점유한 것으로 추정된다. (×)

기출
• 취득시효에 있어서 점유자는 스스로 그 점유권원의 성질에 의하여 자주점유임을 입증할 책임이 있다. (×)
• 점유자가 스스로 매매 등과 같은 자주점유의 권원을 주장하였으나 이것이 인정되지 않는 경우 이 이유만으로도 자주점유의 추정은 깨진다. (×)

(3) 권리의 적법 추정

> **제200조 【권리의 적법의 추정】** 점유자가 점유물에 대하여 행사하는 권리는 적법하게 보유한 것으로 추정한다. 제28회

다만 **부동산의 경우에는 등기에만 추정력이 있으므로 점유의 적법 추정력이 미치지 아니한다.** 제31회

2 점유자와 회복자의 관계

(1) 적용범위

① 점유자가 점유물 반환 이외의 원인으로 물건의 점유자의 지위를 잃었다면 점유자와 회복자의 규정은 적용되지 않는다. 따라서 점유자는 제203조 규정에 의하여 소유자에게 비용상환을 청구할 수 없다.

② 점유자와 회복자의 규정은 매매계약이 무효·취소가 된 경우에도 적용된다. 즉 매매계약이 무효·취소가 된 경우에도 선의의 점유자는 과실을 취득할 수 있다.

③ 그러나 **매매계약이 해제가 된 경우에는 계약의 당사자는 원상회복의무(제548조)를 부담하므로 점유자와 회복자의 규정이 적용되지 않는다.** 즉 선의의 점유자(매수인)라도 과실을 취득할 수 없다. 제31회, 제34회

(2) 점유자의 과실취득

> **제201조 【점유자와 과실】** ① 선의의 점유자는 점유물의 과실을 취득한다.
> ② 악의의 점유자는 수취한 과실을 반환하여야 하며 소비하였거나 과실로 인하여 훼손 또는 수취하지 못한 경우에는 그 과실의 대가를 보상하여야 한다.
> ③ 전항의 규정은 폭력 또는 은비에 의한 점유자에 준용한다.

1) 요 건

① 선의의 점유자의 의의

선의의 점유자란 과실수취권을 포함하는 본권, 즉 소유권, 지상권, 전세권, 임차권 등을 가지고 있다고 오신하는 점유자를 말하고 오신을 함에는 오신할 만한 근거가 있어야 한다. 따라서 과실수취권을 포함하지 않는 본권인 유치권, 질권 등을 갖는 것으로 오신한 점유자는 과실수취권이 없다.

② **선의 여부를 결정하는 시기**

선의점유자라도 본권에 관한 소에서 패소한 때에는 그 '소가 제기된 때'로부터 악의의 점유자로 간주된다. 패소판결 확정시나 점유개시 당시가 아니다.

제32회, 제33회

③ **무과실의 요부**

무과실까지 요구되지는 않는다. 판례도 법령의 부지로 상속인이 될 수 없는데도 상속인이라고 생각하여 토지를 점유 해 온 경우에도 선의점유자이므로 과실수취권이 인정되고 따라서 부당이득반환의무는 없다는 입장이다.

2) 효 과

① **점유물의 과실수취** 제28회

과실에는 천연과실과 법정과실은 물론, 사용이익도 포함하므로 선의점유자는 물건의 사용이익도 반환할 필요가 없다.

② **과실 '취득'의 의미**

과실을 수취할 수 있는 범위 내에서는 부당이득은 성립하지 않으므로 이로 인해 타인에게 손해를 입혔다 하더라도 부당이득반환의무가 없다. 다만 불법행위로 인한 손해배상책임까지 배제되는 것은 아니므로 선의점유자라도 과실(過失)이 있는 경우에는 불법행위 책임을 진다.

3) 악의점유자의 과실반환의무

① **악의의 점유자는 수취한 과실을 반환하여야 하며, 소비하였거나 과실(過失)로 인하여 훼손 또는 수취하지 못한 경우에는 그 과실의 대가를 보상해야 한다.** 제26회, 제27회, 제33회 즉 이미 수취한 과실은 과실(過失) 유무를 불문하고 반환해야 한다. 그러나 수취하지 못한 경우에는 과실(過失)이 있는 경우에만 그 과실의 대가를 보상할 의무를 진다.

② 그리고 **악의의 수익자는 받은 이익에 이자를 붙여 반환하여야 하며, 위 이자의 이행지체로 인한 지연손해금도 지급하여야 한다.** 제29회

③ **선의라도 폭력 또는 은비에 의한 점유자는** 악의의 점유자와 마찬가지로 다루어진다. 즉 **점유물의 과실을 수취할 권리가 없다.** 제33회, 제34회

(3) 목적물의 멸실 · 훼손에 대한 책임

> 제202조 【점유자의 회복자에 대한 책임】 점유물이 점유자의 책임 있는 사유로 인하여 멸실 또는 훼손한 때에는 악의의 점유자는 그 손해의 전부를 배상하여야 하며 선의의 점유자는 이익이 현존하는 한도에서 배상하여야 한다. 소유의 의사가 없는 점유자는 선의인 경우에도 손해의 전부를 배상하여야 한다.

선의의 자주점유자는 현존이익의 한도에서만 반환하면 된다. 제33회 그러나 **악의 점유자(자주 · 타주 불문)나** 제29회, 제31회 **선의의 타주점유자(전세권자, 임차인 등)는 모든 손해를 배상하여야 한다.** 제26회~제28회, 제34회

(4) 점유자의 비용상환청구권

> 제203조 【점유자의 상환청구권】 ① 점유자가 점유물을 반환할 때에는 회복자에 대하여 점유물을 보존하기 위하여 지출한 금액 기타 필요비의 상환을 청구할 수 있다. 그러나 점유자가 과실을 취득한 경우에는 통상의 필요비는 청구하지 못한다.
> ② 점유자가 점유물을 개량하기 위하여 지출한 금액 기타 유익비에 관하여는 그 가액의 증가가 현존한 경우에 한하여 회복자의 선택에 좇아 그 지출금액이나 증가액의 상환을 청구할 수 있다.
> ③ 전항의 경우에 법원은 회복자의 청구에 의하여 상당한 상환기간을 허여할 수 있다.

1) 필요비

필요비는 통상의 필요비(보존비, 수리비, 조세, 공과금)와 특별필요비(태풍으로 인한 주택의 수선비용)로 나뉜다. **점유자가 과실을 수취한 때(점유물을 사용한 때)에는 통상의 필요비는 상환을 청구할 수 없고,** 특별필요비와 유익비만 상환을 청구할 수 있다. 제27회, 제29회, 제31회, 제32회 다만 **과실수취권이 없는 악의의 점유자에게는 제203조 제1항 단서 규정이 적용되지 않는다.** 제34회

2) 유익비

① **점유자는 그 가액의 증가가 현존한 경우에 회복자의 선택에 따라 지출금액이나 증가액의 상환을 청구할 수 있다.** 제29회, 제31회 **필요비에 대해서는 이러한 제한이 없다.** 제28회 회복자에게 선택권이 있으므로 점유자는 실제로 지출한 금액과 현존하는 증가액을 모두 산정(증명)하여야 한다.

② 유익비에 대해서는 회복자의 청구에 의하여 법원이 상당한 상환기간을 허여할 수 있다. **필요비는 상환기간의 허여가 인정되지 않는다.** 제27회, 제34회

3) 행 사

① 주체 및 상대방

점유자는 선·악, 자주·타주점유 여부를 불문하고 비용상환청구권을 행사할 수 있다. 제27회, 제33회 **점유물의 소유권이 양도된 경우,** 점유자는 비용을 지출할 당시의 소유자가 누구이었는지와 상관없이 **점유회복 당시의 소유자에 대해 비용상환을 청구할 수 있다.** 제31회

② 비용상환청구권의 발생시기

점유자가 회복자로부터 점유물의 반환을 청구받거나 그에 따라 점유물을 반환할 때 발생한다. 즉 지출 즉시 발생하는 것이 아니다. 제33회 따라서 소유자가 점유자에 대하여 소유권이전등기의 말소만을 청구하는 경우에는 유익비상환청구권으로서 동시이행의 항변권이나 유치권 항변을 할 수 없다.

③ 점유자의 유치권

적법한 점유자는 유치권을 행사할 수 있다. 다만 **회복자가 유익비에 대해서는 법원으로부터 상당한 상환기간을 허여받으면 유치권은 성립하지 않는다**(유치권 배제규정). 제29회

4) 제203조의 적용범위 : 보충적 규정

점유자가 비용을 지출했다 하더라도 지출 당시 계약관계 등 적법한 점유의 권원(임대차, 전세권 등) 있을 때에는 그에 따라 비용반환의무자가 정해진다. 즉 임차인이 임대차 목적물에 유익비를 지출한 경우에는 임대인에 대해서만 비용상환을 청구할 수 있을 뿐(제626조)이지 임대차 목적 부동산의 경락인에 대해서는 제203조에 따른 비용상환을 청구할 수는 없다. 다만 경락인의 반환 청구에 대해서 유치권을 행사할 수는 있다.

기출 ✍ 자기에게 본권이 없는 것을 알면서 타인의 물건을 점유하고 있는 자도 보존을 위해 필요비를 지출한 경우에 회복자에게 그 상환을 청구할 수 있다. (○)

기출 ✍ 무효인 매매계약의 매수인이 점유목적물에 필요비 등을 지출한 후 매도인이 그 목적물을 제3자에게 양도한 경우, 점유자인 매수인은 양수인에게 비용상환을 청구할 수 있다. (○)

기출 ✍ 점유자의 회복자에 대한 비용상환청구권은 비용을 지출할 때 즉시 이행기가 도래한다. (×)

기출 ✍ 법원이 유익비의 상환을 위하여 상당한 기간을 허여한 경우, 유치권은 성립하지 않는다. (○)

소유권

01 상린관계

1 서 설

(1) **소유자는** 자기의 물건을 점유하고 있는 것이므로 **선량한 관리자의 주의의무를 부담하지 않는다.** 제29회 또한 소유권은 항구성이 있으므로 **소유자가 사용 · 수익권능을 대세적 · 영구적으로 포기하거나 처분권능이 없는 소유권 등은 허용되지 않는다.** 제32회

(2) 상린권은 법률규정에 의해 당연히 발생하고, 독립한 물권이 아니라 부동산 소유권의 내용에 지나지 않으므로 소멸시효에 걸리지 않는다. 그러나 지역권은 계약에 의하여 인정되는 독립된 물권이고 소멸시효에 걸린다. 그리고 상린관계는 인접한 부동산의 경우에만 인정되나, 지역권은 인접성을 요하지 않는다.

(3) 또한 **상린관계에 관한 규정은 임의규정이고** 제33회 **지상권, 전세권에 준용**되고, 임차권에도 유추적용된다. 제28회

(4) 따라서 **지상권자는 지상권의 목적인 토지의 경계나 그 근방에서 건물을 수선하기 위하여 필요한 범위 내에서 이웃토지의 사용을 청구할 수 있다.** 제26회

2 상린관계에 관한 민법의 규정

(1) **인지사용청구권**(제216조)

① 토지소유자는 경계나 그 근방에서 담 또는 건물을 축조하거나 수선하기 위하여 필요한 범위 내에서 이웃토지의 사용을 '청구'할 수 있다. 즉 임의로 사용할 수는 없다. 인지 소유자가 사용청구를 거부하는 경우에는 판결로 '승낙'에 갈음할 수 있다.

② 그러나 이웃의 주거에는 들어갈 수 없으며 판결로도 이를 갈음할 수 없다. 그리고 토지의 사용으로 이웃사람이 손해를 받은 때에는 보상을 청구할 수 있다.

기출

• 우물을 파는 경우에 경계로부터 2미터 이상의 거리를 두어야 하지만 당사자 사이에 이와 다른 특약이 있으면 그 특약이 우선한다. (○)

• 건물전세권자와 인지 소유자 사이에는 상린관계에 관한 규정이 준용되지 않는다. (×)

(2) **생활방해 금지**(제217조)

토지 주변의 소음이 사회통념상 수인한도를 넘지 않은 경우에는 그 토지소유자는 소유권에 기하여 소음피해의 제거를 청구할 수 없다. 제33회

(3) **수도 등 시설권**(제218조)

토지 소유자는 타인의 토지를 통과하지 아니하면 필요한 수도, 전선 등을 시설할 수 없거나 과다한 비용을 요하는 경우에는 타인의 토지를 통과하여 이를 시설할 수 있다. 제32회

(4) **주위토지통행권**(제219조)

1) **주위토지통행권의 요부**

① **주위토지통행권은** 어느 토지가 공로에 통할 수 없는 경우뿐만 아니라, 이미 **기존의 통로가 있더라도 그것이 실제로 통로로서의 충분한 기능을 하지 못하는 경우에도 인정된다.** 제27회

② 그러나 용도에 필요한 통로가 있는 경우에는 그 통로를 사용하는 것보다 더 편리하다는 이유만으로 다른 장소로 통행할 권리를 인정할 수는 없다.

③ 공로에 통할 수 있는 자기의 공유토지가 있다면 남의 토지를 통행하는 것은 허용될 수 없다. 설령 위 공유토지가 구분소유적 공유관계에 있고 공로에 접하는 공유 부분을 다른 공유자가 배타적으로 사용·수익하고 있다고 하더라도 마찬가지이다.

④ **주위토지통행권은** 요건을 충족하면 법에 의해 당연히 인정되는 권리이므로 **그 성립에 등기가 필요 없다.** 제27회

⑤ 주위토지통행권은 토지의 소유자 또는 지상권자, 전세권자 등 토지사용권을 가진 자에게 인정되는 것이므로 불법점유자나 대외적으로 소유권을 주장할 수 없는 토지의 명의신탁자는 주위토지통행권을 주장할 수 없다.

2) **주위토지통행권이 인정되는 범위**

① 건축법에 도로에 관한 폭 등에 관한 제한규정이 있다 하더라도 토지 소유자에게 그 반사적 이익으로서 건축법에서 정하는 도로의 폭이나 면적 등과 일치하는 주위토지통행권이 바로 생긴다고 할 수 없다.

② 또한 **현재의 토지의 용법에 따른 이용의 범위에서 인정되는 것이지 더 나아가 장차의 이용상황까지 미리 대비하여 통행로를 정할 것은 아니다.** 제27회

기출 ✎ 주위토지통행권은 토지와 공로 사이에 기존의 통로가 있더라도 그것이 그 토지의 이용에 부적합하여 실제로 통로로서의 충분한 기능을 하지 못하는 경우에도 인정된다. (○)

기출 ✎ 주위토지통행권의 범위는 장차 건립될 아파트의 건축을 위한 이용상황까지 미리 대비하여 정할 수 있다. (×)

③ 주위토지통행권이 인정된다고 하더라도 통로를 상시적으로 개방하여 제한 없이 이용할 수 있도록 하거나 피통행지 소유자의 관리권이 배제되어야만 하는 것은 아니므로, 쌍방 토지의 용도 및 이용 상황, 통행로 이용의 목적 등에 비추어 토지의 용도에 적합한 범위에서 통행 시기나 횟수, 통행방법 등을 제한하여 인정할 수도 있다.

3) 통행권의 내용

① 통행권자에게 통행지 소유자의 점유를 배제할 권능까지 있는 것은 아니므로 통행지 소유자는 그 통행지를 전적으로 점유하고 있는 통행권자에게 그 통행지의 인도를 청구할 수 있다.

② 또한 주위토지통행권자는 필요한 경우에는 통로를 개설할 수 있으며 통행지 소유자의 이익을 해하지 않는다면 통로를 포장하는 것도 허용된다.

③ **주위토지통행권자는** 통행에 필요한 통로를 개설한 경우 그 **통로개설이나 유지비용을 부담해야 한다.** 제27회, 제28회

④ 그리고 통행에 방해가 되는 담장과 같은 축조물은 비록 당초에 적법하게 설치되었다 하더라도 철거되어야 한다. **그리고 철거의무는 통행지 소유자가 부담한다.** 제27회, 제28회

4) 통행권의 변경

① 일단 주위토지통행권이 발생하였다고 하더라도 **나중에 그 토지에 접하는 공로가 개설됨으로써 통행권을 인정할 필요성이 없어진 때에는 그 통행권은 소멸한다.** 제32회

② 통행로가 항상 고정되는 것은 아니므로 소유자가 그 토지의 사용방법을 바꾸었을 때에는 통행권자는 소유자에게 손해가 적은 다른 장소로 옮겨 통행해야 한다.

③ 확정판결 등에 의하여 통행로가 정해진 경우에도 그 이후 토지의 현황이나 구체적 이용상황에 변동이 생긴 경우에는 구체적 상황에 맞게 통행로를 변경할 수 있다.

5) 손해의 보상

① 제219조는 통행권자로 하여금 손해를 보상하도록 규정하고 있으므로 통행권자의 허락을 얻어 사실상 통행하고 있는 자에게는 손해의 보상을 청구할 수 없다. 또한 통행권자가 손해를 보상하지 않더라도 통행권은 소멸하지 않으며, 다만 채무불이행책임이 발생할 뿐이다.

기출 주위토지통행권자는 통행에 필요한 통로를 개설한 경우 그 통로개설이나 유지비용을 부담해야 한다. (○)

기출 통행지 소유자가 주위토지통행권에 기한 통행에 방해가 되는 축조물을 설치한 경우 주위토지통행권의 본래적 기능발휘를 위하여 통행지 소유자가 그 철거의무를 부담한다. (○)

② 통행권자가 보상해야 할 손해액은 통행지의 현실적 이용 상태에 따른 임료 상당액을 기준으로 한다. 따라서 통행지를 도로로 평가하여 산정한 임료 상당액이 소유자의 손해액으로 되는 것이 아니다.

6) 무상의 주위토지통행권(제220조 − 분할·일부양도)

① **무상의 통행권은 직접 분할자, 일부 양도의 당사자 사이에만 적용되므로, 포위된 토지 또는 피통행지의 특정승계인의 경우에는 무상의 통행권이 인정되지 않는다.** 제26회

② 이러한 법리는 분할자 또는 일부 양도의 당사자가 무상의 통행권에 기하여 이미 통로를 개설해 놓은 다음 특정승계가 이루어진 경우에도 마찬가지이다.

③ 토지의 일부 양도로(수필의 토지 중 일부가 양도된 경우도 포함) 무상의 통행권이 인정된 이상, 제3자 소유의 토지에 대하여 제219조의 통행권을 주장할 수는 없다.

> 기출 토지분할로 무상주위토지 통행권을 취득한 분할토지의 소유자가 그 토지를 양도한 경우, 양수인에게는 무상주위토지통행권이 인정되지 않는다. (○)

(5) 자연유수의 승수의무(제221조 제1항)

토지소유자는 이웃 토지로부터 자연히 흘러오는 물을 막지 못한다. 다만 이러한 **승수의무란** 이웃 토지로부터 자연히 흘러오는 물을 막지 못한다는 것뿐이지 **적극적으로 그 자연유수의 소통을 유지할 의무까지 토지소유자로 하여금 부담케 하려는 것은 아니다.** 제33회

(6) 토지소유자는 처마물이 이웃에 직접 낙하하지 않도록 적당한 시설을 하여야 한다(제225조).

(7) 여수급여청구권(제228조)

토지소유자는 과다한 비용이나 노력을 요하지 아니하고는 토지이용에 필요한 물을 얻기 곤란한 때에는 이웃 토지 소유자에게 보상하고 여수(餘水)의 급여를 청구할 수 있다. 제26회

(8) 경계에 관한 상린관계

① **경계표나 담의 설치비용은 쌍방이 절반하여 부담하지만, 측량비용은 토지의 면적에 비례하여 부담한다(제237조).** 제26회

② **인지소유자는 자기의 비용으로 담의 높이를 통상보다 높게 할 수 있다.** 제26회

③ 경계에 설치된 경계표·담·구거 등은 상린자의 공유로 추정한다. 그러나 상린자 일방의 단독비용으로 설치된 경우에는 비용을 부담한 자의 소유에 속하고, 담이 건물의 일부인 때에는 그 담은 건물소유자에게 속한다.

④ 토지의 경계에 담이 없는 경우, 특별한 사정이 없는 한 인접지 소유자는 공동비용으로 통상의 담을 설치하는 데 협력할 의무가 있다.

> 기출 서로 인접한 토지의 통상의 경계표를 설치하는 경우, 측량비용을 제외한 설치비용은 다른 관습이 없으면 쌍방이 토지면적에 비례하여 분담한다. (×)

(9) 경계를 넘는 수지 · 목근에 대한 상린관계(제240조)

인접지의 나뭇가지가 경계를 넘은 때에는 그 소유자에 대하여 가지의 제거를 청구할 수 있고, 소유자가 이 청구에 응하지 않을 때에는 그 가지를 제거할 수 있다. 그러나 **뿌리가 경계를 넘은 때에는 임의로 제거할 수 있다.** 제28회

(10) 경계선 부근의 공작물 설치(제242조)

① 건물을 축조함에 있어서는 특별한 관습이 없으면 경계로부터 반미터 이상의 거리를 두어야 한다. 이를 위반하면 건물의 변경이나 철거를 청구할 수 있다.

② 반미터의 기준은 그 건물의 가장 돌출된 부분을 기준으로 판단한다.

③ 그러나 **공사착수 후 1년이 경과하거나 건물이 완성된 후에는 손해배상만을 청구할 수 있을 뿐 건물철거를 청구할 수 없다.** 제28회

02 취득시효

1 시효취득이 인정되지 않는 권리

점유를 수반하지 않는 권리(저당권), 법률의 규정에 의해 성립하는 권리(점유권, 유치권), 행사하면 소멸하는 권리(취소권, 해제권) **등은 시효취득이 인정되지 않는다.** 제26회

2 부동산소유권의 점유취득시효

> **제245조 【점유로 인한 부동산소유권의 취득기간】** ① 20년간 소유의 의사로 평온, 공연하게 부동산을 점유하는 자는 등기함으로써 그 소유권을 취득한다.

(1) 취득시효의 객체

① 자기소유의 부동산이나 **성명불상자의 부동산도 취득시효의 대상이 된다.** 제26회, 제32회 그러나 **자신의 명의로 적법 · 유효한 등기가 되어 있는 부동산 소유명의자**는 부동산에 대한 소유권을 적법하게 보유하는 것으로 추정되어 소유권에 대한 증명의 곤란을 구제할 필요 역시 없으므로, 그러한 **점유는 취득시효의 기초가 되는 점유라고 할 수 없다.** 제28회

기출 ✎ 부동산에 관하여 적법 · 유효한 등기를 하여 소유권을 취득한 사람이 부동산을 점유하는 경우, 사실상태를 권리관계로 높여 보호할 필요가 없다면 그 점유는 취득시효의 기초가 되는 점유라고 할 수 없다. (○)

② **1필의 토지의 일부**

1필의 토지 일부라도 시효취득이 가능하다. 제27회, 제30회 다만 그 부분이 다른 부분과 구분되어 시효취득자의 점유에 속한다는 것을 인식하기에 족한 객관적 징표가 계속하여 존재할 것을 요한다. 또한 해당 부분에 대한 분필등기 후 이전등기를 하여야 한다.

③ **국유재산**

국유재산은 원칙적으로 시효취득의 대상이 되지 않으나, 일반재산의 경우에는 가능하다. 제31회, 제32회 그러나 **일반재산에 대하여 취득시효가 완성되었더라도 그 일반재산이 행정재산으로 되면 시효완성을 이유로 소유권이전등기를 청구할 수 없다.** 제26회, 제34회

④ **집합건물의 공용부분은 시효취득이 인정되지 않는다.** 제26회, 제30회, 제34회

(2) **평온·공연한 자주점유**(점유부분 참조)

타주점유자는 시효취득을 할 수 없다. 제33회 시효진행 중에 소유자 변동이 있다거나 **부동산에 압류 또는 가압류 조치가 이루어졌다고 하더라도 이는 취득시효의 중단사유가 될 수 없다.** 제30회, 제34회

(3) **20년간의 점유**

① **간접점유로도 시효취득이 가능하다.** 제30회, 제33회 즉 제3자를 점유매개자로 하여 농지를 간접적으로 점유하여 온 자는 비록 그가 농민이 아니라도 농지를 시효취득할 수 있다.

② 취득시효의 기산점은 점유가 시작된 때이고, 이를 임의로 선택할 수 없으나, 점유기간 중에 소유명의자 변동이 없는 경우에는 기산점을 임의로 선택할 수 있다.

③ 또한 소유명의자 변동이 있는 경우라도 소유자가 변동된 시점을 기산점으로 삼아도 취득시효의 기간이 완성되는 경우에는 소유자 변동시를 기산점으로 삼아 2차 취득시효를 주장할 수 있다. 이러한 법리는 새로이 2차의 취득시효가 개시되어 그 취득시효기간이 경과하기 전에 등기부상의 소유명의자가 다시 변경된 경우에도 마찬가지이다.

(4) **등 기**

1) 시효취득자는 취득시효의 완성으로 바로 소유권을 취득할 수 없고, 이를 원인으로 하는 소유권이전등기청구권이 발생할 뿐이다. 따라서 **시효완성을 원인으로 이전등기를 해야만 소유권을 취득한다.** 제30회 **미등기부동산의 경우에도 등기를 하여야 소유권을 취득한다.** 제34회

기출 ✎ 시효완성 당시의 소유권 보존등기가 무효라면 그 등기명의인은 원칙적으로 시효완성을 원인으로 한 소유권이전등기청구의 상대방이 될 수 없다. (○)

2) 등기의 상대방

소유권이전등기의 청구는 시효완성 당시의 소유자를 상대로 하여야 한다. 따라서 시효완성 당시의 등기명의인의 등기가 원인무효인 경우에는 진정한 소유자를 대위해서 현재의 등기명의인의 등기를 말소한 후에 소유권이전등기를 해야 한다. 즉 **무효등기의 명의자는 등기의 상대방이 되지 못한다.** 제34회

3) 시효를 완성한 점유자의 지위

기출 ✎ 점유취득시효 완성으로 인한 이전등기청구권은 점유가 계속되더라도 시효로 소멸한다. (×)

① **시효완성자의 소유권이전등기청구권**

시효완성자의 소유권이전등기청구권은 채권적 청구권이므로 원칙적으로 10년의 소멸시효에 걸리나, **점유자가 목적물을 계속 점유하고 있는 한 소멸시효에 걸리지 않는다.** 제34회 점유를 상실해야 소멸시효가 진행한다. 즉 점유를 상실한 경우에도 시효이익의 포기로 인정되지 않는 한 소유권이전등기청구권은 곧바로 소멸하지 않고 10년은 보장된다.

② **시효완성자로부터 점유를 승계한 자의 법적 지위**

   ○ 전점유자의 점유를 승계한 자는 그 점유 자체와 하자만을 승계하지 그 점유로 인한 법률효과는 승계하지 못하므로 시효완성자로부터 부동산을 양수하여 점유를 승계한 현 점유자는 전점유자의 소유자에 대한 소유권이전등기청구권을 대위행사할 수 있을 뿐, 전점유자의 취득시효완성의 효과를 주장하여 직접 자기에게 소유권이전등기를 청구할 권원은 없다.

기출 ✎
• 취득시효완성으로 인한 소유권이전등기청구권은 원소유자의 동의가 없어도 제3자에게 양도할 수 있다. (○)
• 점유취득시효 완성으로 인한 이전등기청구권의 양도는 특별한 사정이 없는 한 양도인의 채무자에 대한 통지만으로는 대항력이 생기지 않는다. (×)

   ○ 부동산매매계약에서 매도인과 매수인은 이행과정에 신뢰관계가 따르므로 매매로 인한 소유권이전등기청구권의 양도는 특별한 사정이 없는 이상 통상의 채권양도와 달리 양도인의 채무자에 대한 통지만으로는 채무자에 대한 대항력이 생기지 않으며 반드시 채무자의 동의나 승낙을 받아야 한다. 그러나 취득시효완성으로 인한 소유권이전등기청구권은 채권자와 채무자 사이에 아무런 계약관계나 신뢰관계가 없다. 따라서 **취득시효완성으로 인한 소유권이전등기청구권의 양도의 경우에는 매매로 인한 소유권이전등기청구권에 관한 양도제한의 법리가 적용되지 않는다.** 제30회~제32회, 제34회

(5) 효 과

① **시효완성자가 등기를 하면 점유개시 당시로 소급하여 소유권을 취득한다**(제247조 제1항). 제33회 따라서 시효진행 중에 시효취득자가 부동산으로부터 과실을 수취하거나 해당 부동산을 처분한 것 등은 적법하다. 또한 시효취득은 원시취득이므로 부동산 위에 존재하던 제한이나 하자는 시효취득과 함께 원칙적으로 소멸한다.

② 다만 취득시효의 기초가 된 점유가 타인의 지역권을 인용하고 있던 경우에는 그 지역권은 소멸하지 않는다.

(6) 시효 '완성 전'(시효기간 진행 중)에 소유자가 부동산을 처분한 경우

시효완성 전 소유자가 부동산을 처분한 경우에는 시효완성자는 아무런 영향을 받지 않고 시효완성 당시의 소유자에 소유권이전등기를 청구할 수 있다. 소유권이 변동된 경우뿐만 아니라 그 부동산에 대해 제한물권(저당권 등)이 설정된 경우에도 마찬가지이다. 따라서 시효완성자가 시효완성을 원인으로 하여 이전등기를 마치면 원칙적으로 해당 부동산에 붙어 있던 모든 제한물권은 소멸한다.

(7) 부동산점유취득시효 '완성 후' 등기 전의 법률관계

1) 시효완성 후에 소유자가 제3자에게 부동산을 양도한 경우

① 시효완성자와 제3자와의 법률관계

㉠ 시효완성자는 '시효완성 후' 적법・유효하게 등기를 경료한 제3자(선악불문)에 대하여 자신의 취득시효를 주장할 수 없다.

㉡ **시효기간 만료 후 명의수탁자로부터 적법하게 이전등기 받은 명의신탁자도 시효완성자에게 대항할 수 있다.** 제31회 적법한 명의신탁의 경우에는 대외적으로 수탁자만이 소유자이기 때문이다.

㉢ 취득시효 완성 후 소유권이전등기 전에 제3자 앞으로 청구권 보전의 가등기가 경료된 경우에도 점유자는 해당 토지를 시효취득할 수 있다. 다만 **시효완성 후에 가등기가 되었으므로 시효완성자는 가등기의 부담을 인수한다.**

㉣ **가등기가 설정된 부동산에 대하여 시효를 완성하였으나 시효완성 후 가등기권리자가 본등기를 경료한 경우, 시효완성자는 본등기를 경료한 자에 대하여 시효완성을 주장할 수 없다.** 제30회

㉤ 제3자가 부동산 소유자의 시효완성자에 대한 배임행위에 적극가담한 경우에는 제3자 명의의 등기는 무효이다. 이 경우 시효완성자는 시효완성 당시의 소유명의인을 대위하여 제3자 명의의 등기의 말소를 청구할 수 있다. 직접 등기말소를 청구할 수는 없다.

② 시효완성자와 시효완성 당시의 소유명의인과의 법률관계

㉠ 시효완성 당시의 소유자에게 소유권이 회복되는 경우

시효완성 후 제3자에 처분된 부동산이 어떠한 사유로든 취득시효완성 당시의 소유자에게로 소유권이 회복되면 시효완성자는 소유자에게 시효완성을 이유로 소유권이전등기를 청구할 수 있다.

기출 취득시효완성 후 이전등기 전에 제3자 앞으로 소유권이전등기가 경료되면 시효취득자는 등기명의자에게 시효취득을 주장할 수 없음이 원칙이다. (○)

ⓒ 불법행위책임의 성립 여부

점유취득시효가 완성되었다 하더라도 특별한 사정이 없는 한 부동산 소유자는 그 시효취득 사실을 알 수 없는 것이므로 이를 제3자에게 처분하였다 하더라도 손해배상책임을 부담하지 않는다. 그러나 소유자가 시효완성 사실을 알았거나 알 수 있었던 상태에서 부동산을 처분하였다면 손해를 배상할 책임이 있다.

ⓒ 소유자와 시효완성자 사이에 채권 · 채무관계가 성립하는 것은 아니므로 그 부동산을 처분한 소유자에게 채무불이행책임을 물을 수는 없다.

ⓔ 대상청구권

대상청구권을 행사하기 위해서는 그 이행불능 전에 등기명의자에게 시효를 완성하였음을 주장하거나 그로 인한 소유권이전등기청구권을 행사하였어야 한다. 그와 같은 주장 등을 하지 않았다면 대상청구권을 행사할 수 없다. 또한 시효완성자는 국가를 상대로 직접 수용보상금의 청구를 할 수는 없다. 아직은 소유자가 아니기 때문이다.

ⓜ 부당이득반환의무 등의 면제

취득시효가 완성되면 소유자는 점유자의 소유권이전등기에 응할 의무가 있으므로 점유자가 아직 등기를 하지 않아서 소유권을 취득하지 못하였다고 하더라도, **소유명의자는 점유자에 대하여 점유로 인한 부당이득반환청구나 불법행위에 따른 손해배상청구를 할 수** 없으며, 그 목적물의 반환을 청구할 수도 **없다.** 제32회, 제34회

2) 시효완성과 소유자의 처분 · 변경

① 시효완성 후에 토지소유자가 멋대로 설치한 담장 등에 대해서는 시효완성자는 점유권에 기해 그 철거를 청구할 수 있다.

② 원소유자가 취득시효의 완성 후 그 등기 전에 그 토지를 제3자에게 처분하거나 제한물권의 설정, 토지의 현상 변경 등 소유자로서의 권리를 행사한 것은 시효취득자에게 불법행위가 되는 것은 아니다. 따라서 시효완성자는 그 토지의 소유권이나 제한물권 등을 취득한 제3자에 대하여 취득시효의 완성으로 대항할 수 없고, 그러한 부담을 안은 상태에서 소유권을 취득한다.

③ 따라서 **시효취득자가 원소유자에 의하여 그 토지에 설정된 근저당권의 피담보채무를 변제**하는 것은 그 자신의 이익을 위한 행위라 할 것이니, **위 변제액 상당에 대하여 원소유자에게 대위변제를 이유로 구상권을 행사하거나 부당이득을 이유로 그 반환청구권을 행사할 수는 없다.** 제31회

기출 ✎ 취득시효완성 후 소유권이전등기를 마치지 않은 시효완성자는 소유자에 대하여 취득시효 기간 중의 점유로 발생한 부당이득의 반환의무가 없다. (○)

기출 ✎ 취득시효의 완성 후 등기 전에 원소유자가 시효완성된 토지에 저당권을 설정하였고, 등기를 마친 시효취득자가 피담보채무를 변제한 경우, 원소유자에게 부당이득반환을 청구할 수 있다. (×)

3 부동산소유권의 등기부취득시효

> **제245조 【점유로 인한 부동산소유권의 취득기간】** ② 부동산의 소유자로 등기한 자가 10년간 소유의 의사로 평온, 공연하게 선의이며 과실 없이 그 부동산을 점유한 때에는 소유권을 취득한다.

(1) 요 건

1) 취득시효의 객체

점유취득시효와 같다. 그러나 1필의 토지의 일부에 대해서는 등기를 할 수 없으므로 성질상 등기부취득시효가 인정될 수 없다.

2) 선의 · 무과실, 평온 · 공연한 자주점유

① 선의 · 무과실은 점유개시 당시에만 있으면 되고, 선의 · 무과실은 등기에 관한 것이 아니고, 점유취득에 관한 요건이다. 즉 점유만 선의 · 무과실이면 된다.

② 평온 · 공연, 자주점유, 선의점유는 추정되나 무과실은 추정되지 않으므로 시효취득자가 과실 없음을 증명해야 한다.

3) 점유자가 소유자로 등기되어 있을 것

등기는 적법 · 유효할 필요는 없다. 그러나 **1부동산 1등기용지 원칙상 무효인 이중보존등기나 그에 기초한 등기로는 등기부취득시효를 할 수 없다.** 제31회

중복등기로 인해 무효인 소유권보존등기에 기한 등기부취득시효는 부정된다. (○)

4) 등기와 점유가 10년간 계속되었을 것

점유의 승계가 인정되는 것처럼(제199조) 등기의 승계도 인정된다. 따라서 반드시 시효취득자 명의로 10년간 등기되어 있어야 하는 것은 아니고 앞 사람의 등기까지 아울러 10년 동안 부동산의 소유자로 등기되어 있으면 된다.

(2) 효 과

① 등기부취득시효는 이미 등기가 되어 있으므로 등기부취득시효의 요건을 갖춘 즉시 소유권을 취득한다. 따라서 등기부취득시효가 완성된 후 등기가 말소되거나 적법한 원인 없이 다른 사람 앞으로 이전등기가 되더라도 소유권을 상실하지 않는다.

② 등기부취득시효가 완성된 이후에는 등기원인의 실효를 주장하여 등기명의자의 소유권취득을 부인할 수 없다. 예를 들어 甲의 부동산에 대해 乙이 등기부취득시효를 완성한 경우, 종전의 등기원인인 매매나 증여 등이 무효이었음을 이유로 乙의 소유권취득을 부정할 수 없다.

4 동산소유권의 취득시효(제246조)

소유의 의사로 평온·공연하게 10년간 동산을 점유하면 소유권을 취득한다. 점유가 선의·무과실로 개시된 때에는 5년간 점유하면 소유권을 취득한다.

5 시효이익의 포기

(1) 취득시효 완성 후 피고의 소유를 인정하면서 소송을 취하한 경우, 시효이익 포기각서를 쓰고 국유재산대부계약을 체결하고 대부료를 납부한 경우 등은 취득시효이익을 포기한 것으로 본다.

(2) 그러나 취득시효 완성 후 단순히 점유를 중단한 경우나 시효완성 후 매수를 제의한 사실이 있다는 것만으로는 시효이익의 포기로 인정되지 않는다.

(3) 또한 시효이익의 포기는 소유자에게 해야 하므로 시효완성 후 등기명의인에게 시효이익 포기의 의사표시를 한 경우에도 그 등기가 무효이면 시효이익 포기로 인정되지 않는다. 따라서 진정한 소유자에게 다시 시효완성을 주장할 수 있다.

03 기타의 소유권 취득

1 선점·습득·발견 : 원시취득

(1) **무주의** 동산을 '소유의 의사(자주점유)'로 점유한 자는 그 소유권을 취득한다. 동산에 한하고 **부동산은 항상 국유다.** 제33회

(2) 유실물이나 매장물은 법률이 정한 바에 의하여 공고한 후 6개월(매장물은 1년) 내에 그 소유자가 권리를 주장하지 아니하면 습득자(발견자)가 그 소유권을 취득한다. 그러나 **타인의 토지 기타 물건으로부터 발견한 매장물은 그 토지 기타 물건의 소유자와 발견자가 절반하여 취득한다**(공유). 제33회 무주물 선점과 달리 소유의 의사가 필요 없다.

(3) 국가유산기본법에 의한 국가유산은 선점·습득·발견의 대상이 되지 않고 항상 국유이다.

2 첨부(부합 · 혼화 · 가공) : 원시취득

(1) 부동산에의 부합

> **제256조 【부동산에의 부합】** 부동산의 소유자는 그 부동산에 부합한 물건의 소유권을 취득한다. 그러나 타인의 권원에 의하여 부속된 것은 그러하지 아니하다.

1) 요 건

① **부합물**

동산에 한하지 않고 **부동산(예 건물의 증축부분)도 부합이 된다.** 제30회

기출 부동산 간에도 부합이 인정될 수 있다. (○)

② **부합의 정도**

훼손하지 아니하면 분리할 수 없거나 분리에 과다한 비용을 요하거나 분리하면 경제적 가치를 심하게 감소하는 경우에도 인정된다.

2) 효 과

① **원 칙**

ㄱ 부동산의 소유자는 부합된 물건의 소유권을 취득한다. 따라서 **타인의 임야에 권원 없이 식재한 수목은 임야소유자의 소유로 귀속된다.** 제28회

ㄴ **부합물의 가격이 부동산의 가격을 초과해도 기존 부동산 소유자가 부합된 물건의 소유권을 취득한다.** 제30회

기출 시가 1억원 상당의 부동산에 시가 2억원 상당의 동산이 부합하면, 특약이 없는 한 동산의 소유자가 그 부동산의 소유권을 취득한다. (×)

② **예 외**

ㄱ **타인의 권원에 의해 부속된 때에는 부속시킨 자의 소유이다.** 제28회 즉 **지상권**, 전세권, 임차권, **사용대차권 등의 권원을 가진 자가 나무를 식재한 경우에는 식재한 자의 소유이다.** 제30회

ㄴ 따라서 **토지소유자의 승낙을 받음이 없이 임차인의 승낙만을 받아 그 부동산 위에 나무를 심었다면 특별한 사정이 없는 한 토지소유자에 대하여는 그 나무의 소유권을 주장할 수 없다.** 제29회

ㄷ 또한 지상권을 설정한 토지소유자로부터 토지의 사용 · 수익을 허락받은 자는 제256조의 정당한 권원이 없다.

ㄹ 그러나 토지의 담보가치 하락을 막기 위해 토지에 저당권과 함께 지상권을 설정한 토지소유자로부터 토지의 사용 · 수익을 허락받은 자는 제256조의 정당한 권원이 있다.

기출 지상권에 기하여 토지에 부속된 공작물은 토지에 부합하지 않는다. (○)

기출 토지 임차인의 승낙만을 받아 임차 토지에 나무를 심은 사람은 다른 약정이 없으면 토지소유자에 대하여 그 나무의 소유권을 주장할 수 없다. (○)

ⓔ 또한 **타인이 권원에 의하여 부속시킨 경우에도 부속된 물건이 구조상 · 이용상의 독립성이 없이 부동산의 구성부분이 된 경우에는 그 물건의 소유권은 부동산의 소유자에게 귀속된다.** 제28회 즉 매도인에게 소유권이 유보된 시멘트를 매수인이 제3자 소유의 건물 건축공사에 사용한 경우, 그 제3자가 매도인의 소유권 유보에 대해 악의라도 특별한 사정이 없는 한 시멘트는 건물에 부합한다. 제30회

3) 관련문제

① 건물의 부합

우리 법제상 **건물이 토지에 부합하는 경우는 없다.** 제29회 따라서 타인의 토지 위에 무단으로 건물을 신축한 경우에도 신축자가 건물의 소유권을 취득한다.

② 농작물의 경우

타인의 토지 위에 무단으로 농작물을 경작한 경우라도 농작물은 토지에 부합하지 않고 항상 경작자의 소유에 속한다. 명인방법을 갖출 필요도 없다.
제27회~제29회

③ 건물의 증축부분

건물의 증축부분이 구조상 · 이용상의 독립성이 없어 기존 건물에 부합된 경우에는 증축부분이 경매절차에서 경매목적물로 평가되지 않았다 하더라도 경락인은 증축부분의 소유권을 취득한다. 제29회

(2) **보상의무**(제260조)

① **부합 등으로 인하여 손해를 입은 자는 부당이득에 관한 규정에 의하여 보상을 청구할 수 있다.** 제30회

② 매도인에게 소유권이 유보된 자재가 제3자와 매수인 사이에 이루어진 도급계약의 이행으로 제3자 소유 건물의 건축에 사용되어 부합된 경우 보상청구를 거부할 법률상 원인이 있다고 할 수 없다. 그러나 **제3자가 도급계약에 의하여 제공된 자재의 소유권이 유보된 사실에 관하여 과실 없이 알지 못한 경우라면** 선의취득의 경우와 마찬가지로 제3자가 그 자재의 귀속으로 인한 이익을 보유할 수 있는 법률상 원인이 있다고 봄이 상당하므로, **매도인으로서는 그에 관한 보상청구를 할 수 없다.** 제29회, 제30회

04 공동소유

1 공 유

(1) 공유자의 지분(제262조)

① **지분의 처분**

공유지분은 1개의 소유권의 분량적 일부로 지분의 비율은 균등한 것으로 추정된다(제262조 제2항). 그리고 **공유자는 그 지분을 자유로이 처분(양도ㆍ교환ㆍ저당권 설정ㆍ포기)할 수 있다.** 제33회 또한 **공유자 중 1인은 자신의 지분에 관한 제3자의 취득시효를 단독으로 중단시킬 수 있다.** 제31회, 제35회 공유자 간에 지분양도금지의 특약을 할 수 있으나, 이 특약은 당사자 간에 채권적 효력을 가질 뿐이므로 제3자에게 대항할 수 없다.

② **지분의 탄력성**

공유자가 그 지분을 포기하거나 상속인 없이 사망한 때에는 그 지분은 다른 공유자에게 각각의 지분의 비율로 귀속된다(제267조). 제32회 다만 **공유지분의 포기도 법률행위이므로 포기에 따른 이전등기를 해야 물권변동의 효력이 발생한다.** 제30회, 제31회, 제33회

(2) 공유관계

> 제263조 【공유지분의 처분과 공유물의 사용, 수익】 공유자는 그 지분을 처분할 수 있고 공유물 전부를 지분의 비율로 사용, 수익할 수 있다. 제35회

1) 공유자는 공유물 '전부'를 지분의 비율로 사용ㆍ수익한다. 따라서 **공유자 1인은 자신의 지분 범위 내라도 공유물의 특정부분을 배타적으로 사용ㆍ수익할 수 없고, 사용하였다면 다른 공유자의 지분비율에 대해서는 부당이득반환의무를 진다.** 제28회

2) **공유자 1인이 공유물을 자신의 단독명의로 등기를 한 경우에도 그 공유자의 지분 범위 내에서는 유효하므로 다른 공유자는 등기전부의 말소를 청구할 수는 없다.** 제26회, 제30회 해당 공유자의 지분을 제외한 나머지 부분에 대해서만 등기말소를 청구할 수 있다.

3) **공유물의 처분ㆍ변경**: 전원의 동의 제27회, 제35회

① 공유물의 처분ㆍ변경은 전원의 동의가 필요하다. 즉 **공유자의 1인은 다른 공유자의 동의 없이 지역권 등 물권을 설정할 수 없다.** 제29회

기출 ✎ 1/3 지분권자 甲은 단독으로 자신의 지분에 관한 제3자의 취득시효를 중단시킬 수 없다. (×)

기출 ✎
• 乙이 X토지에 대한 자신의 지분을 포기한 경우, 乙의 지분은 甲, 丙에게 균등한 비율로 귀속된다. (×)
• 부동산 공유자 중 일부가 자신의 공유지분을 포기한 경우, 등기를 하지 않아도 공유지분 포기에 따른 물권변동의 효력이 발생한다. (×)

기출 ✎ 2/5 지분권자 乙은 3/5 지분권자 甲과 협의 없이 X토지 면적의 2/5에 해당하는 특정 부분을 배타적으로 사용ㆍ수익할 수 있다. (×)

② 다만 공유자 1인이 단독으로 공유물 전부를 매도하고 소유권이전등기를 한 경우에도 매매계약 자체(채권행위)는 유효하다. 또한 **그 공유자의 지분의 범위 내에서는 그 이전등기도 유효이다.** 제28회 따라서 다른 공유자는 등기 전부의 말소를 청구할 수는 없다.

4) 공유물의 관리(이용·개량) : 지분의 과반수(제265조)

① 공유물의 관리에 관한 사항은 공유자의 지분의 과반수로써 결정한다. 따라서 과반수의 지분을 가진 공유자가 그 공유물의 특정 부분을 배타적으로 사용·수익하기로 정하는 것은 공유물의 관리방법으로서 적법하다.

② **과반수 지분권자로부터 공유물의 특정 부분에 대한 배타적인 사용·수익을 허락받은 제3자의 점유는 다른 소수지분권자와 사이에서도 적법하다. 따라서 과반수 지분을 가진 공유자로부터 사용·수익을 허락받은 점유자에 대해 소수 지분의 공유자는 점유배제나 부당이득반환을 청구할 수 없다.** 제26회~ 제28회 **허락을 한 과반수 지분권자에게 부당이득반환을 청구하여야 한다.** 제30회

③ **그러나 소수 지분권자가 단독으로 공유토지를 임대한 경우, 다른 소수지분권자는 임차인에게 부당이득반환을 청구할 수 있다.** 제31회

④ **임대차는 관리행위에 속한다.** 제30회 따라서 **임대차를 하거나** 해지하는 것, 갱신하거나 갱신을 거절하는 것 모두 **과반수지분권자가 단독으로 결정할 수 있다.** 제32회

⑤ 따라서 소수지분권자가 공유토지를 제3자에게 임대한 경우, 과반수지분권자는 제3자에게 해당토지의 인도를 청구할 수 있다. 제28회

⑥ **공유물에 대한 사용·수익에 관한 특약은 그 특정승계인에게도 당연히 승계된다.** 제32회 다만 특약 후에 공유자의 변경이 있고 특약을 변경할 만한 사정이 있는 경우에는 지분의 과반수의 결정으로 기존 특약을 변경할 수 있다. 그러나 **공유물의 관리에 관한 특약이 새로운 공유자의 사용수익권을 인정하지 않는 등 공유지분권의 본질적 권리를 침해한다고 볼 수 있는 경우에는 특별한 사정이 없는 한 승계되지 않는다.** 제27회

⑦ 다만 **과반수지분권자라 하여 나대지에 새로이 건물을 건축한다든지 하는 것은 '관리'의 범위를 넘는 것이므로 허용되지 않는다.** 제26회, 제31회, 제32회

기출✎ 3/5 지분권자 甲이 X토지 전부를 2/5 지분권자 乙의 동의 없이 매도하여 매수인 명의로 소유권이전등기를 마친 경우, 甲의 지분 범위 내에서 등기는 유효하다. (○)

기출✎ 丙이 2/3 지분권자 甲으로부터 X토지의 특정부분의 사용·수익을 허락받아 점유하는 경우, 1/3 지분권자 乙은 丙을 상대로 그 토지부분의 반환을 청구할 수 있다. (×)

기출✎ 1/3 지분권자 甲이 공유토지를 단독으로 임대한 경우, 1/3 지분권자가 乙은 丁에게 부당이득반환을 청구할 수 있다. (○)

기출✎ 甲, 乙, 丙이 X토지의 관리에 관한 특약을 한 경우, 그 특약은 특별한 사정이 없는 한 그들의 특정승계인에게도 효력이 미친다. (○)

기출✎ 공유지분권을 본질적 부분을 침해한 공유물의 관리에 관한 특약은 공유지분의 특정승계인에게 효력이 미친다. (×)

5) 공유물의 보존 : 각자 단독(제265조 단서) ^{제35회}

① **대외관계**

　㉠ 공유물의 반환청구·방해제거·말소등기청구 : 보존행위
　　공유자의 1인은 부동산의 불법점유자나 **원인무효의 등기명의자에 대해서** 공유물 전부의 반환이나 방해배제를 청구하거나 **그 등기 전부의 말소를 구할 수도 있다.** ^{제26회, 제28회}

　㉡ 손해배상청구·부당이득반환청구 : 보존행위가 아니다.
　　공유물에 끼친 불법행위를 이유로 하는 손해배상청구권이나 부당이득반환청구권은 특별한 사유가 없는 한 각 공유자는 자신의 지분비율의 한도 내에서만 이를 행사할 수 있다. ^{제26회, 제35회}

② **대내관계**

　㉠ **공유물의 소수지분권자가 다른 공유자와 협의 없이 공유물의 전부 또는 일부를 독점적으로 점유·사용하고 있는 경우 다른 소수지분권자는 공유물의 보존행위로서 그 인도를 청구할 수는 없고,** 다만 자신의 지분권에 기초하여 공유물에 대한 방해 상태를 제거하거나 공동점유를 방해하는 행위의 금지 등을 청구할 수 있다. ^{제27회, 제31회, 제32회}

　㉡ 따라서 甲과 乙이 1/2 지분으로 공유하는 토지 위에 乙이 甲과 협의 없이 단독으로 수목을 식재한 경우, 甲은 그 수목의 제거를 청구할 수는 있으나 토지의 인도를 청구할 수는 없다. 또한 乙이 甲의 점유를 방해한다면 방해금지를 청구할 수 있다.

6) 공유물의 부담

　공유자는 그 지분의 비율로 공유물의 관리비용 기타 의무를 부담한다. ^{제27회}
　공유자가 1년 이상 이러한 의무의 이행을 지체한 때에는 다른 공유자는 상당한 가액으로 그의 지분을 매수할 수 있다(형성권). 다만 매수청구는 대금을 제공해야 행사할 수 있다.

(3) **공유의 대외적 주장**

① 공유자가 다른 공유자의 지분권을 대외적으로 주장하거나 다른 공유자의 공유지분을 침해하였음을 이유로 그 부분의 등기말소를 청구하는 것도 보존행위에 속한다고 할 수 없다.

② 또한 공유자 중 일부가 지분에 의거한 것이 아니라 '공유관계'에 기하여 공유물 전체에 대하여 방해배제를 청구하는 것도 인정되지 않는다.

기출 부동산 공유자 중 1인은 공유물에 관한 보존행위로서 그 공유물에 마쳐진 제3자 명의의 원인무효등기 전부의 말소를 구할 수 없다. (×)

기출 戊가 공유인 X토지 위에 무단으로 건물을 신축한 경우, 1/3 지분권자 乙은 특별한 사유가 없는 한 자신의 지분에 대응하는 비율의 한도 내에서만 戊를 상대로 손해배상을 청구할 수 있다. (○)

③ 즉 甲과 乙이 각 1/2 지분으로 토지를 공유하던 중 乙의 1/2 지분 등기가 丙 앞으로 원인무효의 등기가 된 경우, 甲은 丙에 대하여 그 등기의 말소를 청구할 수 없다. 甲의 물권(지분)은 침해된 바가 없기 때문이다.

(4) 공유물의 분할

1) 공유물 분할의 자유(제268조)

① 공유자는 언제든지 공유물 분할을 청구할 수 있고, 이는 형성권이므로 바로 공유물분할의 법률관계가 성립하고, 다른 공유자 전원은 협의에 응할 의무가 있다. 다만 5년 내의 기간으로 분할금지특약을 할 수 있고, **이 기간은 갱신할 수 있으나 5년을 넘지 못한다.** 제29회

② 또한 이 특약은 등기를 해야만 지분의 양수인에게 대항할 수 있다. 그러나 건물의 구분소유의 공용부분(제215조)과 **경계표 등(제239조)은 분할이 허용되지 않는다.** 제28회

③ 협의상의 분할이든 재판상의 분할이든 공유물 분할은 공유자 전원이 참여하여야 하며 공유자 일부가 제외된 분할은 무효이다.

2) 분할의 방법(제269조)

① **협의분할**

공유자는 협의에 의하여 ㉠ 현물분할, ㉡ 대금분할 ㉢ 가격배상분할 등의 방법으로 분할할 수 있다. 또한 협의는 계약이므로 **협의분할의 경우에는 등기를 해야 물권변동의 효과가 발생한다.** 제35회

② **재판상 분할**

㉠ 재판상 분할의 형식 및 성격

공유물 분할의 소는 필수적 공동소송이므로, 분할을 청구하는 공유자는 다른 공유자 전원을 공동피고로 하여야 한다. 공유물 분할판결은 형성판결이므로 판결이 확정되면 등기 없이 물권변동이 효과가 발생한다. 다만 공유물분할의 소송절차에서 협의로 조정이 성립된 때에는 등기를 해야만 분할의 효과가 발생한다.

㉡ 재판상 분할청구의 요건

공유자 사이에 이미 분할에 관한 협의가 성립된 경우에는 일부 공유자가 분할에 따른 이전등기에 협조하지 않거나 분할에 관하여 다툼이 있더라도 그 분할된 부분에 대한 소유권이전등기나 소유권확인을 구함은 별문제이나 **또다시 소로써 그 분할을 청구하거나 이미 제기한 공유물분할의 소를 유지함은 허용되지 않는다.** 제35회

ⓒ 재판상 분할의 방법 : 현물분할의 원칙

ⓐ 재판상 분할은 현물분할이 원칙이다. 다만 현물로 분할할 수 없거나 현물로 분할을 하게 되면 현저히 그 가액이 감손될 염려가 있는 때에 비로소 물건의 경매(대금분할)를 명할 수 있다.

ⓑ 요건을 갖춘 경우 공유자 상호간에 금전으로 경제적 가치의 과부족을 조정하게 하여 분할을 하는 것도 현물분할의 한 방법으로 허용되며 나아가 분할청구자의 지분한도 내에서 현물분할을 하고 **분할을 원하지 않는 나머지 공유자는 공유자로 남는 방법도 허용된다.** 제35회

ⓒ 토지를 분할하는 경우 원칙적으로는 각 공유자가 취득하는 토지의 면적이 그 공유지분의 비율과 같아야 할 것이나, 토지의 형상이나 위치, 그 이용상황이나 경제적 가치가 균등하지 아니할 때에는 경제적 가치가 지분비율에 상응하도록 분할하는 것도 허용된다.

ⓓ 다만 공유로 남기를 원하지 않는 공유자에 대해서는 반드시 분할을 해주어야지 그 공유자를 공유로 남기는 방식의 분할은 허용되지 않는다.

3) 분할의 효과

① 공유관계의 종료

분할의 효과는 소급하지 않는다.

② 분할로 인한 담보책임(제270조)

각 공유자는 분할에 의하여 취득한 물건 또는 그 부분에 관하여 그 지분의 비율로 매도인과 동일한 담보책임이 있다. 제35회

③ 지분상의 담보물권

甲·乙의 공유인 부동산 중 甲의 지분 위에 설정된 근저당권은 특단의 합의가 없는 한 공유물분할이 된 뒤에도 종전의 지분비율대로 공유물 전부의 위에 그대로 존속하고 甲 앞으로 분할된 부분에 당연히 집중되는 것은 아니다. 제29회 甲과 근저당권자 사이에 甲의 단독소유로 된 토지전부에 근저당권이 미치기로 특약을 했다하더라도 마찬가지이다.

기출 공유자 중 1인의 지분 위에 설정된 담보물권은 특별한 사정이 없는 한 공유물분할로 인하여 설정자 앞으로 분할된 부분에 집중된다. (×)

2 합 유

(1) 공유와의 공통점(제272조)

합유자의 권리는 합유물 전부에 미친다(제271조). 제34회 합유물을 처분 또는 변경함에는 합유자 전원의 동의가 있어야 한다. 그러나 **보존행위는 각자가 단독으로 할 수 있다.** 제27회, 제34회 즉 **합유물이 제3자 앞으로 원인무효의 등기가되어 있거나**, 제3자가 불법점유하는 경우, **합유자 1인은 그 등기전부의 말소나전부 반환(방해제거)을 청구할 수 있다.** 제33회

(2) 공유와의 차이점(제273조)

① 합유는 공유와 달리 지분등기가 인정되지 않는다. 따라서 **합유재산에 관하여합유자 중 1인이 자기 단독명의로 등기를 한 경우에도 그 등기는 무효이고, 그 합유자의 지분 범위 내라도 실체관계에 부합하여 유효가 될 수 없다.** 제27회

② 합유지분의 양도는 조합원 지위의 양도를 의미하므로 **합유자는 전원의 동의없이 합유지분을 처분하지 못한다.** 제29회, 제33회, 제34회

③ 또한 **합유자 중 1인이 사망한 경우에도 합유자 간에 특별한 약정이 없는 한상속인은 합유자로서의 지위를 승계하지 못한다.** 제29회, 제34회 따라서 **잔존합유자가 2인 이상이면 잔존 합유자의 합유가 되고**, 잔존 합유자가 1인인 경우에는 잔존 합유자의 단독소유가 된다. 제27회

④ **합유자는 조합체가 존속하는 한 합유물의 분할을 청구하지 못한다.** 제34회

⑤ 다만 **조합체의 해산으로 합유가 종료**되어야만 합유물의 분할을 청구할 수 있다. 제27회 이 경우 합유물의 분할에 관해서는 공유물분할의 규정을 준용한다(제274조).

3 총 유

(1) 공유나 합유와는 달리 총유물의 경우에는 보존행위를 단독으로 할 수 있다는규정이 없으므로(제276조 제1항), **총유물의 보존행위는 비법인 사단의 사원이각자가 단독으로 할 수는 없고** 사원총회의 결의를 거쳐야 한다. 제29회

(2) 총유물의 관리 및 처분이라 함은 총유물 자체에 관한 이용 · 개량행위나 법률적 · 사실적 처분행위를 의미하므로 총유물 자체의 관리 · 처분이 따르지 아니하는 채무부담행위는 총유물의 관리 · 처분행위라고 할 수 없다(대판). 즉 **종중토지를 매매함에 있어 중개업자에게 중개보수를 지급하기로 한 약정은 관리 · 처분행위에 해당하지 않는다**(대판). 제33회 따라서 대표자가 사원총회 결의 없이단독으로 한 경우에도 무효라고 할 수 없다.

기출 ✎ 합유재산에 관하여 합유자 중 1인이 임의로 자기 단독명의의 소유권보존등기를 한 경우, 자신의 지분 범위 내에서는 유효한 등기이다. (×)

기출 ✎ 합유자의 1인이 사망하면 특별한 사정이 없는 한 그의 상속인이 그 지분을 포괄승계한다. (×)

기출 ✎
• 비법인사단의 사원은 단독으로 총유물의 보존행위를 할 수 있다. (×)
• 종중이 그 소유토지의 매매를 중개한 중개업자에게 중개수수료를 지급하기로 하는 약정을 체결한 행위는 총유물의 관리 · 처분행위에 해당한다. (×)

지상권

1 지상권의 의의(제279조)

지상권은 건물 기타 공작물 또는 수목을 소유하기 위하여 타인의 토지를 사용하는 용익물권이므로 토지 위에 건물이 존재하지 않더라도 지상권은 성립하며 **기존의 공작물이나 수목이 멸실하더라도 지상권은 소멸하지 않는다.** 제28회 **지료지급은 지상권의 성립요건이 아니다.** 제31회

2 지상권의 존속기간

(1) 설정행위로 기간을 정하는 경우(제280조)

① 견고한 건물이나 수목은 30년, 일반 건물(목조건물)은 15년, 건물 이외의 공작물은 5년이 보장된다. 위의 기간보다 짧은 기간을 정한 때에는 위의 기간까지 연장된다.

② 다만 기존 건물을 '사용'할 목적으로 지상권이 설정된 경우에는 위 규정이 적용되지 않는다. 즉 기존의 콘크리트 건물을 사용할 목적으로 20년의 지상권을 약정하더라도 유효하다.

③ 또한 최장기간에 대해서는 제한규정이 없으므로 영구무한의 지상권도 인정된다.

(2) 설정행위로 기간을 정하지 않는 경우(제281조)

① 지상권설정당시에 공작물의 종류와 구조를 정하지 않은 경우에는 그 지상권의 존속기간은 15년으로 한다. 공작물의 종류와 구조를 정한 경우에는 각각의 목적물에 따라 30년, 15년, 5년이 된다. 그러나 '수목'은 종류를 정하지 않아도 30년이 보장된다.

② 따라서 **지상권의 존속기간을 정하지 않은 경우에도 지상권설정자가 언제든지 지상권의 소멸을 청구할 수 있는 것은 아니다.** 제26회

기출 지상권의 존속기간을 정하지 않은 경우, 지상권설정자는 언제든지 지상권의 소멸을 청구할 수 있다. (×)

③ 지상권의 효력

(I) 지상권자의 토지사용권

① 지상권자는 설정행위로 정한 목적의 범위 내에서 토지를 사용할 권리를 갖는다. 그리고 토지의 유지 · 보수에 소요된 필요비는 지상권자가 부담한다.

② 지상권도 물권이므로 지상권이 설정된 토지를 양수한 양수인은 지상권 존속기간 내에는 지상권자에게 토지의 인도를 청구할 수 없다. 제26회

(2) 지상권의 처분

① **지상권의 양도 · 임대 · 담보제공(편면적 강행규정 − 제282조, 제289조)**
지상권은 처분의 자유가 절대적으로 보장되므로 처분금지특약이 있거나 소유자의 의사에 반해서도 처분할 수 있다. 제26회, 제28회

② **지상물의 처분과 지상권의 이전**
지상물을 양도한 경우에는 특별한 사정이 없는 한 지상권도 양도하기로 한 것으로 본다. 다만 지상권 자체에 대해 이전등기를 해야지 지상물에 대한 이전등기만으로는 지상권을 취득할 수 없다. 또한 지상권 역시 독립된 물권이므로 **지상권을 유보한 채 지상물만을 양도할 수 있고, 지상물의 소유권을 유보한 채 지상권만을 양도할 수도 있다.** 제29회, 제34회 즉 지상권자와 지상물의 소유자가 반드시 일치하는 것은 아니다.

(3) 지료지급 의무

1) 지 료

① 당사자가 지료지급을 약정하였다면 지료 등을 등기하지 않았더라도 지상권자는 지료를 지급할 의무가 있다. 그러나 지료액 또는 지료지급의 시기 등을 등기하지 아니하면 제3자에게 대항할 수 없다.

② 따라서 **지료 등기를 하지 않은 이상 지상권설정자는 구 지상권자의 지료연체를 이유로 지상권의 양수인에게 대항할 수 없다.** 제29회

③ 나아가 지상권의 양수인에게는 무상의 지상권으로서 지료증액청구권도 발생하지 않는다.

2) **지료증감청구권**(제286조) : 형성권

지료증감청구권은 형성권이므로 당사자가 증감을 청구하면 바로 그에 따른 법률효과가 생긴다. 즉 상대방이 증감청구에 불응한 때에는 법원이 지료를 결정하게 되나, 지료증감의 효력은 판결확정시가 아니라 청구시로 소급하여 증감된다.

기출 지상권이 설정된 X토지를 양수한 자는 지상권의 존속 중에 지상권자 乙에게 그 토지의 인도를 청구할 수 없다. (○)

기출 지상권자는 토지소유자의 의사에 반하여도 자유롭게 타인에게 지상권을 양도할 수 있다. (○)

기출
• 지상권자 乙은 지상권을 유보한 채 지상의 Y건물 소유권만을 제3자에게 양도할 수 있다. (○)
• 지상권자 乙은 지상의 Y건물 소유권을 유보한 채 지상권만을 제3자에게 양도할 수 있다. (○)

기출 지료를 연체한 지상권자 甲이 丙에게 지상권을 양도한 경우, 지상권설정자 乙은 지료 약정이 등기된 때에만 연체사실로 丙에게 대항할 수 있다. (○)

3) 지료체납의 효과(제287조)

① **2년 이상의 지료를 연체한 때에는 지상권설정자는 지상권의 소멸을 청구할 수 있다.** 제34회 그러나 **연체가 토지소유권의 양도 전후에 걸쳐 이루어진 경우, 토지양수인에 대한 연체기간이 2년이 되지 않는다면 양수인은 지상권소멸청구를 할 수 없다.** 제29회, 제31회, 제32회

② **지료가 결정된 바 없다면, 법정지상권자가 지료를 지급하지 않아도 지체라고 볼 수 없으므로 토지소유자의 지상권소멸청구는 이유가 없다.** 제29회

③ 다만 지료가 판결에 의해 정해진 경우 지상권자가 판결확정 후 지료의 청구를 받고도 책임 있는 사유로 판결확정의 전후에 걸쳐 2년분 이상의 지료지급을 지체한 때에는 토지소유자는 지상권소멸을 청구할 수 있다.

④ 지상권설정자가 지상권의 소멸을 청구하지 않고 있는 동안 (법정)지상권자로부터 연체된 지료의 일부를 지급받고 이를 이의 없이 수령하여 연체된 지료가 2년 미만으로 된 경우에는 (법정)지상권의 소멸을 청구할 수 없다.

⑤ 지상권이 저당권의 목적인 경우에도 지상권자가 2년 이상의 지료를 연체하면 지상권의 소멸을 청구할 수 있다. 다만 **지상권이 저당권의 목적이거나 그 토지에 있는 건물 수목이 저당권의 목적이 된 때에는 지상권소멸청구는 저당권자에게 통지한 후 상당한 기간이 경과함으로써 그 효력이 생긴다**(제288조). 제28회, 제29회

(4) 저당권의 담보가치를 확보하기 위한 지상권

① 토지에 대한 저당권과 함께 그 토지의 담보가치 하락을 막기 위해 그 토지 위에 지상권을 취득한 경우, **제3자가 그 토지 위에 건물을 신축하는 경우에 지상권자는 그 건물의 철거와 토지 인도를 청구할 수 있다. 제3자가 토지 소유자의 승낙을 얻었거나, 임차권 등의 권리를 가지고 있다고 하더라도 마찬가지이다.** 제30회 다만 이러한 지상권자는 **토지에 대한 사용·수익권이 없어 임료 상당의 이익이나 기타 소득이 발생할 여지가 없으므로 손해배상이나 부당이득반환을 청구할 수 없다.** 제30회, 제31회 또한 **교환가치가 피담보채권액 미만으로 하락하면 저당권자는 저당권설정자에게 저당권침해를 이유로 손해배상을 청구할 수 있다.** 제30회

② 또한 **피담보채권의 소멸로 저당권이 소멸하면 지상권도 소멸한다(부종성).** 제30회, 제32회

기출 ✎
• 지료지급약정이 있음에도 지상권자 乙이 3년분의 지료를 미지급한 경우, 지상권설정자 甲은 지상권소멸을 청구할 수 있다. (○)
• 지상권자의 지료연체가 토지소유권의 양도 전후에 이루어진 경우 토지양수인에 대한 지료연체가 2년이 되지 않는다면 토지양수인은 지료연체를 이유로 지상권의 소멸청구를 할 수 없다. (○)

기출 ✎ 지상권자 甲이 丙에게 지상권을 목적으로 하는 저당권을 설정한 경우, 지료연체를 원인으로 하는 지상권설정자 乙의 지상권소멸청구는 丙에게 통지한 후 상당한 기간이 경과함으로써 효력이 생긴다. (○)

기출 ✎ 채권담보를 위하여 토지에 저당권과 함께 무상의 담보지상권을 취득한 채권자는 특별한 사정이 없는 한 제3자가 토지를 불법점유하더라도 임료상당의 손해배상청구를 할 수 없다. (○)

기출 ✎ 저당권설정자가 담보가치의 하락을 막기 위해 저당권자에게 지상권을 설정해 준 경우, 피담보채권이 소멸하면 그 지상권도 소멸한다. (○)

4 지상권의 소멸

(1) 지상권의 소멸사유

지상권이 저당권의 목적인 때에는 저당권자의 동의를 얻어야만 포기할 수 있다(제371조 제2항). 그리고 포기의 의사표시 외에 지상권의 등기말소가 있어야 지상권이 소멸한다.

(2) 지상권의 소멸의 효과

1) 지상권자의 지상물수거의 권리 · 의무(제285조 제1항)

지상권이 소멸한 때에는 지상권자는 건물, 기타 공작물이나 수목을 수거할 권리를 갖고, 토지를 원상회복시켜야 할 의무, 즉 수거할 의무를 부담한다.

2) 지상물매수청구권

① **지상권설정자의 지상물매수청구권**(제285조 제2항)

지상권이 소멸한 때에 **지상권설정자가 상당한 가액을 제공하여 그 공작물이나 수목의 매수를 청구한 때에는 지상권자는 정당한 이유 없이 이를 거절하지 못한다.** 제28회 임대인에게는 지상물매수청구권이 인정되지 않는다.

② **지상권이 지상권자의 과실 없이 종료하고 지상시설이 현존한 경우, 지상권자는 지상권의 갱신을 청구할 수 있고, 지상권설정자가 이를 거절한 경우에는 지상물의 매수를 청구할 수 있다**(제283조 - 임차권 참조). 제26회, 제31회

③ 지상권갱신청구권의 행사는 지상권의 존속기간 만료 후 지체 없이 하여야 한다. 따라서 지상권의 존속기간 만료 후 지체 없이 행사하지 아니하여 지상권갱신청구권이 소멸한 경우에는, 지상물매수청구권은 발생하지 않는다.

3) 유익비상환청구권 : 인정

지상권자에게도 유익비상환청구권은 인정되나, 필요비상환청구권은 인정되지 않는다.

기출 ✎ 존속기간의 만료로 지상권이 소멸한 경우, 건물이 현존하더라도 지상권자 乙은 계약의 갱신을 청구할 수 없다. (×)

5　특수지상권

(1) **구분지상권**(제289조의2)　제28회

① '**수목**'을 소유하기 위해서는 구분지상권을 설정할 수 없다. 제28회

② 제3자가 토지를 사용·수익할 권리를 가진 때에는(지상권, 전세권, 등기된 임차권 등) 그 권리자 및 그 권리를 목적으로 하는 권리를 가진 자(지상권이나 전세권에 저당권을 취득한 자) 전원의 승낙이 있어야 구분지상권을 설정할 수 있다. 이 경우 제3자는 구분지상권의 행사를 방해해서는 안 된다. 또한 구분지상권의 행사를 위하여 토지소유자의 토지 사용을 제한하는 특약을 할 수 있다.

기출 구분지상권은 건물 기타 공작물의 소유를 위해 설정할 수 있다. (○)

(2) **분묘기지권**

1) 분묘기지권이 인정되는 경우

① 토지 소유자의 승낙을 얻어 분묘를 설치한 경우, 설치할 당시 토지소유자와의 합의에 의하여 정한 지료지급의무의 존부나 범위의 효력은 그 토지의 승계인에게도 미친다. 제35회

② 분묘가 설치된 토지를 타인에게 양도한 경우
분묘기지에 대한 소유권을 유보하거나 또는 분묘를 이장한다는 특약을 하지 않고 분묘가 설치된 토지를 처분한 경우, 매도인에게 분묘기지권이 인정된다. 이 경우에는 분묘기지권을 시효취득한 경우와는 달리 분묘기지권이 성립한 때로부터 지료를 지급하여야 한다. 제35회

③ 취득시효에 의해 취득한 경우
㉠ 공시가 되지 않는 평장이나 암장, 시체가 없는 가묘인 경우에는 시효취득이 인정되지 않는다.
㉡ 또한 소유권을 취득하는 것이 아니라 지상권과 유사한 사용권을 취득한다는 점을 유의한다. 즉 **분묘기지권을 시효취득한 경우에도 분묘기지에 대한 소유권이전등기를 청구할 수는 없다.** 제26회

기출 분묘기지권의 시효취득을 완성한 甲은 토지소유자 乙에게 분묘기지에 대한 소유권이전등기를 청구할 수 있다. (×)

2) 권리의 내용

① 효력범위
㉠ 분묘기지권은 분묘를 수호하고 봉사하는 데 필요한 범위에서 그 주위의 땅에도 미친다. 따라서 토지의 소유자라도 분묘기지권이 미치는 범위 내에는 함부로 공작물을 설치할 수 없다. 또한 법령이 규정한 제한면적 내로 한정되지도 않는다.
㉡ 사성(莎城) 부분까지 항상 분묘기지권이 미치는 것은 아니다.

ⓒ **분묘기지권의 효력이 미치는 범위라 할지라도** 기존의 분묘 외에 새로운 분묘를 신설한 권능은 포함되지 않으므로 **합장을 위해 쌍분이나 단분을 설치하거나 이장하는 것도 허용되지 않는다.** 제26회 또한 일단 분묘기지권이 인정된 이상 분묘가 일부멸실된 경우라도 일시적인 멸실에 불과하여 유골이 존재하고 원상회복이 가능하다면 분묘기지권은 존속한다.

② **분묘기지권을 시효취득한 경우에는 토지소유자가 지료를 청구한 날로부터 지료를 지급할 의무가 있다.** 제26회, 제32회

③ 분묘의 수호와 봉사는 계속하는 한 분묘기지권은 영구적으로 인정된다.

④ **분묘기지권을 시효취득한 경우에도 등기는 필요하지 않다.** 제27회, 제35회

⑤ **분묘기지권의 포기는 포기의 의사표시만 있으면 충분하고 점유의 포기까지 필요한 것은 아니다.** 제26회

기출✎ 분묘기지권을 시효로 취득한 자는 소유자가 지료를 청구한 날부터의 지료를 지급할 의무가 있다. (○)

6 관습법상의 법정지상권

(1) 성립요건

1) 토지 위에 건물이 존재할 것

건물이 존재하기만 하면 미등기·무허가 건물이라도 법정지상권은 성립한다.

2) 토지와 건물이 처분 당시 동일인 소유일 것 제33회

① '처분' 당시만 동일인 소유이면 되므로 원시적으로 동일인 소유일 필요는 없다.

② 원래 동일인에게의 소유권 귀속이 원인무효로 이루어졌다가 그 뒤 그 원인무효임이 밝혀져 그 등기가 말소됨으로써 그 건물과 토지의 소유자가 달라지게 된 경우에는 관습상의 법정지상권을 허용할 수 없다.

③ '미등기건물을 그 대지와 함께 매도'하였다면 비록 매수인에게 그 대지에 관하여만 소유권이전등기가 경료되고 건물에 관하여는 등기가 경료되지 아니하여 형식적으로 대지와 건물이 그 소유 명의자를 달리하게 되었다 하더라도 매도인에게 관습상의 법정지상권을 인정할 이유가 없다.

④ 다만 **강제경매의 경우에는** 매수인이 소유권을 취득하는 **매각대금의 완납시가 아니라 그 압류의 효력이 발생하는 때를 기준으로 하여 토지와 그 지상건물이 동일인에 속하였는지가 판단되어야 한다.** 제29회

⑤ 한편 강제경매개시결정 이전에 가압류가 있고 그 가압류에 기해 본압류로 이행된 경우에는 애초 가압류가 효력을 발생하는 때를 기준으로 판단하여야 한다.

기출✎
• 토지 또는 그 지상건물이 경매된 경우, 매각대금 완납시를 기준으로 토지와 건물의 동일인 소유 여부를 판단한다. (×)
• 甲의 나대지인 X토지에 대해 乙에게 저당권을 설정한 후 건물을 신축한 경우, 저당권설정 뒤 X토지에 대해 통상의 강제경매가 실시되어 C가 그 토지를 취득한 경우, 甲은 관습상 법정지상권을 취득하지 못한다. (○)

⑥ 나아가 **강제경매를 위한 압류나 그 압류에 선행한 가압류가 있기 이전에 저당권이 설정되어 있다가 그 후 강제경매로 인해 그 저당권이 소멸하는 경우에는, 그 저당권 설정 당시를 기준으로 판단하여야 한다.** 제26회

3) '처분 등'으로 인해 토지 소유자와 건물 소유자가 달라질 것

토지소유권과 건물소유권이 변동되는 모든 것이 처분에 포함된다. 그러나 환지, **환매의 경우에는 관습법상의 법정지상권이 인정되지 않는다.** 제27회

4) 당사자 사이에 건물을 철거한다는 특약이 없을 것(임의규정)

① 대지상의 건물만을 매수하면서 대지에 관한 임대차계약을 체결하였다면 위 건물매수로 인하여 취득하게 될 관습법상의 법정지상권을 포기한 것이다.

② 토지와 건물의 소유자가 토지만을 타인에게 증여한 후 구 건물을 철거하되 건물을 다시 신축하기로 합의한 경우, 그 합의는 토지의 사용을 그만두고자 하는 합의로 볼 수 없으므로 관습상의 법정지상권이 인정된다.

③ 법률규정에 의한 물권취득이므로 등기는 요하지 않는다. 다만 처분을 하는 경우에는 등기가 필요하다(제187조).

5) 공유와 법정지상권

① 토지의 공유자 중의 1인이 공유토지 위에 건물을 소유하고 있다가 토지'지분'만을 '전매'하거나, 다른 공유자의 '지분 과반수'의 동의를 얻어 건물을 건축한 후 토지와 건물의 소유자가 달라진 경우에는 관습법상의 법정지상권이 인정되지 않는다. 그리고 공유자 일부의 '지분'만을 목적으로 하는 근저당권이 설정되었다가 경매로 인하여 그 지분을 제3자가 취득하게 된 경우에도 제366조의 법정지상권이 인정되지 않는다.

② 공유지상에 공유자의 1인 또는 수인 소유의 건물이 있을 경우 위 공유지의 '분할로 그 대지와 지상건물이 소유자를 달리하게 될 때에는 다른 특별한 사정이 없는 한 건물소유자는 관습상의 법정지상권을 취득한다.

③ **공유지상에 공유자의 1인 또는 수인 소유의 건물이 있을 경우 위 공유지의 소유자를 달리하게 될 때에는 다른 특별한 사정이 없는 한 건물소유자는 관습상의 법정지상권을 취득한다.** 제33회

④ **구분소유적 공유관계에서 乙이 매수하지 아니한 부분지상(즉 甲소유 토지)에 있는 乙 소유의 건물은 당초부터 건물과 토지의 소유자가 서로 다른 경우에 해당되어 그에 관하여는 관습상의 법정지상권이 성립될 여지가 없다.** 제29회

기출 ✎ 환매등기가 경료된 나대지에 건물이 신축된 후 환매권이 행사된 경우, 특별한 사정이 없는 한, 그 건물을 위한 관습상의 법정지상권은 발생하지 않는다. (○)

기출 ✎ 甲과 乙이 구분소유적으로 공유하는 토지 중 甲이 배타적으로 사용하는 특정 부분 위에 乙이 건물을 신축한 뒤, 대지의 분할등기가 이루어져 건물의 대지부분이 甲의 단독소유가 된 경우 관습상 법정지상권이 성립한다. (×)

⑤ 원고와 피고가 1필지의 대지를 공동으로 매수하여 같은 평수로 사실상 분할한 다음 각자 자기의 돈으로 자기 몫의 대지 위에 건물을 신축하여 점유하다가 원고가 그 후 이 사건 대지의 피고지분만을 경락취득한 경우, 피고는 원고에 대하여 관습상의 법정지상권을 취득하였다.

(2) 내 용

일반 지상권과 동일하다. 다만 지료는 당사자 간에 합의로 정하고, 합의가 되지 않으면 법원에 청구하여야 한다(제366조 단서 유추적용). 토지 소유자는 그 지료를 확정하는 재판이 있기 전에도 지료의 지급을 소구할 수 있다(대판 전합).

(3) 법정지상권의 성립 후 토지 또는 건물이 양도된 경우

1) 토지가 양도된 경우

관습상의 법정지상권은 법률규정에 의한 부동산물권의 취득이므로 토지소유자나 그 토지소유권을 전득한 제3자에 대하여 등기 없이도 그 지상권을 주장할 수 있다. 제28회

2) 건물이 양도된 경우

① 관습상 법정지상권이 붙은 건물을 양도한 경우, 특별한 사정이 없는 한 건물과 함께 법정지상권도 양도하기로 하는 계약이 있었다고 할 것이다. 그러나 **법정지상권에 관한 등기를 따로 경료하지 않는 한 건물의 소유권을 취득한 사실만 가지고는 법정지상권을 취득할 수 없다.** 제29회, 제30회 즉 그 법정지상권은 여전히 당초의 법정지상권자에게 유보되어 있다. 따라서 **양수인은 양도인을 대위하여 법정지상권의 설정등기 및 이전등기절차이행을 구할 수 있다.** 제29회 다만 **법정지상권이 있는 건물을 '경매'에 의해 취득한 경우에는 등기 없이도 법정지상권을 취득한다.** 제28회, 제29회

② 따라서 이러한 의무를 부담하는 **대지 소유자가 법정지상권을 가진 건물소유자로부터 건물을 양수하면서 법정지상권까지 양도받기로 한 자를 상대로 건물철거를 청구하는 것은 신의성실의 원칙상 허용될 수 없다.** 제28회

③ 다만 이러한 자도 그 **대지를 점유·사용함으로 인하여 얻은 이득은 부당이득으로서 토지 소유자에게 반환할 의무가 있다.** 제28회

[기출] 乙의 관습상의 법정지상권이 성립한 후, 토지소유자 甲이 丁에게 토지를 양도한 경우, 乙은 등기 없이는 丁에게는 관습상의 법정지상권을 주장할 수 없다. (×)

[기출]
• 법정지상권자로부터 건물을 양수하여 건물의 소유권이전등기를 경료한 자는 지상권의 이전등기가 없어도 법정지상권을 취득한다. (×)
• 관습상의 법정지상권이 붙은 건물을 경매에 의하여 소유권을 취득한 자는 특별한 사정이 없는 한 등기 없이도 관습상의 법정지상권을 취득한다. (○)

1 지역권의 의의

(1) 지역권은 일정한 목적을 위하여 타인의 토지를 자기의 토지의 편익에 이용하는 용익물권으로서 요역지와 승역지 사이의 권리관계에 터 잡은 것이므로 어느 토지에 대하여 **통행지역권을 주장하려면 그 토지의 통행으로 편익을 얻는 요역지가 있음을 주장·증명하여야 한다.** 제29회, 제31회, 제34회

(2) **자기 소유의 토지에 도로를 개설하여 타인에게 영구적으로 사용하도록 약정하고 대금을 수령하는 것은 지역권설정에 관한 합의이다.** 제29회

(3) **요역지는 반드시 1필의 토지이어야 하지만**(즉 토지의 일부를 위한 지역권은 인정되지 않는다), **승역지는 반드시 1필의 토지일 필요가 없고 토지의 일부라도 무방하다. 따라서 토지의 일부 위에도 지역권을 설정할 수 있다.**
제26회, 제30회, 제32회, 제33회

(4) 지역권은 유상이든 무상이든 상관이 없다.

> 기출 ✍ 승역지는 1필의 토지이어야 하지만, 요역지는 1필의 토지 일부라도 무방하다. (×)

2 지역권의 법적 성질

(1) **지역권의 부종성**(제292조)

> **제292조 【부종성】** ① 지역권은 요역지소유권에 부종하여 이전하며 또는 요역지에 대한 소유권 이외의 권리의 목적이 된다. 그러나 다른 약정이 있는 때에는 그 약정에 의한다.
> ② 지역권은 요역지와 분리하여 양도하거나 다른 권리의 목적으로 하지 못한다.

① **요역지의 소유권이 이전하면 지역권은 이전등기가 없이도 양수인에게 이전한다.** 제31회, 제33회, 제35회

② 그리고 **요역지에 대해서 지상권, 전세권, 임차권, 저당권 등을 취득하면 그 권리는 지역권에도 미친다.** 제30회 다만 이는 임의규정이므로 특약으로 이를 배제할 수 있다.

③ 그러나 **지역권은 요역지와 분리하여 이를 양도하거나 다른 권리(저당권)의 목적으로 하지 못한다.** 제26회~제29회, 제32회, 제34회, 제35회

> 기출 ✍
> • 요역지의 전세권자는 특별한 사정이 없으면 지역권을 행사할 수 있다. (○)
> • 지역권은 요역지와 분리하여 양도하거나 다른 권리의 목적으로 할 수 없다. (○)
> • 요역지와 분리하여 지역권만을 저당권의 목적으로 할 수 없다. (○)

(2) 지역권의 불가분성

> **제293조【공유관계, 일부양도와 불가분성】** ① 토지공유자의 1인은 지분에 관하여 그 토지를 위한 지역권 또는 그 토지가 부담한 지역권을 소멸하게 하지 못한다. 제27회, 제28회, 제33회, 제35회
> ② 토지의 분할이나 토지의 일부양도의 경우에는 지역권은 요역지의 각 부분을 위하여 또는 그 승역지의 각 부분에 존속한다. 그러나 지역권이 토지의 일부분에만 관한 것인 때에는 다른 부분에 대하여는 그러하지 아니하다.
> **제295조【취득과 불가분성】** ① 공유자의 1인이 지역권을 취득한 때에는 다른 공유자도 이를 취득한다. 제26회, 제30회, 제31회, 제34회, 제35회
> ② 점유로 인한 지역권취득기간의 중단은 지역권을 행사하는 모든 공유자에 대한 사유가 아니면 그 효력이 없다. 제31회
> **제296조【소멸시효의 중단, 정지와 불가분성】** 요역지가 수인의 공유인 경우에 그 1인에 의한 지역권소멸시효의 중단 또는 정지는 다른 공유자를 위하여 효력이 있다. 제28회

(3) 비배타적·공용적 성격

지역권은 다른 용익물권과는 달리 배타성이 없고, 지역권에 의하여 승역지 소유자의 용익권능이 전면적으로 배제되는 것은 아니다. 또한 하나의 승역지 위에 동일한 내용의 수개의 지역권이 설정될 수도 있다.

(4) 지역권의 존속기간

규정이 없다. 따라서 **영구무한의 지역권설정도 가능하다.** 제33회

③ 지역권의 취득

(1) **지역권은 계속되고 표현된 것에 한하여 시효취득을 할 수 있다.** 제27회, 제32회, 제34회, 제35회 다만 통행지역권을 시효취득하기 위해서는 반드시 시효취득을 주장하는 자가 통로를 개설해야 한다. 따라서 통로의 개설이 없이 일정한 장소를 오랜 시일 통행한 사실이 있다거나, 소유자가 통행을 묵인하여 온 사실이 있다는 사실만으로는 지역권을 시효취득할 수 없다.

(2) **토지의 소유자 외에 지상권자, 전세권자 등도 통행지역권을 시효취득할 수 있다.** 제28회 **다만 불법점유자는 지역권을 시효취득할 수 없다.** 제30회, 제34회

(3) 지역권을 시효취득하기 위해서는 반드시 '등기'를 하여야 한다. 따라서 지역권의 등기 전에 제3자에게 승역지의 소유권이 이전되면 제3자에게는 시효취득을 주장할 수 없다.

⑷ **통행지역권을 시효취득한 경우, 요역지 소유자는 특별한 사정이 없는 한 승역지 소유자가 입은 손해를 보상하여야 한다.** 제30회, 제31회

⑸ 지역권도 재산권이므로 상속에 의해서 취득할 수 있다.

4 지역권의 효력

⑴ **승역지에 수개의 용수지역권이 설정된 때에는 후순위 지역권자는 선순위 지역권자의 용수를 방해하지 못한다**(제297조 제2항). 제28회

⑵ **승역지 소유자는 지역권에 필요한 부분의 토지소유권을 지역권자에게 위기(委棄)하여 지역권의 부담을 면할 수 있다**(제299조). 제26회 이 경우 지역권은 혼동으로 소멸한다.

⑶ 승역지 소유자는 지역권의 행사를 방해하지 아니하는 범위 내에서 지역권자가 승역지에 설치한 공작물을 사용할 수 있다. 그리고 사용하는 경우, 그 수익정도의 비율로 설치·보존의 비용을 분담하여야 한다(제300조).

⑷ 지역권은 점유를 수반하지 않는 권리이므로 지역권의 침해나 침해의 우려가 있는 경우, **지역권에 기한 방해제거와 방예예방청구는 인정되나, 반환청구권은 인정되지 않는다.** 제26회, 제29회, 제31회~제33회

기출✎ 승역지에 관하여 통행지역권을 시효취득한 경우, 특별한 사정이 없는 한 요역지 소유자는 승역지 소유자에게 승역지의 사용으로 입은 손해를 보상해야 한다. (○)

기출✎ 요역지의 소유자는 지역권에 필요한 부분의 토지소유권을 지역권설정자에게 위기(委棄)하여 공작물의 설치나 수선의무의 부담을 면할 수 있다. (×)

전세권

1 전세금

> **제303조【전세권의 내용】** ① 전세권자는 전세금을 지급하고 타인의 부동산을 점유하여 그 부동산의 용도에 좇아 사용·수익하며, 그 부동산 전부에 대하여 후순위권리자 기타 채권자보다 전세금의 우선변제를 받을 권리가 있다.
> ② 농경지는 전세권의 목적으로 하지 못한다.

| 기출 / 전세금은 반드시 현실적으로 수수되어야만 하므로 기존의 채권으로 전세금의 지급에 갈음할 수 없다. (×)

(1) 전세금의 의의

전세금의 지급 없이는 전세권이 성립할 수 없으나 반드시 현실적으로 수수되어야만 하는 것은 아니고 기존의 채권으로 전세금의 지급에 갈음할 수 있다. 제27회, 제28회, 제31회, 제32회

(2) 전세금반환의무의 승계

전세권이 성립한 후 목적물의 소유권이 이전되는 경우, 새로운 소유자가 전세권설정자의 지위를 승계하고 구소유자는 전세권설정자의 지위를 상실한다. 따라서 **전세권이 소멸하면 새로운 소유자가 전세금반환의무를 부담하고, 구소유자는 전세금반환의무를 면한다.** 제30회, 제32회 즉 양수인이 전세금반환의무를 면책적으로 인수한다.

2 전세권의 취득과 존속기간 : 전세권설정계약과 등기, 전세금의 교부

(1) 전세권의 취득

① **전세권이 용익물권적 성격과 담보물권적 성격을 겸비하고 있다는 점** 제27회 **및 목적물의 인도는 전세권의 성립요건이 아닌 점** 제34회 **등에 비추어 볼 때, 당사자가 주로 채권담보의 목적으로 전세권을 설정하였고, 그 설정과 동시에 목적물을 인도하지 아니한 경우라 하더라도, 장차 전세권자가 목적물을 사용·수익하는 것을 완전히 배제하는 것이 아니라면, 그 전세권의 효력을 부인할 수는 없다.** 제27회, 제32회

기출 / 전세기간 중 건물의 소유권이 이전된 경우, 신구 소유자가 연대하여 전세금반환채무를 부담한다. (×)

기출 / 채권담보의 목적으로 전세권을 설정한 경우, 그 설정과 동시에 목적물을 인도하지 않았으나 장래 전세권자의 사용·수익을 완전히 배제하는 것이 아니라면, 그 전세권은 유효하다. (○)

② 그러나 **사용·수익 권능을 배제하고 채권담보만을 위해 전세권을 설정하였다면 이러한 전세권설정등기는 무효이다.** ^{제34회}

③ 전세권설정계약이 없음에도 불구하고 임대차보증금반환채권을 담보할 목적으로 임차인과 임대인 제3자 사이의 합의에 따라 제3자 명의로 전세권설정등기를 경료한 경우, 그 등기는 유효하다. ^{제27회} 가사 위 **전세권설정계약이 통정허위표시에 해당하여 무효라고 하더라도 위 전세권에 근저당권이 설정된 경우 근저당권자가 선의라면 그 근저당권자에 대해서는 무효를 주장할 수 없다.** ^{제26회, 제31회}

④ 나아가 **위 근저당권자가 악의라도 근저당권부 채권을 가압류 한 자가 선의라면 그 가압류 채권자에 대해서는 어느 누구도 통정허위표시의 무효를 주장할 수 없다.** ^{제35회}

⑤ 전세권이 용익물권적인 성격과 담보물권적인 성격을 모두 갖추고 있는 점에 비추어 **전세권 존속기간이 시작되기 전에 마친 전세권설정등기도 특별한 사정이 없는 한 유효한 것으로 추정된다.** ^{제29회, 제31회}

(2) 전세권의 존속기간

> **제312조【전세권의 존속기간】** ① 전세권의 존속기간은 10년을 넘지 못한다. 당사자의 약정기간이 10년을 넘는 때에는 이를 10년으로 단축한다.
> ② 건물에 대한 전세권의 존속기간을 1년 미만으로 정한 때에는 이를 1년으로 한다.
> ③ 전세권의 설정은 이를 갱신할 수 있다. 그 기간은 갱신한 날로부터 10년을 넘지 못한다. ^{제33회}
> ④ 건물의 전세권설정자가 전세권의 존속기간 만료 전 6월부터 1월까지 사이에 전세권자에 대하여 갱신거절의 통지 또는 조건을 변경하지 아니하면 갱신하지 아니한다는 뜻의 통지를 하지 아니한 경우에는 그 기간이 만료된 때에 전전세권과 동일한 조건으로 다시 전세권을 설정한 것으로 본다. 이 경우 전세권의 존속기간은 그 정함이 없는 것으로 본다.

① **최장기간의 제한**

전세권의 존속기간은 10년을 넘지 못한다. 당사자의 약정기간이 10년을 넘는 때에는 이를 10년으로 단축한다. ^{제31회, 제33회}

② **최단기간의 보장**

건물전세권의 최단기간은 1년이 보장된다. 즉 **토지는 1년 미만으로 설정할 수도 있다.** ^{제33회}

기출 ∥ 전세권의 사용·수익 권능을 배제하고 채권담보만을 위해 전세권을 설정하는 것은 허용된다. (×)

기출 ∥ 합의한 전세권 존속기간이 시작되기 전에 전세권자 乙 앞으로 전세권설정등기가 마쳐진 경우, 그 등기는 특별한 사정이 없는 한 무효로 추정된다.

(×)

③ **법정갱신**(제312조 제4항)

토지전세권은 법정갱신이 인정되지 않는다. ^{제33회} 그리고 **건물전세권이 법정갱신되면** 전세권의 내용은 기존의 전세권과 동일하나, **기간은 그 정함이 없는 것으로 본다.** ^{제26회, 제30회} 나아가 전세권의 법정갱신은 법률규정에 의한 물권의 변동이므로 전세권자는 그 등기가 없어도 전세권설정자나 그 목적물을 취득한 제3자에게 대항할 수 있다. ^{제28회, 제31회, 제32회, 제34회}

④ **전세권의 존속기간을 정하지 않은 경우**(제313조)

전세권의 존속기간을 정하지 않은 경우, **각 당사자는 언제든지 소멸통고를 할 수 있고,** 소멸통고 후 6월이 지나면 전세권은 소멸한다. ^{제28회}

3 전세권의 효력

(1) 전세권의 효력이 미치는 범위

1) 건물전세권의 지상권 · 임차권에 대한 효력(제304조)

① **타인의 토지 위에 있는 건물에 전세권을 설정한 때에는 전세권의 효력은 그 건물의 소유를 목적으로 한 지상권 또는 토지임차권에 미친다.** ^{제31회, 제34회} 따라서 **전세권설정자는 전세권자의 동의 없이 지상권 또는 토지임차권을 소멸하게 하는 행위를 하지 못한다.** ^{제35회}

② 다만 건물전세권설정자인 지상권자가 지료를 지급하지 않아 지상권소멸청구의 요건을 충족한 경우에는 지상권설정자는 전세권자의 동의가 없어도 지상권소멸을 청구할 수 있다.

2) 법정지상권(제305조)

대지와 건물이 동일한 소유자에 속한 경우에 건물에 전세권을 설정한 때에는 그 대지소유권의 특별승계인은 전세권설정자(전세권자가 아님)에 대하여 지상권을 설정한 것으로 본다. ^{제35회} 그러나 지료는 당사자의 청구에 의하여 법원이 이를 정한다.

(2) 전세권자의 권리 · 의무

1) 전세권자의 목적부동산 사용 · 수익권(제311조)

전세권자는 설정행위나 목적부동산의 성질에 의하여 정해진 용도에 좇아 목적물을 사용 · 수익할 의무가 있으며 이에 위반할 경우 전세권설정자는 전세권의 소멸을 청구할 수 있다.

2) 목적물의 유지 · 수선의무

전세권자는 목적물의 현상을 유지하고 그 통상의 관리에 속한 수선을 하여야 한다. 제34회 전세권자가 수선의무를 부담하기 때문에 **필요비상환청구권은 인정되지 않는다.** 제26회, 제30회, 제35회 **유익비상환청구권은 인정된다**(제310조). 제30회

3) 물권적 청구권과 상린관계 규정의 준용(제319조)

① **3자가 불법 점유하는 건물에 대해 용익목적으로 전세권을 취득한 자는 제3자를 상대로 건물의 인도를 청구할 수 있다.** 제26회

② 전세권이 설정된 토지 위에 제3자가 무단으로 건물을 신축한 경우, 토지소유자가 아닌 전세권자도 건물의 철거를 청구할 수 있다.

③ 전세권이 침해된 경우 전세권자는 점유보호청구권을 행사할 수도 있다(제208조).

(3) 전세권의 처분

1) 처분의 자유(제306조)

설정행위로 전세권의 양도 또는 전전세, 임대 등을 금지할 수 있으며 이를 등기하면 제3자에게도 대항할 수 있으나, 설정행위로 이를 금지하지 않는 한 전세권자는 소유자의 의사에 반해서도 자유로이 처분할 수 있다.

2) 전세권의 양도 · 담보제공

① 전세권의 양도

㉠ 전세권을 양도하면 전세권의 양수인은 전세권설정자에 대하여 전세권의 양도인과 동일한 권리 · 의무가 있다(제307조). 따라서 전세권자가 전세권설정자의 동의 없이 전세권을 양도한 경우라도 전세권설정자는 전세권의 양수인에게 전세금의 반환의무를 진다.

㉡ 전세권이 담보물권적 성격도 가지는 이상 전세권이 존속하는 동안은 전세권을 존속시키기로 하면서 전세금반환채권만을 전세권과 분리하여 확정적으로 양도하는 것은 허용되지 않는다. 다만 장래에 그 전세권이 소멸하는 경우에 전세금 반환채권이 발생하는 것을 조건으로 그 장래의 조건부 채권은 양도할 수 있다.

㉢ **전세권의 존속기간이 만료되거나 합의해지된 경우라면 전세권의 용익물권적 권능은 소멸한다**(담보물권적 권능은 존속한다). **이러한 경우라면 전세금반환채권만의 양도가 가능하다.** 제30회 이 경우 채권양수인은 무담보의 채권을 취득하고 전세권의 담보물권적 권능도 소멸한다.

② 담보제공

㉠ **전세권이 기간만료된 경우 전세권의 용익물권적 권능은 전세권설정등기의 말소등기 없이도 당연히 소멸하고,** 제28회 저당권의 목적물인 전세권이 소멸하면 저당권도 당연히 소멸하므로 전세권을 목적으로 한 저당권자는 더 이상 전세권 자체에 대해 저당권을 실행할 수 없다.

㉡ 전세권에 저당권이 설정된 경우에도 전세권이 기간만료로 소멸되면 전세권설정자는 전세금반환채권에 대한 제3자의 압류 등이 없는 한 전세권자에 대하여만 전세금반환의무를 부담한다.

㉢ 이 경우 **저당권자는 물상대위권을 행사하여 전세권자에 대한 일반채권자보다 우선변제를 받을 수 있다.** 제27회

3) 전전세

① 전세권은 처분의 자유가 있으므로 **원전세권자가 소유자의 동의 없이 전전세를 하더라도 원전세권은 소멸하지 않는다.** 제26회

② 전전세권의 존속기간은 원전세권의 존속기간 내이어야 하고, 전전세금은 원전세금의 한도를 넘지 못한다.

③ 원전세권자가 전전세금의 반환을 지체하면 전전세권자는 목적부동산을 경매할 수 있다. 그러나 **전전세권자가 경매를 신청하려면 원전세권의 존속기간도 만료하고, 또한 원전세권설정자가 원전세권자에게 전세금의 반환을 지체하고 있는 경우라야 한다.** 제26회

④ **전세권의 목적물을 전전세 또는 임대한 경우에는 전세권자는 전전세 또는 임대하지 아니하였으면 면할 수 있는 불가항력으로 인한 손해에 대하여도 그 책임을 부담한다**(제308조). 제35회

4 전세권의 소멸

(1) 전세권의 소멸사유

① 목적부동산의 멸실(제314조, 제315조)

전세권자의 귀책사유 유무를 불문하고 전세목적물이 전부 멸실되면 전세권은 당연히 소멸한다. 일부가 멸실된 경우에도 그 멸실된 부분의 전세권은 소멸하고, 전세금도 (당연) 감액된다. 즉 임차권과 달리 감액청구가 필요 없다.

② 전세권의 포기

전세권이 저당권의 목적으로 되어 있는 경우에는 저당권자의 동의를 얻어야 포기할 수 있다(제371조 제2항). 또한 포기의 의사표시 외에 전세권 등기의 말소가 있어야 한다. 전세권을 포기한다고 해서 당연히 전세금반환청구권까지 포기한 것으로 볼 수는 없다.

(2) 전세권 소멸의 효과

1) 동시이행(제317조) 제29회, 제35회

전세권자는 그 목적물의 인도 및 전세권설정등기의 말소등기에 필요한 서류를 교부하여야 하고, 전세권설정자는 전세금을 반환하여야 한다. 따라서 전세권자가 전세 목적물만 반환하고 전세권등기말소서류를 제공하지 않는 경우에는 전세권설정자는 전세금의 반환을 거부할 수 있으며, 전세금의 법정이자에 대한 부당이득반환의무도 없다.

2) 전세권자의 우선변제권(제318조)

① 전세권자가 전세목적물에 대한 경매를 청구하려면 우선 전세권설정자에 대하여 전세목적물의 인도의무 및 전세권설정등기말소의무의 이행제공을 완료하여 전세권설정자를 이행지체에 빠뜨려야 한다.

② **건물 일부의 전세권자는** 그 건물 전부에 대하여 후순위권리자 기타 채권자보다 전세금의 우선변제를 받을 권리가 있으나, **전세권의 목적물이 아닌 나머지 건물부분에 대해서는 경매신청권은 없다.** 제27회, 제30회, 제32회 그 전세권의 목적이 된 부분이 구조상·이용상의 독립성이 없어 독립한 소유권의 객체로 분할할 수 없고 따라서 그 부분만의 경매신청이 불가능하다고 하더라도 마찬가지이다.

기출

• 주택 일부의 전세권자 甲은 주택 전부에 대하여 후순위권리자보다 전세금의 우선변제를 받을 권리가 있다. (○)

• 건물 일부에 전세권이 설정된 경우, 전세권자는 건물 전부에 대하여 전세권에 기한 경매를 청구할 수 있다. (×)

3) 부속물수거권과 매수청구권(제316조)

① **부속물수거권**

전세권이 소멸한 때에는 전세권자는 그 목적물을 원상회복하여야 하며 그 목적물에 부속시킨 물건은 수거할 수 있다.

② **부속물매수청구권**(제316조)

  ㉠ 전세권설정자의 매수청구권

전세권의 목적부동산에 부속시킨 물건에 대하여 전세권설정자가 매수를 청구한 때에는 전세권자는 정당한 이유 없이 이를 거절하지 못한다.

  ㉡ 건물전세권자의 부속물매수청구권 제30회

부속물이 전세권설정자의 동의를 얻어 부속시킨 것이거나 전세권설정자로부터 매수한 경우에는 전세권자는 전세권설정자에게 그 부속물의 매수를 청구할 수 있다.

  ㉢ 토지전세권자의 지상물매수청구권

토지 전세권의 존속기간이 만료한 때에 건물, 수목 기타 지상시설이 현존하면 전세권자는 전세권설정자에게 지상물매수청구권을 행사할 수 있다.

제33회 명문규정은 없으나 판례가 토지 임차인의 지상물매수청구권 규정(제643조)을 유추적용하여 이를 인정하고 있다.

Chapter 09 담보물권의 통유성

1 부종성

(1) 피담보채권이 존재하지 않으면 담보물권도 존재할 수 없고, **피담보채권이 소멸하면 담보물권(등기를 말소하지 않아도)도 소멸하는 성질이다**(제369조). 제26회, 제28회, 제34회 법정담보물권인 유치권에는 부종성이 엄격하게 유지되나, 약정담보물권인 저당권은 부종성이 완화된다(근저당).

기출 채무자가 이행기에 피담보채무를 변제하면 저당권은 말소등기를 하지 않아도 소멸한다. (○)

(2) 저당권의 피담보채권이 소멸된 후 그 말소등기가 마쳐지기 전에 저당권부 채권을 가압류하고 압류 및 전부명령을 받아야 저당권이전의 부기등기를 경료한 자라 할지라고, 그 가압류 이전에 그 저당권의 피담보채권이 소멸된 이상 그 저당권을 취득할 수 없다. 피담보채권 소멸된 후 저당권 등기명의자로부터 (소멸된) 채권을 양도받고 저당권 이전의 부기등기를 마친 자도 마찬가지이다.

2 수반성

(1) 피담보채권이 이전하면 담보물권도 따라서 이전하는 성질이다. 즉 피담보채권이 이전되면 특별한 사정이 없는 한 저당권도 같이 이전한다. 물론 부기등기를 해야 한다. 다만 절대적인 성질은 아니므로 채권양도 계약의 당사자가 저당권 없이 채권만을 양도·양수할 수도 있다. 이 경우에 채권양수인은 무담보의 일반채권을 양수한 것이고, 채권과 분리된 저당권은 소멸한다.

(2) 반대로 **저당권은 그 담보한 채권과 분리하여 타인에게 양도하거나 다른 채권의 담보로 하지 못한다**(제361조). 제26회, 제28회~제30회, 제34회

기출 저당권은 그 담보한 채권과 분리하여 타인에게 양도할 수 있다. (×)

(3) 저당권의 양도시 그 이전의 물권적 합의는 저당권의 양도인과 양수인 사이에만 있으면 족하다. 그 외에 채무자나 물상보증인 사이에까지 합의가 있어야 하는 것은 아니다.

3 불가분성

피담보채권의 전부에 대한 변제가 있기 전까지 목적물의 전부 위에 담보물권의 효력이 미치는 성질이다.

4 물상대위성

(1) 물상대위의 의의

담보물권도 '물권'이므로 물건이 멸실되면 담보물권도 소멸한다. 그러나 담보 목적물의 소멸(멸실·훼손·공용징수 등)로 인하여 소유자가 다른 권리나 물건 (화재보험금, 손해배상청구권, 토지수용보상금)을 취득하는 경우, 이러한 다른 권리나 물건에 담보물권의 효력이 미치는 성질을 물상대위라고 한다.

(2) 물상대위가 인정되는 물권

물상대위는 담보물권자의 우선변제권을 보호하기 위한 제도이다. 따라서 모든 담보물권(**저당권**, 질권, 전세권, 가등기담보권, **양도담보권**)에는 **물상대위가 인정되는 것이 원칙이다.** 다만 **유치권은 우선변제권이 인정되지 않으므로 물상대위가 인정되지 않는다.** 제31회

(3) 물상대위권의 행사방법

① 물상대위권을 행사하려면 담보권설정자가 금전 또는 물건을 지급 또는 인도 받기 전에 반드시 압류를 해야 한다. 담보권설정자가 금전 또는 물건을 지급 또는 인도받은 경우에는 담보권자가 압류를 하더라도 물상대위가 인정될 여지가 없다. 제27회 **압류는 반드시 담보권자가 할 필요는 없고 제3자(일반채권자)가 해도 상관없다.** 제27회, 제32회 일반채권자가 압류를 해도 담보권자가 우선변제를 받는다.

② 다만 담보권자가 물상대위를 행사하지 않는 한 담보권 등기가 된 사실만으로는 우선변제를 받을 수 없으므로 일반채권자가 그 보상금을 지급받았다 하더라도 부당이득반환을 청구할 수 없다.

(4) 물상대위의 대상

저당목적물이 매각되거나 임대차가 된 경우에는 저당권을 행사하는데 아무런 문제가 없으므로 **매각대금**이나 차임에 **대해서는 물상대위가 인정될 수 없다.** 제30회 따라서 **저당권이 설정된 토지가 공익사업을 위한 토지 등의 취득 및 보상에 관한 법률에 따라 협의취득된 경우, 저당권자는 토지소유자가 수령할 보상금에 대하여 물상대위를 할 수 없다.** 제26회, 제27회, 제32회 (강제)수용과 달리 협의취득은 그 실질이 매매이기 때문이다.

기출 ✍
- 양도담보권자 甲은 양도담보의 목적물인 X건물의 화재로 양도담보권설정자 乙이 취득한 화재보험금청구권에 대하여 물상대위권을 행사할 수 없다. (✕)
- 저당권자 甲은 저당의 목적물인 Y건물의 소실로 인하여 저당권설정자 乙이 취득한 화재보험금청구권에 대하여 물상대위권을 행사할 수 있다. (○)

기출 ✍
- 저당권설정자에게 대위할 물건이 인도된 후에 저당권자가 그 물건을 압류한 경우 물상대위권을 행사할 수 있다. (✕)
- 물상대위권의 행사를 위한 압류는 그 권리를 행사하는 저당권자에 의해서만 가능하다. (✕)

기출 ✍ 저당권이 설정된 토지가 공익사업을 위한 토지 등의 취득 및 보상에 관한 법률에 따라 협의취득된 경우, 저당권자는 토지소유자가 수령할 보상금에 대하여 물상대위를 할 수 없다. (○)

유치권

01 유치권의 성립요건(제320조)

> **제320조【유치권의 내용】** ① 타인의 물건 또는 유가증권을 점유한 자는 그 물건이나 유가증권에 관하여 생긴 채권이 변제기에 있는 경우에는 변제를 받을 때까지 그 물건 또는 유가증권을 유치할 권리가 있다.
> ② 전항의 규정은 그 점유가 불법행위로 인한 경우에 적용하지 아니한다.

1 유치의 목적물

(1) 타인의 물건 또는 유가증권

① 부동산(등기 불요)의 일부에 대해서도 유치권은 성립한다.

② **건축공사 수급인이 정착물을 토지에 설치한 상태에서 공사가 중단된 경우, 정착물은 독립한 물건이 아니므로 정착물에 대해서는 유치권을 주장할 수 없고, 비용은 정착물에 투입한 것이지 토지에 투입한 것이 아니므로, 즉 토지에 대해서는 견련성이 없으므로 토지에 대해서도 유치권을 주장할 수 없다.**
제34회, 제35회

> 기출 ✎ 건물신축공사를 도급받은 수급인이 사회통념상 독립한 건물이 되지 못한 정착물을 토지에 설치한 상태에서 공사가 중단된 경우, 그 토지에 대해 유치권을 행사할 수 없다. (○)

(2) 타인의 소유

유치목적물은 채무자의 소유가 아니고 제3자 소유라도 무방하다. 다만 **자기의 소유물에 대해서는 유치권이 성립하지 않는다.** 제30회 따라서 소유권 귀속에 관한 특약이 없이 **수급인의 재료와 노력으로 건축한 건물은 수급인의 소유이므로 공사대금에 대하여 유치권이 성립하지 않는다.** 제27회

> 기출 ✎ 甲이 건물의 수급인으로서 소유권을 갖는다면, 甲의 유치권은 인정되지 않는다. (○)

2 채권과 목적물과의 견련관계

(1) 견련관계의 의미

1) 채권이 목적물에 '관하여 생긴' 것일 것

① 채권이 목적물 자체로부터 생긴 경우: 아래 판례 정리 참조

② **채권이 목적물의 반환청구권과 동일한 법률관계나 사실관계로부터 생긴 경우**

매매계약의 취소로 생긴 대금반환청구권과 목적물의 반환의무는 취소라는 동일한 법률관계로부터 발생한 것이기 때문에 견련관계가 인정된다.

2) 채권과 목적물의 '점유'와의 견련관계는 필요 없다. 따라서 목적물을 점유하기 이전에 그 목적물에 관련되는 채권이 발생하고 그 후 어떤 사정으로 그 목적물의 점유를 취득한 경우나 **먼저 목적물을 점유하고 나중에 채권이 성립한 경우에도 유치권은 성립한다.** 제26회

⑵ **견련관계 유무에 관한 판례의 태도**

1) **견련관계가 인정되는 경우**

① **비용(필요비, 유익비)상환청구권(비용상환채무의 불이행으로 인한 손해배상청구권도 포함)** 제27회

② **건물의 공사를 한 수급인의 그 건물에 관한 공사대금 채권**

③ **물건의 수선료(수리비) 채권**

④ **목적물 자체로부터 발생한 손해배상청구권** 제32회

2) **견련관계가 부정되는 경우**

① **임차인의 보증금반환청구권** 제27회, 제32회, 제35회

② **임차인의 권리금반환청구권** 제27회, 제31회, 제32회, 제35회

③ **임차인의 부속물(지상물)매수청구권**

④ **사람의 배신행위(채무불이행)로 인한 손해배상청구권**

임대인이 건물시설을 하지 않아 임차인이 건물을 임차목적대로 사용하지 못하여 입은 손해배상청구권이나 매도인의 이중매매로 인해 제1매수인이 매도인에 대해서 갖는 손해배상청구권 등은 유치권의 피담보채권이 될 수 없다.

⑤ **명의신탁자의 명의수탁자에 대한 부당이득반환청구권** 제29회

⑥ 매매대금채권(건축공사자재대금채권)

3 채권의 변제기의 도래

⑴ 유치권은 피담보채권의 변제기가 도달한 경우에만 성립한다. 제30회, 제34회

⑵ 따라서 **유익비 상환청구에 대해서 법원이 상당한 상환기간을 허여한 경우에는 유치권이 소멸한다.** 제26회

기출 ✍ 임대인의 필요비상환채무의 불이행으로 인한 임차인의 손해배상청구권은 유치권의 피담보채권이 될 수 있다. (○)

기출 ✍ 가축이 타인의 농작물을 먹어 발생한 손해에 관한 배상청구권에 기해 그 타인이 그 가축에 대한 유치권을 주장하는 경우, 견련성이 인정된다. (○)

기출 ✍
• 임차인의 보증금반환청구권은 유치권의 피담보채권이 될 수 없다. (○)
• 계약명의신탁의 신탁자는 매매대금 상당의 부당이득반환청구권을 피담보채권으로 하여, 자신이 점유하는 신탁부동산에 대해 유치권을 행사할 수 있다. (×)
• 임차인 乙이 丙에게 건축자재에 대한 외상대금을 지급하지 않으면 丙은 임차건물에 대해 유치권을 행사할 수 있다. (×)

기출 ✍ 임대차종료 후 법원이 임차인의 유익비상환청구권에 유예기간을 인정한 경우, 임차인은 그 기간 내에는 유익비상환청구권을 담보하기 위해 임차목적물을 유치할 수 없다. (○)

4 물건의 점유

(1) 점유의 계속

① 점유는 유치권의 성립요건이자 존속요건이다. ^{제28회} **또한 유치권자의 점유는 직접점유든 간접점유든 상관이 없다.** ^{제30회, 제31회} **다만 채무자에게 직접점유를 하게 하고 채권자가 간접점유하는 경우에는 유치권은 소멸한다.**

제26회, 제27회, 제33회

② 또한 유치권자가 유치목적물을 임대차한 후 임대차계약이 종료된 이후에도 직접점유자가 목적물을 반환하지 않고 있는 경우, 유치권자인 간접점유자의 반환청구권이 소멸한 것이 아니므로, 즉 점유매개관계가 단절된 것이 아니므로 유치권은 소멸하지 않는다.

(2) 적법한 점유(제320조 제2항)

① **불법점유에 의해서는 유치권이 성립하지 않는다.** ^{제30회} 따라서 임대차나 전세권이 종료한 후에 건물을 계속 점유한 자(유치권이나 동시이행의 항변권이 있는 경우에는 불법점유가 아니다)가 그 건물에 대해 비용을 지출한 경우라도 유치권은 성립하지 않는다.

② 또한 타인의 토지에 무단으로 건축된 건물에 대해서 유치권을 취득한 자는 건물 자체가 불법이므로 토지소유자에 대해서는 유치권을 주장할 수 없다.

③ 점유자는 적법한 권리가 있는 것으로 추정되므로(제200조) **유치권자가 스스로 적법한 점유임을 증명할 필요는 없고, 유치권의 성립을 부정하는 채무자가 채권자의 점유가 불법점유임을 증명하여야 한다.** ^{제27회}

5 유치권을 배제하는 특약의 부존재

(1) 유치권은 임의규정이므로 당사자 사이에 유치권을 배제하는 특약은 유효하다.

^{제30회, 제34회} 즉 **임차인**의 비용상환청구권(제626조)은 임의규정이므로 임차인은 이를 미리 포기할 수 있고(원상복구 내지 회복), **비용상환청구권을 포기한 경우에는 피담보채권이 존재하지 않으므로 유치권은 성립할 수 없다.** ^{제27회}

(2) 유치권포기특약이 있는 경우, 제3자도 특약의 효력을 주장할 수 있다. ^{제31회}

[기출]
• 점유의 상실은 유치권 소멸사유이다. (○)
• 채권자가 채무자를 직접점유자로 하여 간접점유하는 경우에도 유치권은 성립할 수 있다. (×)

[기출] 원상회복약정이 있는 경우, 임차인의 유익비상환청구권은 유치권의 피담보채권이 될 수 없다. (○)

[기출] 유치권자와 유치물의 소유자 사이에 유치권을 포기하기로 특약한 경우, 제3자는 특약의 효력을 주장할 수 없다. (×)

02 유치권의 효력

1 유치권자의 권리

(1) 목적물을 유치할 권리

1) 유치권자는 유치목적물의 인도를 거절할 수 있다. 또한 유치권자로부터 목적물의 보관을 위탁받은 자도 소유자의 소유물반환청구를 거절할 수 있다.

2) **유치권의 불가분성**(제321조)

① 유치권의 불가분성은 그 목적물이 분할 가능하거나 수개의 물건인 경우에도 적용된다. 따라서 **다세대주택에 창호공사를 한 수급인이 다세대주택 중 한 세대를 점유하여 유치권을 행사하는 경우, 그 유치권은 그 한 세대 뿐만 아니라 다세대주택 전체에 대하여 시행한 공사대금채권 전부를 담보한다.** 제28회

② 다만 **다른 세대에 대해서는 유치권은 성립하지 않으므로 다른 세대에 대한 유치권에 기한 경매신청권은 인정되지 않는다.** 제28회

3) **인도거절의 상대방**

① **유치권자는 채무자는 물론이고 목적물의 양수인, 유치권 보다 먼저 성립된 저당권 실행에 의한 경락인에 대해서도 유치권을 주장할 수 있다. 나아가 가압류 등기나 체납처분압류등기가 되어 있는 경우에도 유치권을 주장하여 유치목적물의 인도를 거절할 수 있다.** 제29회

② 그러나 채무자 소유의 부동산에 강제경매개시결정의 기입등기가 경료되어 **압류의 효력이 발생한 이후에** 채무자가 위 부동산에 관한 공사대금 채권자에게 그 점유를 이전하여 **유치권을 취득하게 한 경우, 점유자로서는 위 유치권을 내세워 그 부동산 경매절차의 매수인에게 대항할 수 없다.** 제27회, 제29회

③ 또한 수급인이 경매개시결정의 기입등기가 마쳐지기 전에 채무자에게서 건물의 점유를 이전받았다 하더라도 경매개시결정의 기입등기가 마쳐져 **압류의 효력이 발생한 후에** 공사를 완공하여 공사대금채권을 취득함으로써 그때 비로소 **유치권이 성립한 경우에는, 수급인은 유치권을 내세워 경매절차의 매수인에게 대항할 수 없다.** 제29회

기출

- 후순위저당권자의 경매신청으로 유치권보다 선순위 저당권이 소멸하는 경우에는 유치권도 소멸한다. (×)
- X건물에 압류의 효력이 발생하기 전에 甲이 유치권을 취득한 경우, 乙의 가압류등기가 甲의 유치권보다 먼저 마쳐진 경우에도 甲은 X건물을 경락받은 丙에 대하여 유치권을 행사할 수 있다. (○)

기출 X건물에 압류의 효력이 발생한 후에 X건물에 관한 甲의 피담보채권의 변제기가 도래한 경우, 甲은 X건물을 경락받은 丙에 대하여 유치권을 행사할 수 있다. (×)

(2) **경매권과 우선변제권**

① **유치권자도 경매를 청구할 수 있다**(제322조 제1항). 제31회, 제33회, 제34회 이는 우선변제를 받기 위한 경매가 아니라 환가를 위한 경매이다. 다만 유치권자가 스스로 경매를 신청하여 경락이 되면 유치권은 소멸한다.

② **유치권자는 우선변제를 받을 권리는 없다**. 제28회, 제35회 따라서 경락인에 대해서도 목적물의 인도를 거절할 수는 있으나 변제를 청구할 수는 없다.

(3) **간이변제충당권**(제322조 제2항)

(4) **과실수취권**(제323조)

유치권은 담보물권이므로 사용·수익을 위한 과실수취권은 인정되지 않지만, 우선변제를 받기 위한 과실수취권은 인정된다. 즉 **유치권자는 유치물의 과실을 수취하여 다른 채권자보다 먼저 그 채권의 변제에 충당할 수 있다**. 제33회 예를 들어 유치권자는 소유자의 동의를 얻어 유치목적물을 임대하여 그 차임을 다른 채권자보다 먼저 그 채권의 변제에 충당할 수 있다.

(5) **비용상환청구권**(제325조) 제33회

유치권자가 유치물에 비용을 지출한 때에는 소유자에게 그 상환을 청구할 수 있고, 이 비용상환청구권을 피담보채권으로 다시 유치권을 행사할 수도 있다. 그러나 유익비에 대해서 법원이 상당한 상환기간을 허여하면 유치권은 소멸한다.

(6) **유치권자에게 인정되지 않는 권리**

우선변제권(물상대위), 유치권에 기한 반환청구권(물청), 타담보제공요구권 등은 유치권자에게 인정되지 않는다.

(7) **유치권 행사의 효과 : 상환이행판결**

채무자의 목적물반환청구소송에 대하여 피고의 유치권항변이 인정되면 동시이행의 항변권과 마찬가지로 상환이행(급부)판결을 한다(일부승소·일부패소 판결).

2 유치권자의 의무(제324조)

(1) 유치권자는 선량한 관리자의 주의의무로 유치물을 점유하여야 하고, ^{제34회} **채무자의 승낙 없이 유치물을 사용·대여 또는 담보제공을 하지 못한다.** ^{제33회} 따라서 **소유자의 승낙 없이 유치권자가 유치물을 임대차한 경우, 임차인은 소유자나 경락인에 대하여 임대차의 효력을 주장할 수 없다.** ^{제28회}

(2) **유치권자가 이 의무를 위반한 때에는 채무자는 유치권의 소멸을 청구할 수 있다** (형성권). ^{제27회, 제28회} 즉 유치권자가 선관주의의무를 위반한 경우에도 채무자의 유치권소멸청구가 없으면 유치권은 소멸하지 않는다.

(3) 하나의 채권을 피담보채권으로 하여 여러 필지의 토지에 대하여 유치권을 취득한 유치권자가 그중 일부 필지의 토지에 대하여 선관주의의무를 위반한 경우, 위반행위가 있었던 필지의 토지에 대하여만 유치권 소멸청구가 가능하다.

(4) 그러나 **보존에 필요한 사용은 채무자의 승낙이 필요 없다.** ^{제26회} 즉 **공사대금채권에 기하여 유치권을 행사하는 자가 그 건물에 거주하는 것은 보존행위이므로 유치권자는 채무자의 승낙이 없어도 그 건물에 거주·사용할 수 있다.** ^{제35회} 즉 이는 적법한 행위이므로 유치권자는 불법행위에 따른 손해배상책임은 지지 않는다. 다만 그 차임 상당의 이득은 부당이득으로 반환해야 한다.

▨03 유치권의 소멸

1 일반적 소멸사유

유치목적물의 멸실, 유치권의 포기, 혼동, 피담보채권의 소멸, 채무자나 소유자의 변제 **등의 사유가 있으면 유치권은 소멸한다.** 그러나 소유자의 목적물 양도나 제3자에게의 유치목적물의 보관은 **유치권 소멸사유가 아니다.** ^{제28회}

2 피담보채권의 소멸시효

유치권자가 목적물을 유치하는 것은 유치권의 행사이지 모권(母權)인 피담보채권의 행사로 볼 수는 없다. 따라서 **유치권자가 유치권을 행사하고 있는 중에도 피담보채권의 소멸시효는 진행한다**(제326조). 제35회

3 유치권에 특유한 소멸사유

(1) 타담보제공과 유치권 소멸청구(제327조)

타담보제공과 유치권 소멸청구는 채무자의 권리이지 유치권자의 권리가 아니다. 제31회 즉 유치권자가 타담보제공을 요청할 수 있는 것은 아니다.

(2) 점유의 상실(제328조)

유치권은 점유를 본체로 하므로 점유를 상실하면 유치권도 소멸한다. 다만 **유치권자가 점유침탈을 당했으나, 점유권에 기한 반환청구권에 의해 점유를 회복한 경우에는 유치권은 소멸하지 않았던 것으로 된다**(제204조, 제192조). 제27회 따라서 점유물반환청구의 소에서 승소하였다 하더라도 아직 점유를 회복하지 않았다면 유치권은 되살아나지 않는다.

기출 제3자 丙이 유치 목적물인 건물의 점유를 침탈하였더라도 甲이 점유물반환청구권을 행사하여 점유를 회복하면, 甲의 유치권은 되살아난다. (○)

저당권

01 저당권의 성립

1 저당권설정계약과 객체

(1) 저당권설정자는 채무자에 한하지 않고 제3자(물상보증인)도 될 수 있으나, [제35회] 저당권자는 원칙적으로 채권자에 한한다. 즉 甲에 대해서 乙이 채권을 가지고 있는데, 저당권 등기는 丙 앞으로 경료된 경우 이 등기는 무효이다. [제31회]

(2) 다만 채권자와 채무자 제3자 간의 합의가 있고, 채권이 제3자에게 귀속되었다고 볼 수 있는 특별한 사정이 있는 경우에는 제3자 명의의 저당권등기도 유효하다. 나아가 묵시적으로 채권자(주식회사)와 제3자(주식회사 대표이사)가 불가분적 채권자의 관계에 있다고 볼 수 있는 경우에는, 그 제3자 명의의 저당권등기도 유효하다.

(3) 저당권설정행위는 처분행위이므로 처분의 권리 또는 권한을 가진 자만이 저당권을 설정할 수 있다. 따라서 가압류가 된 부동산에 저당권을 설정한 경우에는 저당권자는 가압류채권자에 우선해서 변제를 받을 수는 없고 평등(안분)배당을 받는다.

(4) 부동산과 **지상권, 전세권**(제371조)**이 객체**이다. [제28회], [제34회] 다만 **부동산의 일부에 대해서는 분필등기가 되기 전에는 저당권이 설정될 수 없다**(일물일권주의). [제33회] 나아가 입목이나 의제부동산, 즉 등기된 선박, 자동차, 중장비, 항공기, 건설기계 등도 저당권의 객체가 된다.

(5) **법정저당권도 인정된다**(제649). [제35회]

2 피담보채권

(1) 피담보채권에는 아무런 제한도 없다. 즉 금전채권인 경우가 보통이지만 비금전채권의 경우에도 저당권을 설정할 수 있다(일의 완성의무, 위임사무). 다만 금전채권이 아닌 경우에는 그 채권의 가격을 등기해야 한다. 즉 저당권 '실행'시에는 금전채권이어야 한다.

(2) **장래의 채권** : 가능

조건부(기한부) 채권과 같이 장래에 발생할 '특정' 채권을 위해서도 저당권을 설정할 수 있다. 장래의 증감 변동하는 '불특정' 채권에 대해서는 근저당권을 설정할 수 있다.

02 저당권의 효력

1 피담보채권의 범위(제360조)

> 제360조 【피담보채권의 범위】 저당권은 원본, 이자, 위약금, 채무불이행으로 인한 손해배상 및 저당권의 실행비용을 담보한다. 그러나 **지연배상에 대하여는 원본의 이행기일을 경과한 후의 1년분에 한하여 저당권을 행사할 수 있다.** 제26회, 제35회

(1) 피담보채권의 범위란 선순위 저당권자가 후순위 권리자보다 우선해서 변제받을 수 있는 채권의 범위를 말하는데 나머지 사항은 등기를 해야 하는데 저당권 실행비용은 등기하지 않아도 당연히 피담보채권의 범위에 속한다.

(2) **'이자'는 기간의 제한 없이 무제한 담보된다.** 제35회

(3) 지연배상(지연이자)에 대한 1년분의 제한은 저당권자와 후순위권리자 사이에서 문제이지 저당권자와 저당권설정자(채무자, 물상보증인) 사이의 문제가 아니다. 즉 **저당권설정자는 지연배상 전부를 변제하지 않으면 저당권등기의 말소를 청구할 수 없다.** 제26회

(4) **저당목적물의 하자로 인한 손해배상금은 저당권의 피담보채권의 범위에 속하지 않는다.** 제29회

2 목적물의 범위

> 제358조 【저당권의 효력의 범위】 저당권의 효력은 저당부동산에 부합된 물건과 종물에 미친다. 그러나 법률에 특별한 규정 또는 설정행위에 다른 약정이 있으면 그러하지 아니하다.

기출 // 원본의 반환이 2년간 지체된 경우 채무자는 원본 및 지연배상금의 전부를 변제하여야 저당권등기의 말소를 청구할 수 있다. (○)

기출 // 저당목적물의 하자로 인한 손해배상금은 저당권의 피담보채권의 범위에 속하지 않는다. (○)

(1) 부합물

① **부합물**(토지에 매설된 유류저장탱크)**은 저당권 설정 당시에 이미 부합된 것이든 그 후에 부합된 것이든 묻지 않고 저당권의 효력이 미친다.** 제30회, 제33회

② 수목이나 미분리의 과실의 경우에는 토지 저당권의 효력이 미치는 것이 원칙이다. 그러나 **입목등기를 갖춘 입목**, 명인방법을 갖춘 경우 수목이나 미분리과실, 지상권, **전세권**, 임차권, 사용대차권 등 **토지사용권을 가진 자가 식재한 수목에는 토지 저당권의 효력이 미치지 않는다.** 제33회

③ 건물의 증축 부분이 기존건물에 부합하여 별개의 독립물로서의 효용을 갖지 못하는 이상 기존건물에 대한 근저당권은 부합된 증축 부분에도 효력이 미치는 것이므로 기존건물에 대한 경매절차에서 경매목적물로 평가되지 아니하였다고 할지라도 경락인은 증축 부분의 소유권을 취득한다. 제27회

(2) 종 물

부합물과 마찬가지로 저당권 설정 후의 종물에도 저당권의 효력이 미친다. 제28회, 제30회 종물이론은 종 된 권리에도 유추적용되므로 **건물에 대한 저당권은 그 건물의 소유를 목적으로 하는 지상권, 전세권, 임차권 등에도 미친다.** 제27회, 제29회, 제30회, 제32회 **나아가 집합건물의 전유부분에 설정된 저당권은 대지사용권 및 공용부분의 지분에도 미친다.** 제27회

(3) 임의규정

저당권의 효력은 부합물, 종물에 미친다는 제358조는 임의규정이다. 따라서 부합물, 종물에 미치지 않도록 특약을 할 수 있다. 다만 등기를 하지 않으면 제3자에게 대항할 수 없다. 제26회, 제32회

(4) 저당 토지 위의 건물과 농작물

건물과 농작물은 토지에 부합하지 않으므로 **토지저당권의 효력은 저당 토지 위의 건물과 농작물에는 미치지 않는다.** 제33회

(5) 과실(제359조)

① 저당목적물의 사용·수익권은 저당권설정자에게 있으므로, 원칙적으로 과실에 대해서는 저당권의 효력이 미치지 않는다.

② '과실'에는 천연과실뿐만 아니라 법정과실(차임 등)도 포함된다.

③ 그러나 저당권의 실행으로 부동산에 대한 **압류가 있은 '후'에는 저당권설정자가 그 부동산으로부터 수취한 과실 또는 수취할 수 있는 과실(차임 등)에 미친다.** 제29회, 제30회, 제32회, 제33회

3 우선변제적 효력(제356조)

(1) 일반채권자에 대한 관계

저당권자는 원칙적으로 일반 채권자에 우선한다. 그러나 저당권 등기보다 먼저 대항요건과 확정일자를 갖춘 임차인은 저당권자보다 우선하고, 소액보증금 중 일정액에 대해서는 저당권의 성립시기와 상관없이 우선변제를 받는다.

(2) 다른 저당권과의 관계

저당권이 설정된 부동산이 경매가 되면 그 부동산 위의 모든 저당권은 소멸한다. 그리고 저당권 순위에 따라 배당을 받는다(**민사집행법 제91조 제2항**).

(3) 저당권과 용익권과의 관계

① 저당권 설정 전에 용익권(지상권·전세권·대항력 있는 임차권)이 설정된 경우에는 저당권에 의해 경매가 이루어지더라도 용기권자는 경락인에게 대항할 수 있다.

② 저당권 설정 후에 용익권이 설정된 경우에는 용익권자는 경락인에게 대항할 수 없다. 다만 이때 용익권과 저당권의 설정 순위는 최선순위 저당권을 기준으로 한다. 즉 1번 저당권 설정 후에 용익권이 설정되고, 다시 2번 저당권이 설정된 다음, 2번 저당권자의 경매청구에 의해 경락이 된 경우라도 용익권은 소멸한다.

③ 다만 전세권의 경우에는 제1순위 저당권보다 선순위인 경우에도 전세권자가 배당참가를 하면 소멸한다(민사집행법 제91조 제4항). 즉 최선순위 전세권자는 전세권의 존속을 택할 수도 있고, 소멸과 함께 우선변제를 택할 수도 있다.

④ 또한 전세권은 담보물권도 성격도 있으므로 저당권과 전세권이 설정된 부동산이 경매가 되면 그 설정 순위에 따라 우선변제를 받는다.

4 법정지상권(제366조)

(1) 법적 성질

관습법상의 법정지상권과 달리 **제366조의 법정지상권은 강행규정이다.** 따라서 **저당권설정 당사자 간의 특약으로 저당목적물인 토지에 대하여 법정지상권을 배제하는 약정을 하더라도 그 특약은 효력이 없다.** 제29회

기출 ✎ 저당권설정 당사자 간에 저당목적물인 토지에 대하여 법정지상권을 배제하는 약정을 하더라도 그 약정은 무효이다. (○)

(2) **성립요건**

1) **저당권설정 당시에 건물이 존재할 것**

① **건물이 존재하기만 하면 미등기·무허가건물이라도 상관이 없다.** ^{제35회} 다만 **가설건축물은 건물에 해당하지 않으므로 법정지상권이 성립하지 않는다.**
^{제35회}

② 토지에 관하여 저당권이 설정될 당시 그 지상에 건물을 건축 중이었던 경우 그것이 사회관념상 독립된 건물로 볼 수 있는 정도에 이르지 않았다 하더라도 건물의 규모, 종류가 외형상 예상할 수 있는 정도까지 건축이 진전되어 있었고, 그 후 경매절차에서 매수인이 매각대금을 다 낸 때까지 독립된 부동산으로서 건물의 요건을 갖춘 경우 법정지상권의 성립이 인정된다.

③ **나대지에 저당권이 설정될 당시 저당권자가 토지소유자에 의한 건물의 건축에 동의했다 하더라도 법정지상권은 인정되지 않는다.** ^{제26회, 제34회, 제35회}

④ 토지에 저당권이 설정될 당시 건물이 존재한 이상, 그 후 건물을 개축·증축하거나 신축·재축한 경우에도 법정지상권이 성립한다. 이 때 구건물과 새 건물 사이에 동일성이 있음을 요하지도 않는다. 다만 법정지상권의 범위와 내용은 구건물을 기준으로 한다.

⑤ 동일인의 소유의 토지와 건물에 관하여 '공동저당권이 설정된 후 그 지상 건물이 철거되고 새로 건물이 신축된 경우'에는 특별한 사정이 없는 한 그 신축건물을 위한 법정지상권은 성립하지 않는다.

2) **저당권 '설정' 당시 소유자가 동일할 것**

① 저당권설정 당시 토지와 건물이 동일인 소유라면 나중에, 즉 경매 당시에는 토지와 건물의 소유자가 달라져 있더라도 건물 소유자는 법정지상권을 취득한다.

② **'미등기건물을 그 대지와 함께 매수'**한 사람이 그 대지에 관하여만 소유권이전등기를 넘겨받고, 대지에 대하여 저당권을 설정하고 그 저당권의 실행으로 대지가 경매되어 다른 사람의 소유로 된 경우에는, 그 저당권의 설정 당시에 이미 대지와 건물이 각각 다른 사람의 소유에 속하고 있었으므로 **법정지상권이 성립될 여지가 없다.** ^{제33회}

3) **저당권이 설정되었을 것**

토지와 건물 어느 한 쪽이나 또는 양자(공동저당) 위에 저당권이 설정되었어야 한다.

4) **경매로 토지와 건물의 소유자가 달라질 것**

5) 성립시기

법률규정에 의한 소유권취득이므로 등기를 요하지 않고 소유권이 달라지는 시기, 즉 경락인이 매각대금을 완납한 때에 법정지상권이 성립한다.

(3) 법정지상권의 내용: 일반 지상권과 동일하다.

5 일괄경매청구권(제365조)

> **제365조【저당지상의 건물에 대한 경매청구권】** 토지를 목적으로 저당권을 설정한 후 그 설정자가 그 토지에 건물을 축조한 때에는 저당권자는 토지와 함께 그 건물에 대하여도 경매를 청구할 수 있다. 그러나 그 건물의 경매대가에 대하여는 우선변제를 받을 권리가 없다.

(1) 저당권 설정 당시에 건물이 없었을 것 제31회

저당권 설정 당시 건물이 존재하고 있다면 법정지상권이 문제될 뿐이다. 건물이 건축 중이었던 경우에도 일괄경매청구는 인정되지 않는 것이 원칙이다.

(2) 경매청구 당시 저당권설정자가 소유하고 있는 건물일 것

원칙적으로 저당권설정자가 건물을 축조하고 소유하고 있는 경우에만 인정된다. 제31회 따라서 **저당권설정자로부터 토지의 용익권을 취득한 자나 토지의 양수인이 건물을 신축한 경우에는 일괄경매청구권이 인정되지 않는다.** 제26회, 제30회 또한 저당권설정자가 건물을 신축한 경우라도 제3자가 이를 양도받아 소유권을 취득하면 일괄경매청구는 인정되지 않는다.

(3) 다만 **제3자가 토지에 건물을 축조한 경우라도 그 후 저당권설정자가 그 건물의 소유권을 취득한 경우에는 저당권자는 일괄 경매를 청구할 수 있다.** 제31회

(4) 일괄경매청구권은 저당권자의 권리이지 의무는 아니므로 저당권자는 일괄경매를 청구할 수도 있고, 토지만의 경매를 청구할 수도 있다.

(5) 일괄경매가 된 경우에도 건물은 저당권의 목적물이 아니므로 **건물의 경매대가로부터는 우선변제를 받을 수 없다.** 제34회

기출 ✎ 나대지인 X토지에 대해 乙에게 저당권을 설정해 준 甲이 건물을 신축하고 X토지에 대한 저당권실행을 위한 경매개시결정 전에 甲이 A에게 건물 소유권을 이전한 경우, 乙은 X토지와 건물에 대해 일괄경매를 청구할 수 있다. (×)

기출 ✎ 민법 제365조에 따라 토지와 건물의 일괄경매를 청구한 토지 저당권자는 그 건물의 경매대가에서 우선변제를 받을 수 있다. (×)

6 제3취득자의 지위

> 제363조【저당권자의 경매청구권, 경매인】② 저당물의 소유권을 취득한 제3자도 경매인이 될 수 있다.
>
> 제364조【제3취득자의 변제】저당부동산에 대하여 소유권, 지상권 또는 전세권을 취득한 제3자는 저당권자에게 그 부동산으로 담보된 채권을 변제하고 저당권의 소멸을 청구할 수 있다.
>
> 제367조【제3취득자의 비용상환청구권】저당물의 제3취득자가 그 부동산의 보존, 개량을 위하여 필요비 또는 유익비를 지출한 때에는 제203조 제1항, 제2항의 규정에 의하여 저당물의 경매대가에서 우선상환을 받을 수 있다.

(1) 의 의

저당권의 목적으로 되어 있는 부동산에 대해 소유권 내지 지상권이나 전세권을 취득한 자를 말한다. 따라서 **후순위저당권자는 제3취득자가 아니다.**

제26회, 제32회

기출 ✐ 저당부동산에 대한 후순위 저당권자는 저당부동산의 피담보채권을 변제하고 그 저당권을 소멸을 청구할 수 있는 제3취득자에 해당하지 않는다. (○)

(2) **채무자는 경매인이 될 수 없으나, 저당목적물의 소유권을 취득한 제3자도 경매인이 될 수 있다**(제363조). 제29회, 제32회

(3) **제3취득자의 변제**(제364조)

① 변제기에 채무자가 변제를 하지 않으면 제3취득자는 채무자의 의사에 반해서도 그 부동산으로 담보된 채권을 변제하고 저당권의 소멸을 청구할 수 있다. 다만 변제기 전에는 당연히 대위변제가 허용되지 않는다.

② 보통의 저당권의 경우에는 지연배상은 원본의 이행기일을 경과한 후 1년분만 변제하면 되고, 근저당에 있어서는 실제채무액이 채권최고액을 넘더라도 채권최고액만 변제하면 된다.

(4) **비용우선상환청구권**(제367조) 제28회, 제29회, 제32회, 제34회

기출 ✐ 저당물의 제3취득자가 그 부동산에 유익비를 지출한 경우, 저당물의 경매대가에서 우선상환을 받을 수 있다. (○)

① 제3취득자는 민법 제367조를 근거로 직접 저당권설정자, 저당권자 또는 경매절차 매수인 등에 대하여 비용상환을 청구할 수 없고, 이를 피담보채권으로 주장하면서 유치권을 행사할 수도 없다.

② 물상보증인에게는 이러한 권리가 인정되지 않는다.

7 저당권의 침해에 대한 구제

(1) 물권적 청구권

① 저당권은 점유를 수반하지 않는 권리이다. 따라서 저당권에 대한 침해나 침해의 우려가 있는 경우 방해제거청구권과 방해예방청구권은 인정되지만 반환청구권은 인정되지 않는다. 다만 **공장저당권의 목적 동산이 저당권자의 동의를 얻지 아니하고 공장으로부터 반출된 경우에는 원래의 설치장소에 원상회복할 것을 청구할 수는 있다.** 이는 반환청구권이 아닌 방해배제청구권에 해당한다. 제31회

② 저당권의 침해가 있는 한 비록 남은 목적물로부터 피담보채권의 만족을 얻을 수 있다고 하더라도 물권적 청구권을 행사할 수 있다(불가분성).

③ 저당권이 설정된 토지의 소유자가 그 위에 건물을 신축하는 것은 원칙적으로 저당권의 침해가 아니다. 그러나 그로 인해 토지의 교환가치의 실현이 방해될 염려가 있으면 저당권의 침해가 된다.

(2) 손해배상청구권

저당권의 침해가 있더라도 저당목적물의 잔존가치가 피담보채권액을 초과하는 경우에는 손해가 없으므로 손해배상을 청구할 수 없다. 즉 잔존가치가 피담보채권액에 미달해야만 손해배상을 청구할 수 있는데, 이때 손해가 발생하면 즉시 손해배상을 청구할 수 있다. 즉 피담보채권의 변제기가 도래해야 손해배상청구권이 발생하는 것이 아니다.

(3) 채무자 등에 대한 특별한 구제수단

① 담보물보충청구권(제362조)

'저당권설정자'의 책임 있는 사유로 인하여 저당물의 가액이 현저히 감소된 때에는 그 원상회복 또는 상당한 담보의 제공을 청구할 수 있다. 즉 제3자에 의하여 저당물의 가액이 감소한 경우에는 담보물보충청구권을 행사할 수 없다.

② 기한이익의 상실(제388조)

'채무자'가 담보를 손상·감소·멸실하게 하거나 담보제공의 의무를 이행하지 아니한 때에는 채무자는 기한의 이익을 상실한다.

03 특수저당권

1 공동저당(제368조)

> 제368조 【공동저당과 대가의 배당, 차순위자의 대위】 ① 동일한 채권의 담보로 수개의 부동산에 저당권을 설정한 경우에 그 부동산의 경매대가를 동시에 배당하는 때에는 각 부동산의 경매대가에 비례하여 그 채권의 분담을 정한다.
> ② 전항의 저당부동산 중 일부의 경매대가를 먼저 배당하는 경우에는 그 대가에서 그 채권전부의 변제를 받을 수 있다. 이 경우에 그 경매한 부동산의 차순위저당권자는 선순위저당권자가 전항의 규정에 의하여 다른 부동산의 경매대가에서 변제를 받을 수 있는 금액의 한도에서 선순위자를 대위하여 저당권을 행사할 수 있다.

(1) 공동저당의 의의

동일한 채권의 담보로 수개의 부동산 위에 설정된 저당권으로, 이러한 공동저당은 복수의 부동산 위에 1개의 저당권이 있는 것이 아니라 각 부동산마다 1개의 저당권이 인정된다(일물일권주의). 일부목적물에 대한 저당권이 무효라도 나머지 물건에 대한 저당권은 유효하다.

(2) 공동저당의 효력

1) 동시배당에 있어서의 부담의 안분(제368조 제1항)

① 공동저당의 목적물의 전부를 경매하여 그 경매대가를 동시에 배당하는 경우에는 각 부동산의 경매대가에 비례하여 피담보채권의 분담을 정한다. **계산은 분모에 전체부동산 가액, 그리고 분자에 각각의 부동산 가액을 놓고 채권액을 곱하면 된다.** 제27회

② 채무자 소유의 부동산과 물상보증인 소유의 부동산이 함께 경매되는 경우에는 안분배당 규정이 적용되지 않는다. 이 경우에는 채무자 소유 부동산의 경매대가에서 우선적으로 배당을 받고, 부족분이 있는 경우에 한하여 물상보증인 소유 부동산의 경매대가에서 추가로 배당을 받게 된다.

2) 이시배당에 있어서의 후순위저당권자의 대위(제368조 제2항)

이시배당의 경우 선순위 공동저당권자는 그 대가로부터 채권전액을 변제받을 수 있다. 이 경우 그 경매된 부동산의 후순위저당권자는 동시에 배당하였다면 선순위 공동저당권자가 다른 부동산의 경매대가에서 변제를 받을 수 있는 금액의 한도에서 선순위자를 대위하여 저당권을 행사할 수 있다.

3) 후순위저당권자와 물상보증인 간의 우열관계(물상보증인 우선설)

① 채무자 소유의 부동산이 먼저 경매된 경우

채무자 소유 부동산에 대한 후순위저당권자는 공동저당권자를 대위하여 물상보증인 소유의 부동산에 대하여 우선변제를 받을 수 없다.

② 물상보증인의 부동산이 먼저 경매된 경우

물상보증인은 채무자 소유의 부동산에 대한 1번 저당권을 대위취득하고, 그 물상보증인 소유 부동산의 후순위저당권자는 물상보증인을 대위하여 채무자 소유의 부동산의 후순위 저당권자보다 우선변제를 받을 수 있다.

③ 따라서 물상보증인 소유 부동산에 먼저 경매가 실행되어 선순위 공동저당권자가 변제를 받은 경우, 아직 경매되지 않은 공동저당물의 소유자가 피담보채무의 소멸을 이유로 그 선순위 저당권의 말소를 청구할 수는 없다.

⑶ **공동근저당**

① 공동근저당권이 설정된 목적 부동산에 대하여 동시배당이 이루어지는 경우에 공동근저당권자는 채권최고액 범위 내에서 피담보채권을 제368조 제1항에 따라 부동산별로 나누어 각 환가대금에 비례한 액수로 배당받으며, 공동근저당권의 각 목적 부동산에 대하여 채권최고액만큼 반복하여, 이른바 누적적으로 배당받지 아니한다.

② 이는 이시배당의 경우에도 마찬가지이므로 공동근저당권자가 공동근저당권 목적 부동산의 각 환가대금으로부터 채권최고액만큼 반복하여 배당받을 수는 없다.

③ 그러므로 **공동근저당권자가 공동담보의 목적 부동산 중 일부에 대한 환가대금 등으로부터 다른 권리자에 우선하여 피담보채권의 일부에 대하여 배당받은 경우에, 공동담보의 나머지 목적 부동산에 대하여 공동근저당권자로서 행사할 수 있는 우선변제권의 범위는 피담보채권의 확정 여부와 상관없이 최초의 채권최고액에서 위와 같이 우선변제받은 금액을 공제한 나머지 채권최고액으로 제한된다.** 제29회

2 근저당(제357조)

> **제357조【근저당】** ① 저당권은 그 담보할 채무의 최고액만을 정하고 채무의 확정을 장래에 보류하여 이를 설정할 수 있다. 이 경우에는 그 확정될 때까지의 채무의 소멸 또는 이전은 저당권에 영향을 미치지 아니한다.
> ② 전항의 경우에는 채무의 이자는 최고액 중에 산입한 것으로 본다.
>
> 제31회, 제33회~제35회

(1) 근저당권의 의의와 특질

근저당권은 장래에 증감·변동하는 불특정의 채무를 담보하고, 일반저당권과는 달리 저당권의 소멸에 있어서의 부종성이 요구되지 않는다. 즉 피담보채권이 일시적으로 영(0)이 된다 하더라도 근저당권은 소멸하지 않는다.

(2) 근저당권의 성립

1) 근저당설정계약

근저당권이 성립하기 위해서는 그 설정행위와 별도로 피담보채권을 성립시키는 법률행위가 있어야 한다. 제26회

2) 등 기

① 근저당권의 등기를 함에 있어서는 근저당권이라는 취지와, 채권최고액을 반드시 명시해야 한다(필수적 등기사항). **이자는 최고액 중에 산입된 것으로 보므로** 따로 등기하지 못하고 별도로 우선변제를 받을 수도 없다. 제31회

② 존속기간(결산기)은 임의적 등기사항이나 일단 등기되면 결산기 이후에 발생한 채권은 더 이상 근저당권에 의해 담보되지 못한다.

(3) 근저당권의 효력

1) 피담보채권의 범위

① 근저당권은 채권최고액의 범위 안에서 피담보채권 전액을 담보한다. 따라서 지연배상은 1년분에 한한다는 규정(제360조)은 근저당권에는 적용되지 않는다. 즉 **1년분이 넘는 지연배상금이라도 채권최고액의 한도 내라면 전액 근저당권에 의해 담보된다.** 제26회

② 또한 근저당권의 실행비용은 채권최고액에 포함되지 않으므로 별도로 우선변제를 받을 수 있다.

③ 채권최고액은 우선변제를 받을 수 있는 한도액을 말하는 것이지 책임의 한
도액을 의미하는 것이 아니다. 따라서 실제 채권액이 채권최고액을 초과하는
경우, 채무자는 실제채무액 전액을 변제하여야 한다. 그러나 **물상보증인**이나
제3취득자는 **채권최고액과 경매비용을 초과하는 부분에 대해서는 책임을 지
지 않는다.** 제34회

2) 피담보채권의 확정

① **근저당권의 피담보채권은** 결산기의 도래, **존속기간의 만료**, 저당부동산에 대
한 경매신청, 기본계약의 해제나 해지, 채무자(또는 물상보증인)에 대한 파산
선고나 회사정리절차개시결정 등으로 **확정된다.** 제34회 다만 당사자의 사망은
확정사유가 아니다.

② 근저당권의 존속기간이나 결산기의 정함이 있는 경우에도, 근저당권설정자
는 그 기간 전이라도 계약을 해지하고 근저당권 설정등기의 말소를 구할 수
있다. **존속기간이나 결산기의 정함이 없는 때에는 근저당권설정자가 근저당
권자를 상대로 언제든지 해지의 의사표시를 함으로써 피담보채무를 확정시
킬 수 있다.** 제31회

③ **근저당권자가 경매신청을 한 경우에는 경매신청시에 근저당권의 피담보채
권이 확정되고,** 제31회, 제34회 **후순위 근저당권자가 경매를 신청한 경우 선순
위 근저당권의 피담보채권은 그 근저당권이 소멸하는 시기, 즉 경락인이 경
락대금을 완납한 때에 확정된다.** 제26회, 제28회, 제33회

④ 그리고 경매를 신청하여 피담보채권액이 확정된 이상 이를 취하하였다고 하
더라도 그 효과는 번복되지 않는다.

⑤ 공동근저당권자가 목적 부동산 중 일부 부동산에 대하여 제3자가 신청한 경
매절차에 참가하여 우선배당을 받은 경우, 해당 부동산에 관한 근저당권의
피담보채권은 매수인이 매각대금을 지급한 때에 확정되지만, 나머지 목적 부
동산에 관한 근저당권의 피담보채권은 다른 확정사유가 발생하지 아니하는
한 확정되지 아니한다.

⑥ 피담보채권이 확정되면 그 이후에 발생하는 원본채권은 더 이상 근저당권에
의해 담보되지 않고, 근저당권은 보통의 저당권으로 전환된다. 다만 **확정된
채권액에 대해서 확정 후에 발생하는 이자나 지연손해금은 여전히 담보가
된다.** 제33회

기출 물상보증인은 채권최고액
을 초과하는 부분의 채권액까지
변제할 의무를 부담한다. (×)

기출 특별한 사정이 없는 한,
존속기간이 있는 근저당권은 그
기간이 만료한 때 피담보채무가
확정된다. (○)

기출
• 피담보채권이 확정되기 전에
는 당사자의 약정으로 근저당
권을 소멸시킬 수 없다. (×)
• 근저당권자가 경매를 신청한
경우, 그 근저당권의 피담보
채권은 경매를 신청한 때 확
정된다. (○)
• 후순위 근저당권자가 경매를
신청한 경우 선순위 근저당권
의 피담보채권은 매각대금이
완납한 때에 확정된다. (○)

기출 확정된 채권액에 대해서
확정 후에 발생하는 이자나 지
연손해금은 여전히 근저당권에
의하여 담보가 된다. (○)

(4) 근저당권의 변경

1) 채무자나 채무원인의 변경

기출 ✎ 피담보채무의 확정 전에는 채무자를 변경할 수 없다. (×)

① 당사자는 **피담보채무가 확정되기 이전이라면 채무자나 채무원인을 변경할 수 있다.** 제26회, 제34회, 제35회 후순위권리자의 승낙을 요하지도 않는다. 채무자나 채무원인을 변경하더라도 선순위근저당권자는 채권최고액 범위 내에서만 우선변제를 받을 수 있으므로 후순위권리자에게 손해가 없기 때문이다.

② 채무나 채무자가 변경된 경우에는 변경 후의 범위에 속하는 채권이나 채무자에 대한 채권만이 당해 근저당에 의하여 담보되고, 변경 전의 범위에 속하는 채권이나 채무자에 대한 채권은 그 근저당에 의하여 담보되는 채권의 범위에서 제외된다.

2) 근저당권의 양도

① 피담보채권과 분리하여 근저당권만을 양도할 수는 없다.

② 근저당 거래관계가 계속 중인 경우, 즉 근저당권의 피담보채권이 확정되기 전에 그 채권의 일부를 양도하거나 대위변제한 경우 근저당권이 양수인이나 대위변제자에게 이전할 여지가 없다.

MEMO

박문각 공인중개사

계약법

계약의 성립

01 계약법 서론

1 보통거래약관

(1) 약관의 법적 성질과 계약에의 편입

1) 약관의 법적 성질(구속력의 근거)

① 약관이 계약 당사자에게 구속력을 갖는 근거는 약관이 법규범이기 때문이 아니라 계약당사자가 약관을 계약내용에 포함시키기로 합의하였기 때문이다(계약설).

② 사업자가 약관에 의한 계약을 체결하면서 특정 조항에 관하여 개별적인 교섭을 거친 경우에는 그 조항은 약관의 규율대상이 아닌 개별약정이 된다.

2) 계약에의 편입

① 작성자가 약관내용을 상대방에게 명시·설명하지 않으면 당해 약관을 계약의 내용으로 주장할 수 없다(제3조). 그리고 이러한 명시·설명의무의 이행여부에 대한 증명책임은 약관 작성자에게 있다.

② 그러나 ㉠ 설명하는 것이 현저하게 곤란한 경우, ㉡ 고객이나 그 대리인이 그 내용을 충분히 잘 알고 있는 경우, ㉢ 그 내용이 거래상 일반적이고 공통된 것이어서 상대방이 별도의 설명 없이도 충분히 예상할 수 있었던 사항이거나 이미 법령에 의하여 정하여진 것을 되풀이하거나 부연하는 정도에 불과한 사항이라면 중요한 내용이라 하더라도 명시·설명의무가 면제된다.

(2) 약관의 해석원칙

① **신의성실의 원칙**(제5조 제1항) 제32회

② **객관적 해석의 원칙**(통일적 해석의 원칙, 동일성 유지의 원칙)
약관은 고객에 따라 다르게 해석되어서는 아니 되고, **평균적인 고객의 이해 가능성을 기준으로 객관적·획일적으로 해석되어야 한다.** 제32회

기출

• 보통거래약관은 신의성실의 원칙에 따라 그 약관의 목적과 취지를 고려하여 공정하고 합리적으로 해석해야 한다. (○)

• 보통거래약관의 내용은 개개 계약체결자의 의사나 구체적인 사정을 고려하여 구체적·주관적으로 해석해야 한다. (×)

③ **작성자 불이익의 원칙**(제5조 제2항)

약관의 내용이 불명확하여 다의적인 해석이 가능한 경우에는 고객에게 유리하게 해석되어야 한다. 제32회

④ **축소해석의 원칙**(제한적 해석의 원칙)

고객의 권리를 제한하거나 사업자의 책임을 제한하는 약관조항(면책조항)은 고객에게 유리하도록 축소해석하여야 한다.

⑤ **개별약정 우선의 원칙**(제4조)

당사자들 사이에 약관의 내용과 다르게 합의한 내용이 있는 경우에는 그 합의사항이 약관에 우선하여 적용된다.

(3) **불공정약관조항** : 무효

고객에게 부당하게 과중한 지연손해금 등의 손해배상의무를 부담시키는 약관조항은 무효이다. 제32회 **또한 고객에게 부당하게 불리한 약관조항은 공정을 잃은 것으로 추정된다.** 제32회 **신의칙에 반하여 공정을 잃은 약관조항은 무효이다.** 제32회 약관에 무효조항이 포함되어 있다 하더라도 나머지 약관조항은 유효가 됨이 원칙이다(제16조 - 일부무효의 특칙).

기출✎
• 약관내용이 명백하지 못한 때에는 약관작성자에게 불리하게 제한해석해야 한다. (○)
• 고객에게 부당하게 불리한 약관조항은 공정을 잃은 것으로 추정된다. (○)
• 고객에게 부당하게 과중한 지연 손해금 등의 손해배상의무를 부담시키는 약관 조항은 무효로 한다. (○)

2 계약의 종류

(1) **쌍무계약 · 편무계약**

쌍무계약에 한해 동시이행의 항변권(제536조)과 위험부담(제537조 · 제538조)이 문제된다는 점에 구별의 실익이 있다.

(2) **유상계약 · 무상계약**

유상계약에 한해 담보책임이 문제된다는 점에 구별의 실익이 있다. **모든 쌍무계약은 유상계약이지만 모든 유상계약이 쌍무계약인 것은 아니다.** 제26회

(3) **매매 · 교환 · 임대차 · 도급계약**

낙성 · 불요식의 쌍무 · 유상계약이다. 제31회, 제33회, 제35회

(4) **증여계약 · 사용대차계약**

증여계약과 사용대차계약은 낙성 · 불요식의 편무 · 무상계약이다. 무상임치계약도 편무계약이다. 제28회, 제31회, 제33회, 제35회

(5) **계약금계약과 현상광고는 요물계약이다.** 제31회

기출✎
• 전형계약 중 쌍무계약은 유상계약이다. (○)
• 증여계약은 편무 · 유상계약이다. (×)
• 증여계약은 무상 · 요식계약이다. (×)

02 계약의 성립

1 의사표시의 합치

(1) **계약이 성립하기 위해서는 청약과 승낙이라는 서로 대립하는 의사표시가 합치되어야 하고,** 제31회 계약이 성립하기 위한 의사표시의 합치는 계약의 내용을 이루는 모든 사항에 있어야 하는 것은 아니나 그 본질적 사항이나 중요 사항에 관하여는 의사의 합치가 있거나 적어도 장래 구체적으로 특정할 수 있는 기준과 방법 등에 관한 합의는 있어야 한다.

(2) **의사표시의 합치는 의사표시의 내용의 합치(객관적 합치)와 의사표시의 상대방에 관한 일치(주관적 합치)를 그 내용으로 한다.** 제27회 따라서 甲이 乙에게 청약을 하였는데, 丙이 승낙한 경우에는 의사표시의 주관적 합치가 없으므로 계약이 성립하지 않는다.

(3) **안 불합의든 숨은(무의식적) 불합의든 불합의의 경우에는 계약이 성립하지 않으므로 (착오)취소가 허용될 여지가 없다.** 제27회

2 청약과 승낙에 의한 계약의 성립

(1) **청 약**

1) 청약의 의의

① **청약은** 그에 대한 승낙만 있으면 바로 계약이 성립될 수 있을 정도로 **확정적·구체적이어야 한다.** 제28회 청약은 특정인에 의해 이루어지지만 청약자 자체를 명시할 필요는 없다. 또 **청약의 상대방은 불특정·다수라도 무방하다** (자동판매기의 설치). 제26회, 제27회, 제29회, 제32회

② **청약의 유인**

   ㉠ **각종의 광고는 원칙적으로 청약의 유인**이므로 광고자는 계약책임을 지지 않는다. 제28회, 제32회

   ㉡ **하도급계약을 체결하려는 교섭당사자가 견적서를 제출하는 행위는 청약의 유인에 해당한다.** 제32회

   ㉢ 정찰제 상품 진열은 청약이나, 비정찰제 상품진열은 청약의 유인이다.

   ㉣ 선분양·후시공 방식에 의한 아파트분양의 경우, 분양광고에는 있으나 분양계약서에는 그 내용이 없는 경우에는 원칙적으로 청약의 유인이므로 분양자는 계약책임을 지지 않는다. 그러나 분양광고 내용이 아파트의 외

형·재질 등에 관한 것인 경우에는 계약 내용이 되므로 분양자는 계약책임을 진다. 그러나 **선시공·후분양의 방법으로 분양된 경우에는 분양광고에만 있는 아파트의 외형·재질에 관한 것은 분양계약의 내용이 되지 않는다.** 제35회

2) 청약의 효력

① **청약의 효력발생시기**: 도달주의

청약도 원칙적으로 도달에 의해 그 효력이 발생한다. 제31회 청약자가 청약의 의사표시 후 행위능력을 상실하거나 사망하더라도 청약의 효력에는 영향이 없다(제111조). 그러나 당사자의 개성이 중시되는 위임, 고용, 조합 등의 계약에 있어서는 청약자가 사망하면 청약은 그 효력을 잃는다.

② **청약의 구속력**

계약의 청약은 이를 철회하지 못한다(제527조). **격지자 간의 청약도 마찬가지이다.** 제26회, 제29회, 제32회, 제33회 다만 도달 전이거나 처음부터 철회의 자유를 유보한 경우에는 철회할 수 있다.

> 기출 ✎ 격지자 간의 청약은 이를 자유로이 철회할 수 있다. (×)

③ **청약의 승낙적격**(제528조·제529조)

승낙기간을 정한 경우에는 그 기간 내에, 기간을 정하지 않은 경우에는 상당한 기간 내에 승낙의 통지를 받지 못하면 청약은 효력을 상실한다. 제26회, 제27회 즉 승낙기간을 정하지 않은 청약도 상당한 기간 내에는 효력이 인정된다.

> 기출 ✎ 승낙기간을 정한 계약의 청약은 청약자가 그 기간 내에 승낙의 통지를 받지 못한 때에는 원칙적으로 그 효력을 잃는다. (○)

(2) 승 낙

1) 승낙의 의의

① 승낙은 청약자에게만 해야 하므로, 청약과 달리 불특정 다수인에 대한 승낙이란 있을 수 없다. 또한 승낙은 청약의 내용과 일치해야 한다.

> 기출 ✎ 승낙은 청약자에 대해 해야 하고, 불특정 다수인에 대한 승낙은 허용되지 않는다. (○)

② **청약의 상대방에게 승낙 여부에 관한 회답 의무가 있는 것은 아니므로, 청약자가 미리 정한 기간 내에 이의를 하지 아니하면 승낙한 것으로 간주한다는 뜻을 청약시 표시하였다고 하더라도 이는 상대방을 구속하지 않는다.** 즉 회답을 하지 않더라도 계약은 성립하지 않는다. 제28회, 제29회, 제31회

> 기출 ✎ 청약자가 청약에 "일정기간 내에 이의를 제기하지 않으면 승낙한 것으로 본다."는 뜻을 표시한 경우, 이의 없이 그 기간이 지나면 당연히 그 계약은 성립한다. (×)

2) 연착된 승낙의 효력

① **연착된 승낙은 청약자가 이를 새로운 청약으로 보아 승낙하여 계약을 성립시킬 수 있다**(제530조). 제31회

② 승낙의 통지가 승낙기간이 지난 후에 도달한 경우에 보통 그 기간 내에 도달할 수 있는 발송인 때에는 청약자는 지체 없이 상대방에게 그 연착의 통지를

하여야 한다. 연착의 통지를 하지 아니한 때에는 승낙의 통지는 연착되지 아니한 것으로 본다. 그러나 도달 전에 지연의 통지를 발송한 때에는 연착의 통지를 하지 않아도 된다(제528조 제2항·제3항).

3) 변경된 승낙의 효력

> **제534조【변경을 가한 승낙】** 승낙자가 청약에 대하여 조건을 붙이거나 변경을 가하여 승낙한 때에는 그 청약의 거절과 동시에 새로 청약한 것으로 본다.
> 제28회, 제33회, 제35회

이 때 거절된 청약자의 종전의 청약은 실효된다. 제30회 따라서 승낙자가 다시 종전의 청약대로 승낙을 하더라도 계약은 성립하지 않는다.

(3) 격지자 간의 계약의 성립시기

> **제531조【격지자 간의 계약성립시기】** 격지자 간의 계약은 승낙의 통지를 발송한 때에 성립한다. 제26회, 제29회, 제33회, 제35회

대화자 간의 청약과 승낙, 격지자 간의 청약은 도달한 때에 효력이 발생한다. 제27회 **다만 격지자간의 계약의 '승낙'은 통지를 발송한 때에 성립한다.**

③ 기타의 방법에 의한 계약의 성립

(1) 의사실현에 의한 계약의 성립

> **제532조【의사실현에 의한 계약성립】** 청약자의 의사표시나 관습에 의하여 승낙의 통지가 필요하지 아니한 경우에는 계약은 승낙의 의사표시로 인정되는 사실이 있는 때에 성립한다. 제35회

이때 계약의 성립 시기는 승낙의 의사표시로 인정되는 사실이 있는 때이지 청약자가 그 사실을 안 때가 아니다.

(2) 교차청약에 의한 계약의 성립

> **제533조【교차청약】** 당사자간에 동일한 내용의 청약이 상호교차된 경우에는 양청약이 상대방에게 도달한 때에 계약이 성립한다. 제28회, 제32회, 제35회

즉 '발송'한 때에 성립하는 것이 아니다.

4 계약체결상의 과실책임

> **제535조【계약체결상의 과실책임】** ① 목적이 불능한 계약을 체결할 때에 그 불능을 알았거나 알 수 있었을 자는 상대방이 그 계약의 유효를 믿었음으로 인하여 받은 손해를 배상하여야 한다. 그러나 그 배상액은 계약이 유효함으로 인하여 생길 이익액을 넘지 못한다. 제35회
> ② 전항의 규정은 상대방이 그 불능을 알았거나 알 수 있었을 경우에는 적용하지 아니한다. 제35회

(1) 요 건

① 계약이 성립하여야 한다. 따라서 **계약이 의사의 불합치로 성립하지 아니한 경우**, 상대방이 계약이 성립되지 아니할 수 있다는 것을 알았거나 알 수 있었음을 이유로 제535조를 유추적용하여 **계약체결상의 과실로 인한 손해배상청구를 할 수는 없다.** 제35회

② **원시적·객관적 전부불능의 경우이어야 한다.** 제29회

③ 급부를 하는 자의 고의 내지 과실이 있어야 한다.

④ 상대방은 선의·무과실이어야 한다.

(2) 효 과

상대방이 계약의 유효를 믿었기 때문에 받은 손해, 즉 신뢰이익을 배상해야 한다. 그리고 이 신뢰이익의 배상범위는 그 계약이 유효했더라면 상대방이 얻었을 이익, 즉 이행이익을 넘지 못한다.

기출
• 토지에 대한 매매계약체결 전에 이미 그 토지 전부가 공용수용된 경우에는 계약체결상의 과실책임이 문제될 수 있다. (○)

• 가옥 매매계약 체결 후, 제3자의 방화로 그 가옥이 전소한 경우에는 계약체결상의 과실책임이 문제될 수 있다. (×)

계약의 효력

01 쌍무계약의 일반적 효력

1 동시이행의 항변권 : 임의규정

> **제536조 【동시이행의 항변권】** ① 쌍무계약의 당사자 일방은 상대방이 그 채무이행을 제공할 때까지 자기의 채무이행을 거절할 수 있다. 그러나 상대방의 채무가 변제기에 있지 아니하는 때에는 그러하지 아니다.
> ② 당사자 일방이 상대방에게 먼저 이행하여야 할 경우에 상대방의 이행이 곤란할 현저한 사유가 있는 때에는 전항 본문과 같다.

(Ⅰ) 성립요건

1) 대가적 의미를 갖는 양 채무의 존재(쌍무계약)

① 대가적 의미를 갖는 양 채무가 존재해야 하므로, 당사자 쌍방이 각각 별개의 약정으로 상대방에 대하여 채무를 지게 된 경우에는 원칙적으로 동시이행의 항변권이 인정되지 않는다. 물론 이 경우에도 특약으로 동시이행관계를 인정할 수도 있다.

② 다만 서로의 채무가 쌍무계약상의 고유의 대가관계에 없다 해도 구체적인 계약관계의 약정내용에 따라 대가적 의미가 있어서 그 이행상의 견련관계가 인정될 사정이 있다면 동시이행의 항변권을 인정할 수 있다.

③ **동시이행의 관계에 있는 쌍방의 채무 중 어느 한 채무가 이행불능이 됨으로 인하여 발생한 손해배상채무도 여전히 다른 채무와 동시이행의 관계에 있다** (교환계약 사례). 제26회

④ 채권양도나 추심명령 내지 전부명령의 경우 등으로 당사자가 변경되더라도 채무가 동일성을 유지하는 한 항변권은 존속하나, 경개의 경우에는 동일성을 상실하므로 항변권도 소멸한다.

2) 상대방의 채무가 변제기에 있을 것

① 원칙적으로 상대방의 채무가 변제기에 있어야 동시이행의 항변권이 인정된다.

기출 / 동시이행관계에 있는 쌍방의 채무 중 어느 한 채무가 이행불능이 되어 손해배상채무로 바뀌는 경우, 동시이행의 항변권은 소멸한다. (×)

② **예 외**

　　㉠ 불안의 항변권

　　　　일방 당사자가 선이행의무를 지는 경우에도 상대방의 채무의 이행이 곤란할 정도의 현저한 사유가 있는 경우에는 동시이행의 항변권이 인정된다.

　　㉡ 상대방 채무의 변제기가 도래한 경우

　　　　ⓐ **선이행의무자가 이행을 지체하는 동안에 상대방의 채무가 이행기에 도달하게 되면 선이행의무자도 동시이행의 항변권을 행사할 수 있다.** 제26회

　　　　ⓑ 매수인이 선이행의무인 중도금을 지급하지 않았다 하더라도 계약이 해제되지 않은 상태에서 잔대금 지급일이 도과하였다면, 특별한 사정이 없는 한 매수인의 중도금 이에 대한 지급일 다음 날부터 잔대금지급일까지의 지연손해금 및 잔대금의 지급과 매도인의 소유권이전등기 소요서류의 제공은 동시이행관계에 있다.

　　　　ⓒ 따라서 잔대금지급일부터는 매수인은 잔금은 물론 중도금을 지급하지 아니한 데 대해서도 이행지체의 책임을 지지 아니한다.

3) **상대방이 자기채무의 이행의 제공을 하지 않고 이행을 청구하였을 것**

　　수령지체에 빠진 자라도 그 후 상대방이 다시 자기 채무의 이행을 하지 않고 이행을 청구한 경우에는 동시이행의 항변권이 인정된다. 제35회 즉 자기채무의 이행(잔금지급 등)을 거절할 수 있다. 즉 쌍무계약의 당사자 일방이 먼저 한번 현실의 제공을 하고 상대방을 수령지체에 빠지게 하였다고 하더라도 그 이행의 제공이 계속되지 않는 경우에는 과거에 이행의 제공이 있었다는 사실만으로 상대방이 가지는 동시이행의 항변권이 소멸하는 것은 아니다.

(2) 동시이행의 항변권의 효력

1) **연기적 항변권**

　　동시이행의 항변권은 상대방이 이행제공을 할 때까지 자기 채무의 이행을 거절할 수 있는 일시적·연기적 항변권에 불과하고, 영구적 항변권이 아니다.

2) **항변권 존재의 효과**: 이행지체 저지효

① 동시이행의 항변권을 행사하지 않더라도 **동시이행의 항변권이 존재한다는 사실 자체로 이행의 거절이 정당화되므로 이행기를 도과했다 하더라도 이행지체가 되지 않는다.** 제30회, 제35회 따라서 상대방에게 채무불이행책임 묻기 위해서는 자기 채무를 이행제공하여 상대방의 동시이행의 항변권을 소멸시켜야 한다.

② **동시이행의 항변권이 붙은 채권을 자동채권으로 한 상계는 허용되지 않고,** 동시이행의 항변권을 수동채권으로 하는 상계만 허용된다. 제35회

[기출] 매수인 乙이 대금채무를 선이행하기로 약정했더라도 그 이행을 지체하는 동안 매도인 甲의 채무의 이행기가 도래하였다면, 특별한 사정이 없는 한 甲과 乙의 채무는 동시이행관계에 있다. (○)

[기출] 일방의 이행제공으로 수령지체에 빠진 상대방은 그 후 그 일방이 이행제공 없이 이행을 청구하는 경우에는 동시이행 항변권을 주장할 수 없다. (×)

③ 동시이행의 항변권이 존재한다 하더라도 채권의 소멸시효는 계속 진행된다.

3) 항변권 행사의 효과 : 상환급부(이행)판결 제26회

　　다만 **피고가 동시이행의 항변권을 행사하지 않으면 법원도 이를 고려하지 않으므로 원고 전부승소판결을 하게 된다.** 제26회

(3) 동시이행항변권의 인정범위

1) 명문규정이 있는 경우

① **전세권소멸과 동시이행**(제317조) 제29회, 제35회

② **계약해제로 인한 원상회복의무**(제549조) 제26회, 제27회, 제29회

③ **매도인의 담보책임**(제583조)

④ **가등기담보에 있어 청산금지급의무와 목적부동산에 대한 본등기 및 인도의무**
　　(가등기담보법 제4조 제3항) 제29회, 제35회

2) 학설 · 판례에서 인정하는 경우

① **부동산의 매매계약이 체결된 경우, 매도인의 소유권이전등기의무와 매수인의 잔대금지급의무** 제32회

② **임대차종료시 임차목적물의 반환과 연체차임 등을 공제한 보증금 반환**
　　제31회, 제32회

③ **매매계약이 무효(취소)가 된 경우 양 당사자의 반환의무** 제26회, 제35회

④ 저당권(가압류)이 설정된 부동산을 매매하는 경우, 매도인의 소유권이전등기의무 및 저당권(가압류)말소의무와 매수인의 대금지급의무

⑤ 양도소득세(부가가치세)를 매수인이 부담하기로 하는 약정이 있는 경우, 매도인의 소유권이전등기의무와 매수인의 양도소득세액(부가가치세액) 제공의무

⑥ **토지임차인이 건물매수청구권을 행사하는 경우, 토지임차인의 건물명도 및 소유권이전등기의무와 토지임대인의 건물대금지급의무** 제31회

⑦ 원인채무의 이행의무와 어음의 반환의무

⑧ **구분소유적 공유관계가 해소되는 경우 雙方의 지분소유권이전등기의무**
　　제29회, 제33회, 제35회

⑨ 부동산의 매수인이 매매목적물에 관한 근저당권의 피담보채무를 인수하면서 채무액을 매매대금에서 공제하였는데, 매도인이 그 채무를 대신 변제한 경우 매수인의 구상금채무와 매도인의 소유권이전의무

기출
- 채권자의 이행청구소송에서 채무자가 주장한 동시이행의 항변이 받아들여진 경우, 채권자는 전부 패소판결을 받게 된다. (×)
- 동시이행의 항변권은 당사자의 주장(원용)이 없어도 법원이 직권으로 고려할 사항이다. (×)

기출 계약해제로 인한 당사자 상호간의 원상회복의무는 동시이행관계에 있다. (○)

기출 구분소유적 공유관계가 해소되는 경우, 공유지분권자 상호간의 지분이전등기의무는 동시이행관계에 있다. (○)

3) 부정된 경우

① **채무자의 저당채무변제와 (근)저당권설정등기말소의무** 제31회

② **피담보채무의 변제와 가등기담보(소유권이전등기)의 말소의무** 제26회, 제28회, 제35회

③ **임차권등기명령에 의한 임차권등기의 말소의무와 보증금반환의무**
제31회, 제33회

④ 채권증서(차용증)의 반환과 변제, 다만 영수증 교부와 변제는 동시이행관계에 있다.

⑤ **근저당권 실행을 위한 경매가 무효로 되어** 채권자(= 근저당권자)가 채무자를 대위하여 낙찰자에 대한 소유권이전등기 말소청구권을 행사하는 경우, **낙찰자가 부담하는 소유권이전등기 말소의무**는 채무자에 대한 것인 반면, **낙찰자의 배당금 반환청구권**은 실제 배당금을 수령한 채권자(= 근저당권자)에 대한 채권으로 양 채무는 **서로 이행의 상대방을 달리하는 것이므로 동시에 이행되어야 할 관계에 있지 아니하다.** 제29회

⑥ **매도인의 토지거래허가 신청절차에 협력할 의무와 매수인의 매매대금지급의무** 제31회, 제32회, 제34회

⑦ **상가임차인의 임차목적물 반환의무와 임대인의 권리금 회수 방해로 인한 손해배상의무** 제33회

2 위험부담(제537조 · 제538조) : 임의규정 제31회

(1) 원칙(채무자위험부담주의)

> **제537조【채무자위험부담주의】** 쌍무계약의 당사자 일방의 채무가 당사자쌍방의 책임 없는 사유로 이행할 수 없게 된 때에는 채무자는 상대방의 이행을 청구하지 못한다. 제30회

1) 요 건

① **쌍무계약**의 당사자 일방의 채무가 **후발적 불능**으로 소멸하여야 한다. 제30회

② **불능이 당사자 쌍방의 책임 없는 사유로 인한 것이어야 한다.** 제30회, 제31회

2) 효 과

① **채무자는 자기의 채무를 면하나, 동시에 상대방의 반대급부도 청구하지 못한다**(이를 채무자가 대가위험을 부담하고, 상대방이 급부위험을 부담한다고 표현한다).
제27회, 제29회, 제35회

---

② 채무자가 이미 반대급부의 일부 또는 전부(계약금 내지 중도금)를 받은 경우에는 부당이득으로 반환해야 한다. 제27회, 제29회, 제30회, 제34회, 제35회

(2) 예외(채권자위험부담주의)

> 제538조【채권자귀책사유로 인한 이행불능】① 쌍무계약의 당사자 일방의 채무가 채권자의 책임 있는 사유로 이행할 수 없게 된 때에는 채무자는 상대방의 이행을 청구할 수 있다. 채권자의 수령지체 중에 당사자쌍방의 책임 없는 사유로 이행할 수 없게 된 때에도 같다. 제31회, 제35회
> ② 전항의 경우에 채무자는 자기의 채무를 면함으로써 이익을 얻은 때에는 이를 채권자에게 상환하여야 한다.

1) 요 건

채권자의 귀책사유 내지 채권자의 수령지체 중에 당사자 쌍방의 책임 없는 사유로 급부가 불능으로 된 경우이어야 한다. 제31회, 제34회

2) 효 과

① 채무자는 자신의 급부의무를 면하고, 상대방의 이행을 청구할 수 있다.
제27회, 제31회, 제34회

② 이 경우 채무자는 자기의 채무를 면함으로써 얻은 이익을 채권자에게 상환해야 한다. 예컨대 정상적으로 계약이 진행되었다면 매도인은 양도소득세를 부담해야 하나, 이를 부담하지 않았으므로 그 세액 상당액은 매수인에게 상환해야 한다.

(3) 사례 연습

甲은 자신의 토지를 乙에게 팔고 중도금까지 수령하였으나, 그 토지가 공용(재결)수용되는 바람에 乙에게 소유권을 이전할 수 없게 되었다.

① 乙은 수용의 주체를 상대로 불법행위로 인한 손해배상을 청구할 수 있다.
(×) 수용은 적법한 권리행사이므로 손해배상을 청구할 수 없다.

② 乙은 매매계약을 해제하고 전보배상을 청구할 수 있다. 제27회
(×) 채무자 甲에게 귀책사유가 없으므로 해제와 손해배상청구는 인정되지 않는다.

③ 乙은 甲의 수용보상금청구권의 양도를 청구하거나, 甲이 보상금을 수령하였다면 乙은 甲에게 보상금의 반환을 청구할 수 있다. 제29회

④ 다만 乙이 대상청구권을 행사하려면 상대방에 대하여 반대급부를 이행할 의무가 있다. 제31회

⑤ 乙이 매매대금 전부를 지급하면 甲의 **수용보상금청구권 자체가 乙에게 귀속**한다.

(○)(○)(×) 수용보상금은 소유자에게 인정되는 권리이므로 乙이 매매대금을 지급한 경우에도 등기를 경료하지 않는 한 수용보상금을 취득할 수 없다. 다만 소유자 甲에게 대상청구권을 행사하여 수용보상금의 양도를 청구할 수 있다.

⑥ 乙은 특별한 사정이 없는 한 甲에게 매매대금을 지급할 의무가 없다.

(○) 채무자위험부담주의(제537조)

⑦ 乙은 이미 지급한 중도금을 부당이득으로 반환 청구할 수 없다. 제29회

(×) 위험부담의 경우, 서로 주고받은 급부는 부당이득으로 반환해야 한다.

⑧ 乙은 계약체결상의 과실을 이유로 신뢰이익의 배상을 청구할 수 있다. 제29회

(×) 후발적 불능이므로 계약체결상의 과실책임은 문제될 여지가 없다.

---

02 제3자를 위한 계약

1 출연의 원인관계

(1) **보상관계**(기본관계) : 요약자와 낙약자의 관계

① 요약자와 낙약자의 관계는 제3자를 위한 계약의 본체이므로 보상관계의 흠결이나 하자는 제3자를 위한 계약의 효력에 영향을 미친다.

② 따라서 **요약자와 낙약자의 계약이 적법하게 취소된 경우, 제3자의 급부청구권은 소멸한다.** 제26회

(2) **대가관계** : 요약자와 수익자의 관계

① 대가관계는 제3자를 위한 계약의 내용이 아니므로 제3자를 위한 계약 자체는 물론 그에 기한 요약자와 낙약자 사이의 법률관계의 성립이나 효력에 영향을 미치지 아니한다.

② 따라서 **낙약자는 요약자와 수익자 사이의 법률관계에 기한 항변으로 수익자에게 대항하지 못하고**, 요약자도 대가관계의 부존재나 효력의 상실을 이유로 자신이 낙약자에게 부담하는 채무의 이행을 거절할 수 없다. 제30회, 제34회, 제35회

기출 ⁄ 요약자 甲과 낙약자 乙의 매매계약이 적법하게 취소된 경우, 제3자 丙의 급부청구권은 소멸한다. (○)

기출 ⁄
• 낙약자 乙은 요약자 甲의 제3자 丙에 대한 항변으로 丙에게 대항할 수 있다. (×)
• 乙은 甲과 丙 사이의 채무부존재의 항변으로 丙에게 대항할 수 없다. (○)

2 제3자를 위한 계약의 성립요건

(1) 유효한 보상관계의 존재

제3자를 위한 계약의 당사자는 요약자와 낙약자이다. 제33회 따라서 의사표시의 하자 여부(비 · 통 · 착 · 사 등)도 요약자와 낙약자를 기준으로 판단한다.

(2) 제3자의 수익약정

① 제3자로 하여금 권리를 취득하게 하는 제3자 약관이 있어야 한다. 제3자에게 일정한 대가의 지급 기타 일정한 부담 하에 권리를 부여하는 것도 가능하다.

② **병존적 채무인수는 제3자를 위한 계약**이나, 면책적 채무인수나 이행인수는 제3자를 위한 계약이 아니다. 제28회, 제32회

③ 제3자에게 취득시키는 권리는 채권인 것이 보통이나 물권이라도 상관없다. 또한 **낙약자가 제3자에게 가지는 채권에 대해 채무를 면제**하거나 청구권을 포기하게 **하는 계약도 제3자를 위한 계약에 해당한다.** 제28회

(3) 수익자의 특정

제3자는 계약체결 당시에는 현존하지 않아도 무방하다. 제27회, 제33회 수익의 의사표시를 할 때에만 현존 · 특정되면 된다. 따라서 설립 중의 법인이나 태아도 제3자가 될 수 있다.

3 제3자를 위한 계약의 효과

(1) 제3자의 지위

> **제539조 【제3자를 위한 계약】** ① 계약에 의하여 당사자 일방이 제3자에게 이행할 것을 약정한 때에는 그 제3자는 채무자에게 직접 그 이행을 청구할 수 있다.
> ② 전항의 경우에 제3자의 권리는 그 제3자가 채무자에 대하여 계약의 이익을 받을 의사를 표시한 때에 생긴다.
> **제541조 【제3자의 권리의 확정】** 제539조의 규정에 의하여 제3자의 권리가 생긴 후에는 당사자는 이를 변경 또는 소멸시키지 못한다.

1) 수익자의 권리취득

① **제3자가 낙약자에게 수익의 의사표시를 하면 수익의 의사표시를 한 때부터 낙약자(채무자)에 대하여 직접 권리를 취득한다.** 제29회 즉 요약자는 수익의 의사표시의 상대방이 아니고, 또한 **계약을 한 때로 소급하여 권리가 발생하는 것이 아니다.** 제32회

기출 ✏ 제3자의 권리는 그 제3자가 채무자에 대해 수익의 의사표시를 하면 계약의 성립시에 소급하여 발생한다. (×)

기출 ✏ 수익자 丙이 수익의 의사표시를 하면 특별한 사정이 없는 한 낙약자 乙에 대한 대금지급청구권을 확정적으로 취득한다. (○)

② 이러한 수익의 의사표시는 제3자의 권리발생요건이지 제3자를 위한 계약의 성립요건은 아니다.

③ **제3자의 권리가 확정된 후에는 요약자와 낙약자는 제3자의 권리를 변경·소멸(합의해제)하지 못한다**(제541조). 제26회, 제27회, 제31회 변경·소멸하더라도 제3자에게는 아무런 효력이 없다. 그러나 **요약자와 낙약자가 합의에 의한 변경·소멸의 가능성을 미리 유보한 경우나 제3자의 동의가 있는 경우에는 변경·소멸시킬 수 있다.** 제35회

2) 계약에 대한 제3자의 지위

① **제3자는 계약의 당사자가 아니기 때문에 계약의 취소권이나 해제권이 없다.** 제26회, 제27회, 제29회, 제31회~제35회 따라서 **계약의 해제에 따르는 원상회복청구권도 인정되지 않는다.** 제28회, 제29회 또한 **원상회복의 의무도 부담하지 않는다.**

② 즉 **낙약자가 제3자에게 급부를 한 후에 계약이 무효, 취소, 해제가 된 경우에도 낙약자는 요약자에게 반환청구를 해야지, 제3자에게 반환청구를 할 수 없다.** 제26회, 제30회, 제31회, 제34회, 제35회

③ 그러나 수익의 의사표시를 한 후에는 낙약자에게 직접 채무의 이행을 청구할 수 있고, 채무불이행의 경우 낙약자에게 손해배상을 청구할 수 있다.
제30회~제32회, 제34회

④ **제3자는 제3자를 위한 계약에 의해 직접 권리를 취득하므로 민법의 제3자 보호규정(비·통·착·사, 해제 등)에서 보호받는 제3자에 포함되지 않는다.** 제30회

⑤ 수익자는 계약의 당사자가 아니므로 수익자가 요약자를 기망하여 계약이 체결된 경우, 요약자는 낙약자가 그 사실을 알았거나 알 수 있었을 경우에 한하여 계약을 취소할 수 있다. 낙약자에 대해 기망을 한 경우에도 마찬가지이다.

⑵ **요약자의 지위**

요약자는 제3자를 위한 계약의 당사자이므로 계약에 따른 권리를 갖는다. 즉 낙약자에 대해서 제3자에게 채무를 이행할 것을 청구할 수도 있고, 요건이 충족되는 경우 취소권이나 **해제권** 등을 **행사**하고 손해배상을 청구할 수도 있다. **제3자가 수익의 의사표시를 한 후라도 제3자의 동의 없이 계약을 해제할 수 있다.** 제29회, 제33회~제35회

기출 ✎

- 낙약자는 기본관계에 기한 항변으로 제3자에게 대항할 수 없다. (×)

- 낙약자는 요약자와의 계약에 기한 동시이행의 항변으로 제3자에게 대항할 수 없다. (×)

- 요약자 甲이 낙약자 乙에게 매매계약에 따른 이행을 하지 않더라도, 乙은 특별한 사정이 없는 한 丙에게 대금지급을 거절할 수 없다. (×)

- 낙약자가 상당한 기간을 정하여 제3자에게 수익 여부의 확답을 최고하였음에도 그 기간 내에 확답을 받지 못한 때에는 제3자가 수익의 의사를 표시한 것으로 본다. (×)

(3) 낙약자의 지위

제542조【채무자의 항변권】채무자는 제539조의 계약에 기한 항변으로 그 계약의 이익을 받을 제3자에게 대항할 수 있다.

제540조【채무자의 제3자에 대한 최고권】전조의 경우에 채무자는 상당한 기간을 정하여 계약의 이익의 향수여부의 확답을 제3자에게 최고할 수 있다. 제32회 채무자가 그 기간 내에 확답을 받지 못한 때에는 제3자가 계약의 이익을 받을 것을 거절한 것으로 본다. 제27회

낙약자는 제3자에 대하여 직접 채무를 부담한다. 낙약자는 제3자를 위한 계약에서 발생하는 항변사유(계약의 무효·취소, 동시이행의 항변 등)를 제3자에게 주장할 수 있다. 제26회~제29회, 제31회, 제33회

Chapter 03 계약의 해제·해지

01 구별개념

1 합의해제(해제계약)

합의해제는 계약이므로 **당사자는 자기 채무의 이행제공 없이 합의에 의하여 계약을 해제할 수 있고,**^{제32회} 또한 단독행위인 민법상의 해제에 관한 규정은 적용되지 않는다. 따라서 **별도의 특약이 없는 이상 채무불이행으로 인한 손해배상책임이나**(제551조), ^{제29회, 제31회, 제32회} **금전 반환시 이자 가산 규정**(제548조 제2항) **등은 적용되지 않는다.** ^{제26회, 제27회, 제29회~제32회} **그러나 제3자 보호규정**(제548조)**은 적용된다.** ^{제30회~제32회} 또한 합의해제는 묵시적으로도 할 수 있다. 즉 **매도인이 잔금기일 경과 후 해제를 주장하며 수령한 매매대금을 공탁하고 매수인이 이를 이의 없이 수령한 경우, 특별한 사정이 없는 한 합의해제된 것으로 본다.** ^{제31회, 제32회}

2 약정해제권(단독행위)

(1) 예를 들어 토지의 매수인이 토지를 매매함에 있어 '공장허가가 나지 않으면 매매계약을 해제할 수 있게 해달라'고 요청하고 매도인이 이에 대해 승낙을 하여 계약이 성립된 경우이다.

(2) 위의 경우, 중도금을 지급한 부동산매수인도 공장허가가 나지 않으면, 즉 약정해제사유가 발생하면 당연히 계약을 해제할 수 있다. 즉 약정해제지 계약금해제가 아니므로 이행에 착수한 후에도 약정해제사유가 발생하면 해제권을 행사할 수 있다.

(3) 계약서에 명문으로 위약시의 법정해제권의 포기 또는 배제를 규정하지 아니한 이상 약정해제권의 유보는 채무불이행으로 인한 법정해제권의 성립에 아무런 영향을 미칠 수 없다. 즉 약정해제권을 유보한 경우에도 채무불이행이 있으면 법정해제권을 행사할 수 있다. 계약금 약정이 있는 경우에도 마찬가지이다.

02 법정해제권의 발생 : 채무불이행

1 이행지체(제544조, 제545조)

> **제544조【이행지체와 해제】** 당사자 일방이 그 채무를 이행하지 아니하는 때에는 상대방은 상당한 기간을 정하여 그 이행을 최고하고 그 기간 내에 이행하지 아니한 때에는 계약을 해제할 수 있다. 그러나 채무자가 미리 이행하지 아니할 의사를 표시한 경우에는 최고를 요하지 아니한다.

(1) 채무자의 이행지체가 있을 것

(2) 상당한 기간을 정하여 최고하였을 것 제33회

1) 최고의 의미

① 이행의 청구를 최고라고 하는데 최고의 방법에는 제한이 없다.

② 과대최고의 경우에도 본래 급부하여야 할 수량과의 차이가 비교적 적거나 채권자가 과다하게 최고한 진의가 본래의 급부를 청구하는 취지라면, 그 최고는 본래 급부하여야 할 수량의 범위 내에서 유효하다.

③ 그러나 그 과다한 정도가 현저하고 채권자가 청구한 금액을 제공하지 않으면 그것을 수령하지 않을 것이라는 의사가 분명한 경우에는 그 최고는 부적법하고 이러한 최고에 터 잡은 계약의 해제는 그 효력이 없다.

2) 상당한 기간의 지정

기간이 상당하지 않거나 기간을 명시하지 않은 최고도 최고로서의 효력은 발생한다. 제28회 다만 상당한 기간이 경과한 후에 해제권이 발생한다.

3) 최고를 필요로 하지 않는 경우

① **채무자가 미리 이행하지 않을 의사를 표시(명백)한 경우(제544조 단서)**

　㉠ **채무자가 이행거절의 의사를 표시한 경우에는 채권자는 이행기 전이라도 자기 채무의 이행제공이나 최고 없이 계약을 해제하거나 손해배상을 청구할 수 있다.** 제31회

　㉡ 다만 이행거절의 의사표시가 적법하게 철회된 경우 상대방으로서는 자기 채무의 이행을 제공하고 상당한 기간을 정하여 이행을 최고한 후가 아니면 채무불이행을 이유로 계약을 해제할 수 없다.

　㉢ **당사자 일방이 미리 이행을 하지 않을 의사를 표명한 것으로 볼 것인지 여부는 계약해제시를 기준으로 하여 판단하여야 한다.** 제28회

기출 이행의 최고는 반드시 미리 일정기간을 명시하여 최고하여야 하는 것은 아니다. (○)

기출 乙로부터 부동산을 매수한 甲이 매매대금 채무의 이행기 전에 그 채무를 이행하지 않을 의사를 명백히 표시한 경우, 乙은 최고 없이도 계약을 해제할 수 있다. (○)

② **정기행위**(제545조) : **예** 결혼식 드레스

정기행위의 경우 채무불이행이 있는 경우, 최고는 필요 없지만 해제의 의사표시는 필요하다. 제26회, 제28회 즉 채무불이행이 있다고 하여 계약이 자동적으로 실효되는 것이 아니라 해제의 의사표시가 있어야 한다.

⑶ **채무자가 상당한 기간 내에 이행 또는 이행의 제공을 하지 않을 것**

⑷ **해제권의 발생**

해제권이 발생한 경우라도 채권자는 이를 포기하고 본래의 급부를 청구할 수 있다. 법정해제권의 발생요건을 경감하는 특약도 유효하다.

⑸ **최고를 요하지 않는 경우**

① 이행지체에 있어서 채무자가 미리 이행거절의사를 표시(명백)한 경우

② 정기행위에 있어서의 이행지체

③ 이행불능

④ 완전이행(추완)이 불가능한 불완전이행

⑤ 약정해제(당사자가 미리 약정한 해제사유가 발생한 경우 : 공장허가가 나지 않은 경우)

⑥ 사정변경을 이유로 하는 해제

⑦ 당사자 사이에 최고 배제의 특약을 한 경우

기출 성질상 일정한 기간 내에 이행하지 않으면 그 목적을 달성할 수 없는 계약에서 당사자 일방이 그 시기에 이행하지 않으면 해제의 의사표시가 없더라도 해제의 효과가 발생한다.
(×)

2 이행불능(제546조)

> **제546조 【이행불능과 해제】** 채무자의 책임 있는 사유로 이행이 불능하게 된 때에는 채권자는 계약을 해제할 수 있다.

⑴ **이행불능으로 인한 계약해제권과 손해배상청구권은 채무자에게 귀책사유가 있는 경우에만 인정된다.** 제27회, 제29회 **이행 자체가 불가능하므로 최고가 필요 없다.** 제26회, 제29회 **계약의 일부의 이행이 불능인 경우에는 이행이 가능한 나머지 부분만의 이행으로 계약의 목적을 달성할 수 없는 경우에만 계약 전부의 해제가 가능하다.** 제31회

⑵ **매매목적물에 가압류**, 처분금지가처분, 소유권말소예고등기가 되어 있거나, 근저당권설정등기가 말소되지 않았다고 하여 바로 매도인의 소유권이전등기의무가 **이행불능으로 되었다고 할 수는 없다.** 제35회

기출
• 이행불능으로 인한 계약해제권과 손해배상청구권은 채무자에게 귀책사유가 있는 경우에만 인정된다. (○)
• 부동산 이중매매의 경우, 특별한 사정이 없는 한 제2매수인 丙이 등기를 경료하면 제1매수인 乙은 최고 없이도 매도인 甲과의 계약을 해제할 수 있다. (○)
• 일부 이행불능의 경우, 계약 목적을 달성할 수 없으면 계약 전부의 해제가 가능하다. (○)

(3) 토지가 강제수용된 경우에는 매도인에게 귀책사유가 없으므로 해제가 인정되지 않는다.

(4) **부동산의 매수인이 매매목적물에 관한 채무를 인수하여 그 채무액을 매매대금에서 공제하기로 약정한 경우, 특별한 사정이 없는 한 매수인이 매매대금에서 그 채무액을 공제한 나머지를 지급함으로써 잔금지급의 의무를 다하였다.** 제28회 따라서 매수인이 위 채무를 변제하지 않은 경우에도 매도인은 매매계약을 해제할 수 없다.

(5) **매도인의 소유권이전등기의무의 이행불능을 이유로 매매계약을 해제함에 있어서는 상대방의 잔대금지급의무가 매도인의 소유권이전등기의무와 동시이행 관계에 있다고 하더라도 그 이행의 제공을 필요로 하는 것이 아니다.** 제31회 또한 이행기까지 기다릴 필요 없이 즉시 해제할 수 있다.

(6) 이행불능의 경우, 통상손해는 이행불능 당시의 시가를 기준으로 산정한다.

기출✎ 매도인의 이행불능을 이유로 매수인이 계약을 해제하려면 매매대금의 변제제공을 하여야 한다. (×)

3 기타 원인으로 인한 해제권의 발생

(1) 불완전 이행과 해제권

완전이행이 가능하면(이행지체) 최고를 해야만 계약을 해제할 수 있으나, 완전이행이 불가능하면(이행불능) 최고 없이 계약을 해제할 수 있다.

(2) 부수적 의무 불이행과 해제 : 불가

주된 급부의무 불이행의 경우에만 해제가 가능하고, 부수적 주의의무(토지거래 허가제의 협력의무)나 보호의무 위반의 경우에는 손해배상만이 가능하고 해제는 할 수 없다.

(3) 사정변경으로 인한 해제권

판례는 '계약 성립 당시 당사자가 예견할 수 없었던 현저한 사정의 변경이 발생하였고, 계약내용대로의 구속력을 인정한다면 신의칙에 현저히 반하는 결과가 생긴 경우에는 인정된다.'고 하여 이론상 가능성은 인정하나, 아직까지 인정한 예는 없다. 여기에서 사정변경이라 함은 계약의 기초가 되었던 객관적인 사정을 의미하는 것이지 일방당사자의 주관적 또는 개인적인 사정을 의미하는 것은 아니다.

03 해제권의 행사

1 해제권 행사의 방법

(1) 해제(해지)의 의사표시가 상대방에 도달한 때에는 철회하지 못한다(제543조). 또한 단독행위이므로 원칙적으로 조건이나 기한을 붙이지 못한다. 그러나 **일 정한 기간을 정하여 채무이행을 최고함과 동시에 그 기간 내에 이행이 없을 때 에는 계약을 해제하겠다는 의사를 표시한 경우**(정지조건부 계약해제)**는 유효하다.**

제33회

(2) 소제기로써 계약해제권을 행사한 후 그 뒤 소송을 취하하였다고 하여도 해제 권은 형성권이므로 그 행사의 효력에는 아무런 영향을 미치지 않는다.

2 해제권의 불가분성

(1) **해제권 행사의 불가분성**

> 제547조 【해지, 해제권의 불가분성】 ① 당사자의 일방 또는 쌍방이 수인인 경우에는 계약의 해지나 해제는 그 전원으로부터 또는 전원에 대하여 하여야 한다.
>
> 제26회, 제28회, 제29회, 제31회

① 그러나 반드시 공동으로 할 필요는 없고 순차적으로 해도 되고, 해제권에 대 한 대리권을 수여받아 해제권자 1인이 해도 된다.

② **공유물을 매매한 경우에는 특별한 사정이 없는 한** 실질상 각 공유지분별로 별개의 매매계약이 성립되었다고 할 것이고, 일부 공유자가 매수인의 매매대 금지급의무불이행을 원인으로 한 그 공유지분에 대한 매매계약을 해제하는 것은 가능하다.

(2) **해제권 소멸의 불가분성**

> 제547조 【해지, 해제권의 불가분성】 ② 전항의 경우에 해지나 해제의 권리가 당사자 1인에 대하여 소멸한 때에는 다른 당사자에 대하여도 소멸한다. 제27회

|기출🖉|
• 당사자의 쌍방이 수인인 경우, 계약의 해제는 그 1인에 대하 여 하더라도 효력이 있다. (×)
• 당사자 일방이 수인인 경우, 그 중 1인에 대하여 해지권이 소멸한 때에는 다른 당사자에 대하여도 소멸한다. (○)

04 해제의 효과(제548조)

> **제548조【해제의 효과, 원상회복의무】**① 당사자 일방이 계약을 해제한 때에는 각 당사자는 그 상대방에 대하여 원상회복의 의무가 있다. 그러나 제3자의 권리를 해하지 못한다.
> ② 전항의 경우에 반환할 금전에는 그 받은 날로부터 이자를 가하여야 한다. 제35회

1 계약의 소급적 실효

(1) 해제의 소급효

① **내 용**

해제의 효과는 당사자 모두를 구속하므로, **상대방의 계약해제에 의하여 계약이 해제되었음에도 상대방이 계약이 존속함을 전제로 계약상 의무의 이행을 구하는 경우, 계약을 위반한 당사자도 당해 계약이 해제로 소멸되었음을 들어 그 이행을 거절할 수 있다.** 제34회

② **물권의 복귀**

매매계약이 해제(취소, 합의해제)되면 매수인의 등기를 말소하지 않더라도 소유권은 매도인에게 소급하여 복귀한다. 제33회, 제35회 따라서 매도인의 매수인에 대한 등기말소청구권은 물권적 청구권으로 따로 소멸시효에 걸리지 않는다.

(2) 제3자의 보호(제548조 제1항 단서 - 선·악 불문)

① **제3자라 함은** 그 해제된 계약으로부터 생긴 법률적 효과를 기초로 하여 새로운 이해관계를 가졌을 뿐 아니라 **등기·인도 등으로 완전한 권리를 취득한 자를 지칭한다.** 제33회

② **매수인과 매매예약을 체결한 후 그에 기한 소유권이전등기청구권 보전을 위한 가등기를 마친 사람도 보호되는 제3자에 포함된다.** 제27회, 제35회

③ **해제된 계약에 의하여 채무자의 책임재산이 된 계약의 목적물(부동산)을 가압류한 가압류채권자나 저당권자는 제3자에 포함된다.** 제30회, 제35회

④ 미등기 무허가건물의 매수인으로부터 그 건물을 다시 매수하고 무허가건물대장에 소유자로 등재한 자는 보호되는 제3자에 해당하지 않는다.

⑤ **소유권을 취득하였다가 계약해제로 인하여 소유권을 상실하게 된 임대인으로부터 그 계약이 해제되기 전에 주택을 임차하여 주택의 인도와 주민등록을 갖춘 임차인은 제3자에 해당된다.** 제27회, 제35회

기출✎ 일방 당사자의 계약위반을 이유로 한 상대방의 계약해제 의사표시에 의해 계약이 해제되었음에도 상대방이 계약이 존속함을 전제로 계약상 의무의 이행을 구하는 경우, 특별한 사정이 없는 한 계약을 위반한 당사자도 당해 계약이 상대방의 해제로 소멸되었음을 들어 그 이행을 거절할 수 있다. (○)

기출✎
• 계약의 해제 전 교환계약의 당사자 乙로부터 X토지를 매수하여 그에 기한 소유권이전청구권보전을 위한 가등기를 마친 자는 해제에서 보호되는 제3자에 포함된다. (○)
• 해제대상 매매계약에 의하여 채무자 명의로 이전등기된 부동산을 가압류 집행한 가압류채권자는 해제에서 보호되는 제3자에 포함된다. (○)

⑥ 주택을 인도받은 매수인이 매도인으로부터 그 '임대권한'을 명시적 또는 묵시적으로 부여받은 경우, 매수인으로부터 매매계약이 해제되기 전에 주택을 임차하여 '대항요건'을 갖춘 임차인은 계약해제로 인하여 권리를 침해받지 않을 제3자에 해당한다.

⑦ **토지를 매도하였다가 대금지급을 받지 못하여 매도인이 그 매매계약을 해제한 경우, 매수인이 해당 토지에 신축한 건물을 매수한 건물 매수인은 해제의 경우 보호되는 제3자에 해당하지 아니한다.** ^{제27회}

⑧ **계약상의 채권(대금지급청구권. 소유권이전등기청구권) 그 자체를 양도받은 양수인, 그의 전부채권자, 압류채권자, 계약상의 채권을 양수하여 이를 피보전권리로 하여 처분금지가처분결정을 받은 자**, 제3자를 위한 계약의 수익자 **등은 제3자에 포함되지 않는다.** ^{제26회, 제30회, 제35회}

⑨ **제3자 범위의 확대**
계약이 해제되었으나 그에 따른 등기가 말소되기 전에 그 등기를 믿고(선의) 법률관계를 맺은 제3자도 보호된다(이 경우 악의의 제3자는 보호되지 않음).

② 원상회복의무와 손해배상(동시이행관계)

(1) 의 의

해제의 경우 선·악이나 이익의 현존여부를 묻지 않고 그가 받은 급부 전부를 반환하여야 한다. ^{제35회} 금전을 받은 경우에는 받은 날로부터 이자를 가산하여 반환해야 한다. **물건을 사용한 경우에는 사용이익도 반환하여야 한다.** ^{제35회}

(2) 원상회복의 범위

① 법정해제권 행사의 경우 반환해야 할 법정이자는 원상회복의 범위에 속하는 것으로, 반환의무의 이행지체로 인한 것이 아니므로, 부동산 매매계약이 해제된 경우 동시이행의 관계에 있는지 여부와는 관계없이 매도인이 반환하여야 할 매매대금에 대하여는 그 받은 날로부터 연 5푼의 비율에 의한 법정이자를 부가하여 지급하여야 한다.

② 매매계약이 해제되면 이미 그 계약상 의무에 기하여 이행된 급부는 원상회복을 위하여 부당이득으로 반환되어야 하고, 그 **원상회복의 대상에는 매매대금은 물론 이와 관련하여 그 매매계약의 존속을 전제로 수령한 지연손해금도 포함된다.** ^{제34회}

기출 ✎
• 교환계약의 해제 전 교환계약의 목적물인 X토지상의 乙의 신축 건물을 매수한 자는 해제에서 보호되는 제3자에 포함되지 않는다. (○)
• 계약해제 전, 해제대상인 계약상의 채권 자체를 압류 또는 전부(轉付)한 채권자는 해제에서 보호되는 제3자에 해당되지 않는다. (○)

기출 ✎ 계약해제로 인한 원상회복의 대상에는 매매대금은 물론 이와 관련하여 그 계약의 존속을 전제로 수령한 지연손해금도 포함된다. (○)

③ **과실상계는** 본래 채무불이행 또는 불법행위로 인한 손해배상책임에 대하여 인정되는 것이고, 매매계약이 해제되어 소급적으로 효력을 잃은 결과 매매당사자에게 당해 계약에 기한 급부가 없었던 것과 동일한 재산상태를 회복시키기 위한 **원상회복의무의 이행으로서 이미 지급한 매매대금 기타의 급부의 반환을 구하는 경우에는 적용되지 아니한다.** 제34회

(3) 손해배상

> **제551조 【해지, 해제와 손해배상】** 계약의 해지 또는 해제는 손해배상의 청구에 영향을 미치지 아니한다. 제28회, 제31회

따라서 손해가 있다면 해제와 더불어 손해배상도 청구할 수 있다. 손해배상은 이행이익의 배상이 원칙이지만, 신뢰이익의 배상을 구할 수도 있다. 다만 그 신뢰이익은 과잉배상금지의 원칙에 비추어 이행이익의 범위를 초과할 수 없다.

05 해제권의 소멸

1 일반적 소멸사유

해제권이 발생한 후라도 해제의 의사표시 전에 채무자가 이행지체로 인한 손해배상을 포함하여 본래의 채무의 이행 또는 이행의 제공을 하면 해제권은 소멸한다. 또한 해제권은 형성권이므로 10년의 제척기간 내에 행사하여야 한다.

2 특수한 소멸원인

(1) 상대방의 최고에 의한 소멸(제552조)

해제권의 행사기간을 정하지 않은 때에는 상대방은 상당한 기간을 정하여 해제권 행사여부의 확답을 최고할 수 있고, 상대방이 그 기간 내에 해제의 통지를 받지 못하면 해제권은 소멸한다.

(2) 목적물의 훼손 등에 의한 소멸(제553조)

해제권자의 고의나 과실로 계약의 목적물을 현저히 훼손하거나 반환할 수 없게 된 때 또는 가공이나 개조로 인하여 다른 종류의 물건으로 변경된 때에는 해제권은 소멸한다.

06 계약의 해지

임대차, 고용, 위임, 임치, 조합 등과 같은 계속적 급부를 내용으로 하는 계약에서 그 **계약의 효력을 장래에 향하여 소멸시키는 당사자의 일방적 의사표시를 해지라고 한다. 이는 묵시적으로도 가능하다.** 제27회

Chapter 04 매매·교환

01 매매의 의의와 성질

(1) **매매는** 당사자의 일방이 어떤 재산권을 상대방에게 이전할 것을 약정하고 상대방은 이에 대하여 그 대금을 지급할 것을 약정함으로써 성립하는 **낙성·불요식의 쌍무·유상계약이다**(제563조). 제26회, 제28회, 제30회, 제33회~제35회

(2) **타인의 권리 또는 물건도 매매의 목적이 될 수 있다**(제569조). 제30회, 제34회 그리고 반대급부는 금전에 한한다. **매매에 관한 규정(계약금, 담보책임규정 등)은 다른 유상계약(교환, 임대차)에도 준용한다**(제567조). 제28회, 제34회

02 매매의 성립

1 매매의 예약(제564조)

(1) **매매예약의 의의 및 종류**

① **의 의**

장래에 매매계약(본계약)을 체결할 의무를 부담하는 계약이다. 이러한 **예약은** 본계약을 체결할 의무가 남아 있으므로 **언제나 채권계약이다.** 제26회, 제28회 본계약 성립 전에 일방이 예약내용을 변경하는 것은 특별한 사정이 없는 한 허용되지 않는다.

② **일방예약으로 추정**

매매의 일방예약은 상대방이 매매를 완결할 의사를 표시하는 때에 매매의 효력이 생긴다. 즉 소급효가 없다. 제28회, 제33회 **일방예약이 성립하려면 본계약의 요소가 되는 내용이 확정되어 있거나 확정할 수 있어야 한다.** 제34회 기간을 정하지 않은 경우에는 예약자는 상당한 기간을 정하여 매매완결 여부의 확답을 상대방에게 최고할 수 있고, 예약자가 전항의 기간 내에 확답을 받지 못하면 예약은 그 효력을 잃는다.

기출
- 지상권은 매매의 대상이 될 수 없다. (×)
- 부동산매매계약은 유상, 요물계약이다. (×)

기출
- 매매해약금에 관한 민법 규정은 임대차에도 적용된다. (○)
- 매도인의 담보책임 규정은 그 성질이 허용하는 한 교환계약에도 준용된다. (○)

기출 매매의 일방예약은 물권계약이다. (×)

기출 일방예약이 성립하려면 본계약인 매매계약의 요소가 되는 내용이 확정되어 있거나 확정할 수 있어야 한다. (○)

(2) 예약완결권

1) 예약완결권의 의의

예약자의 일방적 의사표시에 의해 본계약이 체결되므로 예약완결권은 형성권이다. 제33회 또한 **예약완결권을 재판상 행사하는 경우, 그 소장 부본이 제척기간 내에 상대방에게 송달되어야 유효하다.** 제34회

2) 예약완결권의 행사

① 부동산물권의 예약완결권은 가등기할 수 있고, 예약의무자가 목적물을 제3자에게 양도한 경우에도 예약완결권의 행사는 제3자가 아니라 예약의무자인 매도인에게 행사하여야 한다(채청).

② 또한 **재산권이므로 양도할 수 있고** 상속도 인정된다. 제33회 일신전속적 권리가 아니므로 채권자대위권의 행사도 가능하다.

③ **매매예약이 성립한 후 목적물이 멸실 기타의 사유로 이전할 수 없게 된 경우에는 예약완결권을 행사할 수 없고,** 예약완결권을 행사해도 매매의 효력은 생기지 아니한다. 제28회

④ 다만 백화점 점포에 관하여 매매예약이 성립한 이후 **일시적으로 법령상의 제한으로 인하여 분양이 금지되었다가 다시 그러한 금지가 없어진 경우,** 그 매매예약완결권의 행사가 **이행불능이라고 할 수는 없다.** 제34회

3) 예약완결권의 존속기간(제척기간)

① **예약완결권은 형성권으로 당사자가 행사기간을 정한 때에는 그 기간 내에,** 제34회 그러한 **약정이 없는 때에는 그 예약이 성립한 때로부터 10년 내에 행사하여야 한다.** 제26회, 제28회 그 기간이 지난 때에는 예약목적물인 부동산을 예약완결권 행사기간 전에 인도받은 경우라도 예약완결권은 소멸한다. 제34회

② 한편 **예약 완결권의 행사기간 약정에는 특별한 제한은 없다. 즉 10년 이상의 약정도 가능하다.** 제33회

③ **예약완결권의 제척기간이 도과하였는지 여부는 법원의 직권조사사항**이며 중단이 인정되지 않는다. 제28회, 제33회

기출 예약완결권 행사의 의사표시를 담은 소장 부본의 송달로써 예약완결권을 재판상 행사하는 경우, 그 행사가 유효하기 위해서는 그 소장 부본이 제척기간 내에 상대방에게 송달되어야 한다. (○)

기출 상가에 관하여 매매예약이 성립한 이후 법령상의 제한에 의해 일시적으로 분양이 금지되었다가 다시 허용된 경우, 그 예약완결권 행사는 이행불능이라 할 수 없다. (○)

기출
• 당사자 사이에 행사기간을 정하지 않은 매매의 예약완결권은 그 예약이 성립한 때로부터 10년 내에 행사하여야 한다. (○)

• 예약완결권의 행사기간 도과 전에 예약완결권자가 예약 목적물인 부동산을 인도받은 경우, 그 기간이 도과되더라도 예약완결권은 소멸되지 않는다. (×)

2 **계약금**(제565조): 임의규정 제27회, 제28회

> **제565조 【해약금】** ① 매매의 당사자 일방이 계약당시에 금전 기타 물건을 계약금, 보증금등의 명목으로 상대방에게 교부한 때에는 당사자 간에 다른 약정이 없는 한 당사자의 일방이 이행에 착수할 때까지 교부자는 이를 포기하고 수령자는 그 배액을 상환하여 매매계약을 해제할 수 있다.
> ② 제551조의 규정은 전항의 경우에 이를 적용하지 아니한다.

(1) **계약금의 의의**

① 계약금계약은 요물계약이므로 반드시 계약금의 교부가 있어야 한다.

② 계약금의 일부 또는 전부가 지급되지 않은 경우에는 상대방은 그 지급의무의 이행을 청구하거나 채무불이행을 이유로 그 계약금 약정을 (법정)해제할 수는 있으나, 교부자가 그 일부 또는 전부를 지급하지 않는 한 계약금계약은 성립하지 않으므로 임의로 주계약을 해제할 수는 없다. 제29회

③ 매도인이 계약금 일부만 지급받은 경우, 실제 교부받은 계약금의 배액만을 상환하여 매매계약을 해제할 수는 없다. 즉 **매도인이 매매계약을 해제할 수 있다고 하더라도 해약금의 기준이 되는 금원은 실제 교부받은 계약금이 아니라 약정계약금이다.** 제28회, 제31회

④ 그리고 **계약금 계약은 주된 계약에 부수하여 행해지는 종 된 계약이다.** 제27회, 제28회 따라서 **매매계약이 무효, 취소가 되면 계약금계약도 효력을 상실한다.** 제29회 그러나 반드시 주된 계약과 동시에 행해져야 하는 것은 아니다. 즉 매매계약의 성립 후에 교부된 계약금도 계약금으로서의 효력이 있다.

⑤ 가계약금에 관하여 해약금 약정이 있었다고 인정하기 위해서는 정식으로 계약을 체결하기 전까지 교부자는 이를 포기하고, 수령자는 그 배액을 상환하여 계약을 체결하지 않기로 약정하였음이 명백하게 인정되어야 한다.

(2) **증약금**(증거금)**으로서의 성질**

계약금의 최소한 성질로 **계약금은 항상 증거금의 성질을 갖는다.** 제29회

(좌측 여백 기출 메모)

기출 ✎ 계약금을 포기하고 행사할 수 있는 해제권은 당사자의 합의로 배제할 수 없다. (×)

기출 ✎ 매수인 乙이 계약금의 전부를 지급하지 않으면, 계약금계약은 성립하지 않는다. (○)

기출 ✎
• 매매계약시 계약금의 일부만을 먼저 지급하고 잔액은 나중에 지급하기로 한 경우, 매도인은 실제 받은 일부금액의 배액을 상환하고 매매계약을 해제할 수 있다. (×)
• 계약금계약은 매매 기타의 주된 계약에 부수하여 행해지는 종된 계약이다. (○)
• 甲과 乙 사이의 매매계약이 무효이거나 취소되더라도 계약금계약의 효력은 소멸하지 않는다. (×)

(3) 해약금

1) 해제의 방법

① **계약금은 해약금으로 추정한다.** 제26회, 제30회, 제31회

② 계약금을 지급한 매수인이 해제를 하는 경우에는 해제의 의사표시만 있으면 된다. 그러나 계약금을 수령한 매도인이 계약을 해제하기 위해서는 해제의 의사표시 외에 계약금의 배액의 이행제공이 있어야 한다. **계약금 배액의 이행의 제공이 있으면 족하고 상대방이 이를 수령하지 아니한다 하여 이를 공탁까지 할 필요는 없다.** 제30회

2) 해제의 시기

① 이행에 착수할 때까지

    ㉠ **이행의 착수란** 객관적으로 외부에서 인식할 수 있는 정도로 채무의 이행행위의 일부를 행하거나(**중도금 제공**), 제28회, 제29회, 제34회 이행을 하는데 필요한 전제행위를 **하는 것을 말하는 것**으로서 단순히 이행의 준비만으로는 부족하나, 반드시 계약내용에 들어맞는 이행 제공의 정도까지 있어야 하는 것은 아니다.

    ㉡ **매매계약 당시 매수인이 중도금 일부의 지급에 갈음하여 매도인에게 제3자에 대한 대여금채권을 양도하기로 약정하고 그 자리에 제3자도 참석한 경우**, 매수인은 매매계약과 함께 채무의 일부 이행에 착수하였으므로, 매도인은 **계약금에 의한 해제권을 행사할 수 없다.** 제34회

    ㉢ **토지거래허가 구역 내에서의 토지매매에 대하여 허가를 받았다거나,** 제26회, 제31회, 제33회, 제34회 **매도인이 매수인에게 잔금의 지급을 구하는 소송을 제기하거나,** 제26회 1심에서 승소판결을 받은 것만으로는 **이행의 착수로 보지 않는다.** 즉 **여전히 계약금 해제가 가능하다.**

② 제565조의 '당사자 일방의 의미'

    매매 쌍방 중 어느 일방을 지칭하는 것이고, 상대방이라 국한되지 않는다. 따라서 **매도인이 전혀 이행에 착수한 바가 없다 하더라도 매수인이 중도금을 지급하여 이미 이행에 착수한 이상, 매수인은 계약금을 포기하고 계약을 해제할 수는 없다.** 제27회

③ 이행기일 전 이행착수 가부: 가능

    특별한 사정이 없는 이상 매수인은 이행기 전에도 이행에 착수할 수 있다. 제30회, 제31회 따라서 매매계약의 체결 이후 매도인이 매매대금의 증액요청을 하였고, 매수인이 이에 대하여 확답하지 않은 상태에서 중도금을 이행기 전에 제공한 경우, 그 이후 매도인은 계약금의 배액을 공탁하여 해제권을 행사할 수 없다.

기출 계약금은 다른 약정이 없는 한 해약금으로 추정한다. (○)

기출 매수인 乙이 계약 당시 중도금 중 1억원의 지급에 갈음하여 자신의 丙에 대한 대여금채권을 매도인 甲에게 양도하기로 약정하고 그 자리에 丙도 참석하였다면, 甲은 계약금의 배액을 상환하더라도 계약을 해제할 수 없다. (○)

기출 乙이 계약금 전액을 지급한 후 토지거래허가를 받지 않고, 당사자의 일방이 이행에 착수하기 전이라면 특별한 사정이 없는 한 甲은 계약금의 배액을 상환하고 계약을 해제할 수 있다. (○)

기출 매도인이 이행에 전혀 착수하지 않았다면 매수인은 중도금을 지급한 후에도 계약금을 포기하고 계약을 해제할 수 있다. (×)

3) 해제의 효과

계약금에 의한 해제는 이행이 있기 전에만 가능하므로 원상회복의무가 생길 여지가 없다. 제26회 또한 **채무불이행을 이유로 하는 해제가 아니므로 손해배상청구권도 발생하지 않는다.** 제27회, 제28회 그리고 **계약금 약정이 있어도 본조와 관계없이 채무불이행을 이유로 (법정)해제할 수 있다.** 제29회

(4) 위약금

1) 의 의

특약이 없는 한 계약금은 위약금의 성질을 갖지 못한다. 제27회, 제28회 즉 **위약금의 약정이 있는 경우에만 계약금은 해약금과 손해배상액의 예정의 성질을 겸한다.** 제31회

2) 위약금 약정의 의미

① 위약금 특약이 없는 한 매도인이 (법정)해제를 한 경우, 매도인은 계약금을 매수인에게 반환하고, 손해가 있으면 실제 입은 손해액을 손해배상으로 청구할 수 있을 뿐, 계약금을 당연히 몰수할 수 있는 것은 아니다.

② 다만 당사자 사이에 위약금 특약이 있는 경우에는 매도인이 계약금을 몰수할 수 있다. 민법은 위약금 약정이 있는 경우 이를 손해배상의 예정으로 추정한다(제398조 제4항). 따라서 매도인의 실제 손해가 계약금에 미달해도 계약금 전액을 몰수할 수 있지만, 실제손해가 계약금액을 초과하는 경우에도 초과액을 별도로 청구할 수 없다.

③ 다만 손해배상의 예정액이 부당하게 과도한 경우에는 법원은 이를 적당히 감액할 수 있다(제398조 제2항).

④ 매도인의 귀책사유에 대해서만 위약금 약정을 하였는데, 매수인의 귀책사유로 계약이 해제된 경우 매도인은 매수인에 대하여 위약금의 지급을 청구할 수 없다.

03 매매의 효력

(1) 대금지급시기(제585조)

매매의 당사자 일방에 대한 의무이행의 기한이 있는 때에는 상대방의 의무이행에 대해서도 동일한 기한이 있는 것으로 추정한다.

(2) 대금지급장소(제586조)

목적물의 인도와 동시에 대금을 지급할 경우에는 그 인도 장소에서 이를 지급하여야 한다. 제26회 즉 채권자의 주소지가 아니다.

(3) 과실의 귀속과 대금의 이자(제587조)

① 매매계약이 있은 후에도 인도하지 아니한 목적물로부터 생긴 과실은 매도인에게 속한다. 다만 매매목적물을 인도하기 전이라도 매수인이 매매대금을 완납하였다면 그 이후의 과실수취권은 매수인에게 귀속된다. 제26회, 제30회, 제34회 따라서 매수인이 대금을 완납하지 않는 한 매도인이 이행지체 중에 있더라도 과실은 매도인에게 속한다.

② 매수인은 목적물의 인도를 받은 날로부터 대금의 이자를 지급하여야 한다. 그러나 대금의 지급에 대하여 기한이 있는 때에는 그러하지 아니하다.

③ 또한 매수인의 대금지급의무와 매도인의 소유권이전등기의무가 동시이행관계에 있는 등으로 **매수인이 대금지급을 거절할 정당한 사유가 있는 경우에는 매매목적물을 미리 인도받았다 하더라도 제587조의 규정에 의한 이자를 지급할 의무는 없다.** 제30회, 제34회

④ 매수인은 대금의 지급기한이 지났더라도 목적물의 인도를 받지 않은 한 동시이행의 항변권이 있으므로 이자를 지급할 필요가 없다. 다만 매수인이 대금지급에 관하여 선이행의무를 지는 경우에는 기한이 지난 때로부터 이자를 지급하여야 한다.

⑤ **쌍무계약이 취소된 경우** 선의의 매수인에게 과실취득권이 인정되는 이상(제201조) **선의의 매도인에게도 제587조의 유추적용에 의하여 대금의 운용이익 내지 법정이자의 반환을 부정함이 형평에 맞다**(대판). 제34회

(4) 매수인의 대금지급거절권 등(제588조, 제589조)

매매의 목적물에 대하여 권리를 주장하는 자가 있는 경우에 매수인이 매수한 권리의 전부나 일부를 잃을 염려가 있는 때에는 매수인은 그 위험의 한도에서 대금의 전부나 일부의 지급을 거절할 수 있다. 그러나 매도인이 상당한 담보를 제공하는 때에는 지급을 거절할 수 없다. 또한 매도인은 매수인에게 대금의 공탁을 청구할 수 있다.

(5) 매매계약에 관한 비용은 쌍방이 균분하여 부담한다(제566조). 제30회, 제34회 다만 **이 규정은 임의규정이므로 매매비용을 매수인이 전부 부담한다는 약정은 특별한 사정이 없는 한 유효하다.** 제26회

04 매도인의 담보책임

1 권리의 하자에 대한 담보책임

(1) **전부 타인권리매매**

1) **타인의 권리의 매매**(제569조, 제570조) : 유효 제30회, 제34회

① **전부 타인권리매매의 경우 매도인이 그 권리를 취득하여 매수인에게 이전할 수 없는 경우, 매수인은 선·악을 불문하고 계약을 해제할 수 있으나** 제26회, 제33회 손해배상청구는 선의인 경우에만 가능하다. 그러나 매도인에게 과실이 있는 경우에는 악의의 매수인도 매도인의 채무불이행(제390조)을 이유로는 손해배상을 청구할 수 있다.

② 그리고 **손해배상의 범위는 계약이 완전히 이행된 것과 동일한 경제적 이익**(이행이익)이므로 매수인이 입은 손해뿐만 아니라 얻을 수 있었던 이익의 상실도 포함된다. 제26회

③ 전부 타인권리매매의 경우에는 제척기간의 제한 규정이 없다.

2) '**선의**'의 매도인의 해제권(제571조)

① 매도인의 해제권은 매도인이 '선의'인 경우에만 인정된다.

② 전부타인권리매매의 경우 선의의 매도인은 그 권리를 취득하여 매수인에게 이전할 수 없는 때에는 매수인의 손해를 배상하고 계약을 해제할 수 있다.

③ 매수인이 악의인 때에는 손해배상을 하지 않고 계약을 해제할 수 있다.

(2) **일부 타인권리매매**(제572조, 제573조)

① **일부 타인권리매매의 경우 매도인이 이를 이전할 수 없는 경우, 매수인은 선악을 불문하고 대금감액을 청구할 수 있으나** 계약해제와 손해배상은 선의인 경우에만 행사할 수 있다. 제33회 계약해제는 잔존한 부분만이면 매수인이 이를 매수하지 아니하였을 경우에만 인정된다.

② 위의 권리는 **매수인이 선의인 경우에는 사실을 안 날로부터, 악의인 경우에는 계약한 날로부터 1년 내에 행사하여야 한다.** 제26회, 제28회, 제32회

③ 사실을 안 날이란 단순히 목적물이 부족되는 사실을 안 날이 아니라 매도인이 그 부족분을 취득하여 매수인에게 이전할 수 없는 것이 확실하게 된 사실을 안 날을 의미한다.

(3) 목적물의 수량부족·일부멸실의 경우(제574조)

① **'수량을 지정한 매매'라 함은 당사자가 매매의 목적인 특정물이 일정한 수량을 가지고 있다는 데 주안을 두고 대금도 그 수량을 기준으로 하여 정한 경우를 말하는 것이므로,** 제32회 토지의 매매에 있어 목적물을 등기부상의 평수에 따라 특정한 경우라도 당사자가 그 지정된 구획을 전체로서 평가하였고 평수에 의한 계산이 하나의 표준에 지나지 아니한 경우에는 이를 가리켜 수량을 지정한 매매라 할 수 없다.

② **수량을 지정한 매매의 목적물이 부족한 경우와 매매목적물의 일부가 계약 당시에 이미 멸실된 경우에 선의의 매수인만 대금감액, 손해배상, 계약해제를 할 수 있다.** 제28회, 제32회 **계약해제는 잔존한 부분만이면 매수인이 이를 매수하지 아니하였을 경우에만 인정된다.** 제32회

③ **부동산매매계약에 있어서 실제면적이 계약면적에 미달하고 그 매매가 수량지정매매에 해당하는 경우에** 제574조에 의한 대금감액청구권을 행사함은 별론으로 하고, 그 매매계약이 그 미달 부분만큼 일부 무효임을 들어 부당이득반환청구를 하거나 그 부분의 원시적 불능을 이유로 **계약체결상의 과실책임을 물을 수는 없다.** 제28회, 제35회

(4) 용익적 권리에 의하여 제한되어 있는 경우(제575조)

① 매매의 목적물이 지상권, 지역권, 전세권, 질권 또는 유치권의 목적이 되어 완전한 소유권을 취득할 수 없는 경우, **선의의 매수인은 계약 목적을 달성할 수 없는 경우에는 계약을 해제할 수 있다. 목적 달성이 가능한 경우에는 손해배상만을 청구할 수 있다.** 제26회, 제33회

② 이는 매매의 목적이 된 부동산을 위하여 존재할 지역권이 없거나 그 부동산에 등기된 임대차계약이 있는 경우에도 마찬가지이다. 또한 이러한 권리들은 매수인이 그 사실을 안 날로부터 1년 내에 행사하여야 한다.

(5) 저당권·전세권이 실행된 경우(제576조)

① **매매의 목적인 부동산에 설정된 저당권 또는 전세권의 행사로 인하여 매수인이 그 소유권을 취득할 수 없거나 취득한 소유권을 잃은 때에는 매수인은 선악을 불문하고 계약을 해제하고 손해배상을 청구할 수 있다.** 제26회, 제33회 또한 매수인의 출재(出財)로 그 소유권을 보존한 때에는 매도인에게 그 상환을 청구할 수 있다. 이 경우에는 제척기간의 제한 규정이 없다.

기출 수량을 지정한 매매란 특정물이 일정한 수량을 가지고 있다는 데 주안을 두고 대금도 그 수량을 기준으로 정한 경우를 말한다. (○)

기출 수량을 지정한 매매에서 계약 당시 매매목적물의 수량부족을 안 매수인은 대금감액을 청구할 수 있다. (×)

기출 수량을 지정한 토지매매계약에서 실제면적이 계약면적에 미달하는 경우에는 계약체결상의 과실책임이 문제될 수 없다. (○)

기출 매매목적 부동산에 전세권이 설정된 경우, 계약의 목적 달성 여부와 관계없이, 선의의 매수인은 계약을 해제할 수 있다. (×)

기출 저당권이 설정된 부동산의 매수인이 저당권의 행사로 그 소유권을 취득할 수 없는 경우, 악의의 매수인은 특별한 사정이 없는 한 계약을 해제하고 손해배상을 청구할 수 있다. (○)

기출 계약 당시 丙명의로 소유권이전등기청구권보전의 가등기가 경료되어 있었는데, 그 후 본등기의 경료로 매수인 乙이 소유권을 상실한 경우라면 乙은 매도인 甲에게 계약을 해제하고 손해를 배상받을 수 있다. (○)

② 가등기의 목적이 된 부동산을 매수한 사람이 그 뒤 본등기가 경료됨으로써 그 소유권을 상실하게 된 때에도 제570조가 아니라 본조가 적용되므로, **악의의 매수인도 손해배상을 청구할 수 있다.** 제29회 가압류 목적이 된 부동산을 매수한 사람이 그 가압류에 기한 강제집행으로 소유권을 상실하게 된 경우에도 마찬가지이다.

③ 다만 매수인이 근저당채무를 인수하여 매수하였고, 자신이 그 인수한 근저당채무를 이행하지 아니하여 저당권의 실행으로 소유권을 잃게 된 경우에는 이는 매수인의 귀책사유에 의한 것이므로 매도인은 담보책임을 지지 않는다.

(6) 경매에 있어서의 담보책임(제578조)

기출 담보책임이 인정되는 경우, 경락인 甲은 채무자 乙의 자력 유무를 고려함이 없이 곧바로 배당채권자에게 대금의 전부 또는 일부의 상환을 청구할 수 있다. (×)

① 매매목적물에 권리의 하자가 있는 경우에는 경매의 경우에도 담보책임(계약해제, 대금감액)을 물을 수 있다. 즉 원칙적으로 손해배상청구권은 인정되지 않는다. 그러나 채무자가 물건 또는 권리의 흠결을 알고 고지하지 아니하거나 채권자가 이를 알고 경매를 청구한 경우에는 손해배상을 청구할 수 있다.

② 이 경우 경락인은 1차적으로 채무자에게 담보책임을 물어야 한다. 다만 **채무자가 자력이 없는 때에는 대금의 배당을 받은 채권자에게 책임을 물을 수 있다.** 제29회

기출 경매절차가 무효가 되어 소유권을 취득하지 못한 경락인 丁은 채무자(소유자) 甲에게 손해배상을 청구할 수 있다. (×)

③ **경매절차 자체가 무효인 경우에는 담보책임(계약의 해제, 대금감액, 손해배상청구 등)의 문제가 발생하지 않는다.** 제29회 즉 **경매절차가 무효인 경우, 경락인은 채권자에게 부당이득반환청구를 할 수 있을 뿐, 채무자나 채권자에게 손해배상을 청구할 수는 없다.** 제29회

④ 선순위 저당권이 있는 부동산을 경락받은 경우에는 담보책임의 문제는 발생하지 않는다. 저당권이 설정된 부동산이 경매가 되면 모든 저당권이 소멸하므로 경락인이 완전한 소유권을 취득하기 때문이다.

2 물건의 하자에 대한 담보책임(하자담보책임)

(1) 개 관

기출 매도인의 담보책임은 무과실책임이므로 하자의 발생 및 그 확대에 가공한 매수인의 잘못을 참작하여 손해배상범위를 정할 수 없다. (×)

하자담보책임은 법정 무과실책임으로서 제30회 여기에 제396조의 과실상계 규정이 준용될 수는 없다 하더라도, 담보책임이 민법의 지도이념인 공평의 원칙에 입각한 것인 이상 **하자 발생 및 그 확대에 가공한 매수인의 잘못을 참작하여 손해배상의 범위를 정함이 상당하다.** 제28회

(2) 담보책임(제580조, 제581조, 제582조)

① 특정물(**CI** 주택) 매매에 있어 물건의 하자로 매매의 목적을 달성할 수 없을 때에는 계약을 해제할 수 있으나, 목적 달성이 가능한 때에는 손해배상만을 청구할 수 있다.

② 불특정물(**CI** 냉장고) 매매의 경우에도 그 후 특정된 목적물에 하자가 있는 경우에는 마찬가지이다. 또한 **불특정물 매매의 경우에는 계약 해제나 손해배상의 청구를 하지 않고 하자 없는 물건을 청구할 수도 있다**(완전물급부청구권). 제31회

③ 다만 이 때 **매수인은 선의 · 무과실이어야 하고, 안 날로부터 6개월(제척기간) 내에 행사하여야 한다.** 제28회

④ **하자담보책임에 기한 매수인의 손해배상청구권도 소멸시효의 대상이 될 수 있다.** 제28회 즉 하자를 안 날로부터 6개월이 되지 않았다 하더라도 계약체결 후 10년이 경과하면 손해배상청구권이 시효로 소멸하였으므로 손해배상을 청구할 수 없다.

⑤ **경매로 물건을 취득한 경우에는 물건에 하자가 있어도 담보책임은 물을 수 없다**(제580조 제2항). 제29회, 제34회

(3) 법률적 장애(제한) 제28회

법률상 장애(공장을 짓기 위하여 토지를 매수하였는데 공장허가를 받지 못한 경우 등)**에 예외적으로 담보책임이 인정되는 경우 이는 물건의 하자이다.** 따라서 경매의 경우에는 담보책임이 인정되지 않는다.

(4) 하자의 존부 판단 시기

특정물의 경우 하자의 존부는 위험의 이전시나 인도시가 아니라 매매계약 성립 당시를 기준으로 판단한다.

3　채권의 매도인의 담보책임(제579조)

채권의 매도인이 채무자의 자력을 담보한 때에는 매매계약 당시의 자력을 담보한 것으로 추정하고, 변제기에 도달하지 아니한 채권의 매도인이 채무자의 자력을 담보한 때에는 변제기의 자력을 담보한 것으로 추정한다.

기출 불특정물 매매에서 매매목적물에 하자가 있는 경우, 매수인은 매도인에게 대금감액청구권을 행사할 수 있다. (×)

기출
• 매수인 甲이 토지가 오염되어 있다는 사실을 계약체결 시에 알고 있었더라도 매도인 乙에게 하자담보책임을 물을 수 있다. (×)
• 매수인 甲은 토지의 오염사실을 안 날로부터 1년 내에는 언제든지 乙에 대하여 담보책임에 기한 손해배상을 청구할 수 있다. (×)
• 담보권실행으로 행하여지는 경매에 있어서 매수인은 물건의 하자에 대하여는 담보책임을 묻지 못한다. (○)

기출 토지에 대한 법령상의 제한으로 건물신축이 불가능하면 이는 매매목적물의 하자에 해당한다. (○)

4 담보책임면제의 특약(제584조)

담보책임 규정은 임의규정이므로, 담보책임을 배제하거나 경감하는 특약은 원칙적으로 유효하다. 다만, **면제특약을 한 경우에도 매도인이 알고 고지하지 아니한 사실 및 제3자에게 권리를 설정 또는 양도한 행위에 대해서는 책임을 면하지 못한다.** 또한 담보책임의 이행은 동시이행관계에 있다(제583조). 제28회

05 환 매

1 환매일반

환매계약은 매매계약의 종 된 계약이다. 따라서 **매매계약이 무효·취소가 되면 환매계약도 실효가 된다.** 제33회, 제34회 **환매권도 재산권이므로 양도성, 상속성을 가지며, 일신전속적 권리가 아니므로 채권자대위권의 행사도 가능하다.** 제34회 그리고 환매권은 형성권이고, 환매권의 행사기간은 제척기간이다.

2 환매의 요건(제590조)

(1) **환매의 목적물·특약의 시기, 환매대금**

① 목적물에는 제한이 없다. 그리고 **환매특약은 매매계약과 동시에 하여야 한다.** 제27회, 제30회, 제33회, 제34회

② **환매대금은 매매대금과 매수인이 부담한 매매비용이지만,** 제32회 임의규정이므로 특약이 있으면 달리 정할 수 있다.

③ 그리고 **목적물의 과실과 대금의 이자는 상계된 것으로 보기 때문에 환매의 당사자는 서로 이를 청구할 수 없다.** 제33회 그러나 이 규정 역시 임의규정이므로 당사자가 특약으로 달리 정할 수 있다.

(2) **환매기간**(제591조)

① **환매기간은 부동산은 5년, 동산은 3년을 넘지 못하고, 이를 넘는 때에는 각각 5년, 3년으로 단축한다.** 제27회 또한 **환매기간을 정하지 않은 경우에도 부동산은 5년, 동산은 3년으로 한다.** 제30회, 제32회, 제33회 **환매기간을 정한 때에는 이를 다시 연장하지 못한다.** 제30회, 제34회

② **환매권 행사로 인한 소유권이전등기청구권은 환매기간 내에 행사해야 되는 것이 아니라 환매권을 행사한 때로부터 10년의 소멸시효에 걸린다.** 제33회

③ 환매의 실행

(1) 환매권의 행사방법(제594조)

매도인이 환매기간 내에 대금과 매매비용을 매수인에게 제공하지 아니하면 환매할 권리를 잃는다. 즉 환매대금을 제공하여야 환매권을 행사할 수 있다.

(2) 환매의 등기를 한 경우(제592조)

① **매매의 목적물이 부동산인 경우에 매매등기와 동시에 환매권의 보류를 등기한 때에는 제3자에 대하여 그 효력이 있다.** 제27회, 제30회, 제32회 **환매특약의 등기는 부기등기의 방식으로 한다.** 제32회, 제34회 즉 환매목적물이 양도된 경우, 예약완결권과 달리 현재의 등기명의인인 전득자에게 직접 환매권을 행사할 수 있다.

② 또한 **환매등기 후 제3자가 환매목적 토지에 저당권을 취득한 경우, 환매권자가 환매권을 행사하여 소유권이전등기를 경료하면 저당권은 소멸한다.** 제32회

(3) 환매의 효력

환매권은 처분금지효가 없으므로 **매수인이 제3자에게 환매의 목적이 된 부동산을 양도한 경우, 환매의 목적인 부동산이라는 이유로 소유권이전등기를 거절할 수 없다.** 제30회, 제32회

기출✎
• 환매특약등기는 매수인의 권리취득의 등기에 부기하는 방식으로 한다. (○)
• 부동산에 관한 환매는 환매권특약의 등기가 없어도 제3자에 대해 효력이 있다. (×)

기출✎ 환매특약의 등기가 부동산의 매수인의 처분권을 금지하는 효력을 가지는 것은 아니므로 부동산의 매수인은 전득자인 제3자에 대하여 환매특약의 등기사실만으로 제3자의 소유권이전등기청구를 거절할 수 없다. (○)

06 교 환

(1) 교환은 당사자 쌍방이 금전 이외에 재산권을 상호 이전할 것을 약정함으로써 그 효력이 생긴다(제596조). 따라서 재산권이 아닌 노무의 제공이나 일의 완성 등은 교환계약의 목적이 될 수 없다.

(2) 또한 **교환계약은 낙성·불요식의 쌍무·유상계약이다.** 제26회~제28회, 제32회, 제33회, 제35회 따라서 동시이행의 항변권, 위험부담 규정(쌍무계약)과 **담보책임 규정(유상계약)도 적용된다.** 제32회, 제34회

(3) **당사자 일방이 재산권 이전과 금전의 보충지급을 약정한 때에는 그 금전에 대하여는 매매대금에 관한 규정을 준용한다**(제597조). 제32회 그러나 보충금지급약정이 있다고 매매계약이 되는 것이 아니라 여전히 교환계약이다.

⑷ 사례 연습

① 甲과 乙이 교환계약을 체결하면서 甲이 보충금을 지급하기로 약정하였다면 乙은 甲의 보충금 미지급을 이유로 교환계약을 해제할 수 없다. 제27회

(×) 채무불이행을 이유로 계약을 해제할 수 있다.

② 甲과 乙이 교환계약을 체결한 후 甲의 귀책사유 없이 甲의 X건물이 멸실되더라도 위험부담의 법리는 적용되지 않는다. 제28회

③ 교환계약체결 후 이행 전에 X건물이 지진으로 붕괴된 경우, 甲은 乙에게 Y토지의 인도를 청구하지 못한다. 제27회

(×)(○) 교환계약도 쌍무계약이므로 위험부담의 법리가 적용된다. 따라서 쌍방의 귀책사유 없이 이행불능이 된 경우, 상대방의 이행을 청구하지 못한다 (제537조).

④ 甲과 乙이 甲의 건물과 乙의 토지와 보충금에 대해 교환계약을 체결한 후 건물이 乙의 과실로 소멸되면 乙의 보충금지급의무는 소멸하지 않는다.

(○) 예외적 채권자위험부담주의(제538조)

⑤ 교환계약의 목적물인 X건물에 설정된 저당권의 행사로 乙이 그 소유권을 취득할 수 없게 된 경우, 乙은 계약을 해제할 수 있다. 제27회

⑥ 교환계약의 당사자인 甲과 乙은 특약이 없는 한 목적물의 하자에 대하여 상대방에게 담보책임을 부담하지 않는다. 제28회

⑦ 교환계약의 당사자인 甲이 피담보채무의 변제를 게을리하여 저당권이 실행될 염려가 있어 乙이 그 피담보채무를 변제하였더라도 乙은 교환계약을 해제할 수 없다. 제28회

(○)(×)(×) 교환계약도 유상계약이므로 담보책임규정이 적용된다(제576조).

01 의의(제618조)

(1) **임대차계약도 낙성·불요식의 쌍무·유상계약이다.** 제26회, 제28회, 제33회, 제35회
유상계약이므로 차임(보증금이 아님)의 지급이 임대차계약의 성립요건이다. 그
러나 차임은 반드시 금전이 아니고 물건이어도 된다.

(2) 임대차의 규정은 임차인을 보호하기 위하여 대체적으로 강행규정이다. 그러나
① **비용상환청구권** 제29회 ② **수선의무** ③ **임차권의 등기** ④ **차임의 지급시기**
⑤ **임차권의 양도·전대 규정** 제29회 **등은 임의규정이다. 즉 민법 규정보다 임**
차인에게 불리하게 한 약정도 유효하다.

(3) 임대차계약은 채권계약이므로 **임대인의 목적물에 대한 소유권 기타 처분이나**
임대할 권한은 계약의 성립요건이 아니다. 제32회, 제34회 따라서 임대인인 소유
자가 소유권을 상실하였다는 이유로 임대차가 종료되는 것이 아니다.

02 임대차의 존속기간

(1) **기간의 제한**

민법상 임대차는 최단기간이나 최장기간의 제한이 없다. **임대차기간을 영구로**
정한 임대차약정은 특별한 사정이 없는 한 허용된다. 제34회 이는 임차인에게는
권리의 성격을 갖는 것이므로 임차인으로서는 언제라도 그 권리를 포기할 수
있다. 즉 임차인에게는 기간의 정함이 없는 임대차가 된다.

(2) **기간의 약정 없는 임대차의 해지통고**(제635조·제636조)

임대차기간의 약정이 없거나, 기간의 약정이 있더라도 당사자가 그 기간 내에
해지할 권리를 보류한 때에는 당사자는 언제든지 임대차의 해지통고를 할 수
있다. 부동산의 경우에는 임대인이 해지통고를 한 경우에는 6월, 임차인이 해
지통고를 한 경우에는 1월, 동산의 경우에는 누가 하든 5일이 경과하면 해지의
효력이 생긴다.

기출✍

• 임차인의 필요비 및 유익비상
환청구권은 민법의 규정보다
임차인에게 불리하게 그 내용
을 약정한 경우에도 유효이다.
(○)

• 임대인의 동의 없이 임차권을
양도할 수 있도록 하는 약정
은 유효하다. (○)

• 임대인이 목적물을 임대한 권
한이 없어도 임대차계약은 유
효하게 성립한다. (○)

• 임차기간을 영구로 정한 임대
차약정은 특별한 사정이 없는
한 허용된다. (○)

(3) 법정갱신(묵시의 갱신 – 제639조)

① 임대차기간이 만료한 후 임차인이 임차물의 사용 · 수익을 계속하는 경우에 임대인이 상당한 기간 내에 이의를 하지 아니한 때에는 전 임대차와 동일한 조건으로 다시 임대차한 것으로 본다. 그러나 **당사자는 언제든지 해지통고를 할 수 있다.** 제26회, 제27회

② **법정갱신의 경우 전 임대차에 대하여 제3자가 제공한 담보는 기간의 만료로 인하여 소멸한다.** 제34회 그러나 당사자가 합의로 기간을 연장하는 경우에는 위 규정이 적용되지 않으므로, 제3자가 제공한 담보도 소멸하지 않는다.

03　임대차의 효력

1　임대인의 권리 · 의무

(1) 목적물을 사용 · 수익하게 할 의무(제623조)

① 임대인은 목적물을 임차인에게 인도하고 계약존속 중 그 사용 · 수익에 필요한 상태를 유지하게 할 적극적인 의무를 부담한다.

② 임대인은 그 목적물의 통상의 사용수익에 필요한 상태를 유지하면 족하고 임차인의 특별한 용도에 필요한 상태를 유지하게 할 의무까지는 없다.

③ 임대인이 임차목적물을 사용 · 수익하게 할 의무를 위반한 경우, 임차인은 임차목적물을 전혀 사용할 수 없는 경우에는 차임 전부의 지급을 거절할 수 있으나, 부분적 지장이 있는 경우에는 지장이 있는 한도 내에서 차임 지급을 거절할 수 있을 뿐 차임 전부의 지급을 거절할 수는 없다.

④ 수선의무는 원칙적으로 임대인이 부담하나, 임차인이 별 비용을 들이지 아니하고도 손쉽게 고칠 수 있을 정도의 사소한 것이라면 임차인이 수선의무를 부담한다. 그리고 특약으로 수선의무를 임차인의 부담으로 돌릴 수도 있다.

⑤ 그러나 이러한 특약에 의하여 임대인이 수선의무를 면하게 되는 것은 통상 생길 수 있는 소규모의 수선에 한하는 것이지, 대규모의 수선은 여전히 임대인이 그 의무를 부담한다.

⑥ 임대인은 임차인의 안전을 배려하여 주거나 도난을 방지하는 등의 보호의무까지 부담하지는 않는다. 다만 숙박업자는 고객의 안전을 배려하여야 할 보호의무를 부담한다.

(2) 비용상환의무(제626조)

① 임차인은 필요비는 지출 즉시 그 상환을 청구할 수 있으나, 유익비는 임대차 종료시에 그 가액의 증가가 현존한 경우에 한하여 상환을 청구할 수 있다. 제26회, 제27회, 제30회 법원은 유익비에 대해서는 임대인의 청구에 의하여 상당한 상환기간을 허여할 수 있다(유치권 배제규정). 그리고 필요비든 유익비든 그 상환청구권은 **임대인이 목적물을 반환받은 날로부터 6개월(제척기간)이 지나면 행사할 수 없다**(제654조, 제617조). 제27회

② 제626조는 강행규정이 아니므로 비용상환청구권의 포기 특약도 유효하다. 원상회복(복구)의 특약이 있는 경우에는 임차인이 유익비상환청구권을 포기한 것으로 본다. 따라서 유치권행사도 인정되지 않는다.

③ **건물임차인이 자신의 비용을 들여 증축한 부분을 임대인 소유로 하기로 하는 약정은 특별한 사정이 없는 한 부속물매수청구권의 포기가 아니라 유익비상환청구권을 포기하기로 하는 약정이므로 유효하다.** 제27회, 제29회

④ 임대인의 필요비상환의무와 임차인의 차임지급의무는 서로 대응하는 관계에 있으므로 **임차인은 지출한 필요비의 한도에서 차임의 지급을 거절할 수 있다.** 제34회

⑤ 일시사용을 위한 임대차 임차인에게도 비용상환청구권은 인정된다.

(3) 차임 연체에 의한 계약의 해지(제640조, 제641조)

임차인의 차임 연체액이 2기에 달하면 임대인은 계약을 해지할 수 있다. 제32회 차임 연체는 연속하여 2기가 아니라 연체누적액이 2기분에 달하면 족하다. **1기의 차임연체가 있으면 임대인이 임대차를 해지할 수 있다는 약정은 임차인에게 불리하므로 무효이다.** 제31회

2 임차인의 권리 · 의무

(1) 임차권의 대항력

1) 등기된 부동산임차권의 대항력(제621조)

부동산임차인은 당사자 간에 반대약정이 없으면 임대인에 대하여 임대차등기절차에 협력할 것을 청구할 수 있고, 제32회 등기를 한 때에는 그때부터 제3자에 대하여 대항력이 생긴다.

기출

- 임차인의 필요비상환청구권은 형성권이다. (×)
- 임차물에 필요비를 지출한 임차인은 임대차 종료시 그 가액 증가가 현존한 때에 한하여 그 상환을 청구할 수 있다. (×)
- 유익비상환청구권은 임대차 종료시에 행사할 수 있다. (○)

기출

- 건물임차인이 자신의 비용을 들여 증축한 부분을 임대인 소유로 하기로 한 약정이 유효한 때에도 임차인의 유익비상환청구가 허용된다. (×)
- 임차인은 특별한 사정이 없는 한 자신이 지출한 임차물의 보존에 관한 필요비 금액의 한도에서 차임의 지급을 거절할 수 있다. (○)

2) 건물등기 있는 토지임차권의 대항력(제622조)

① **건물의 소유를 목적으로 한 토지임대차는 이를 등기하지 아니한 경우에도 임차인이 그 지상건물을 등기한 때에는 제3자에 대하여 임대차의 효력이 생긴다.** 제26회, 제32회 그러나 건물이 임대차 기간만료 전에 멸실 또는 후폐한 때에는 대항력을 잃는다.

② 또한 임차인이 그 지상건물을 등기하기 전에 제3자가 그 토지에 관하여 저당권 등의 물권취득의 등기를 한 때에는, 이후에 임차인이 그 지상건물을 등기하더라도 그 제3자에게 대항할 수 없다.

③ 그리고 제622조가 무단양도의 경우 임차권의 양수인이 건물이 등기가 되어 있음을 이유로 임대인에게 대항할 수 있는 권리까지 인정하는 것은 아니다. 즉 토지임차인 甲이 임대인 乙의 동의 없이 토지임차권과 지상건물을 丙에게 양도한 경우, 원칙적으로 丙은 乙에게 임차권 취득으로써 대항할 수 없다.

(2) **임차인의 인용의무와 해지권**(제624조, 제625조)

임대인이 임대물의 보존에 필요한 행위를 하는 때에는 임차인은 이를 거절하지 못한다. 다만 임대인이 임차인의 의사에 반하여 보존행위를 하는 경우에 임차인이 이로 인하여 임대차의 목적을 달성할 수 없는 때에는 계약을 해지할 수 있다.

(3) **차임지급의무**

1) 일부멸실 등과 감액청구 및 해지권(제627조)

임차물의 일부가 임차인의 과실 없이 멸실 기타 사유로 인하여 사용, 수익할 수 없는 때에는 임차인은 그 부분의 비율로 차임의 감액을 청구할 수 있다. 제31회 즉 전세권처럼 당연 감액되는 것은 아니다. 그러나 잔존부분만으로는 임대차의 목적을 달성할 수 없는 경우에는 임차인은 계약 전부를 해지할 수 있다.

2) 경제사정의 변경과 차임증감청구권(제628조) 제30회

① 증감청구권은 형성권이므로 **증감청구에 대해 당사자가 불응하여 법원이 차임을 결정한 경우에도 차임증감의 효력은 판결확정시가 아니라 증감청구의 의사표시가 상대방에게 도달한 때에 소급하여 효력이 생긴다.** 제31회

② 차임불감액특약은 무효이나, 차임부증액특약은 임차인에게 유리하므로 유효하다. 다만 판례는 차임부증액의 특약이 있더라도 그 약정 후 그 특약을 그대로 유지시키는 것이 신의칙에 반한다고 인정될 정도의 사정변경이 있다고 보여지는 경우에는 형평의 원칙상 임대인에게 차임증액청구를 인정한다.

3) 차임의 지급시기(제633조)

민법은 후급(後給)의 원칙을 취하고 있다. 그러나 본조는 임의규정이므로 당사자의 약정에 의해 달리 정할 수 있다.

4) 수인이 공동으로 물건을 임차한 때에는 연대하여 차임을 지급할 의무를 부담한다(제654조, 제616조). 제31회

⑷ 임차물보관의무 등

1) 선관주의의무

① **임차인은 선량한 관리자의 주의로 임차물을 보관하여야 한다.** 제29회 따라서 임차건물이 화재로 멸실되고 그 화재의 발생 원인이 불명인 때에도 임차인이 그 책임을 면하려면 그 임차건물의 보존에 관하여 선량한 관리자의 주의의무를 다하였음을 증명하여야 한다.

② 그러나 고객이 숙박계약에 따라 객실을 사용·수익하던 중 발생 원인이 밝혀지지 않은 화재로 인하여 객실에 발생한 손해는 특별한 사정이 없는 한 숙박업자의 부담으로 귀속된다고 보아야 한다.

③ 또한 임차건물 부분에서 화재가 발생하여 임차건물 부분이 아닌 건물부분까지 불에 타 그로 인해 임대인에게 손해가 발생한 경우에는 임대인이 임차인의 계약상 의무위반이 있었음을 증명해야 한다.

2) 통지의무(제634조)

임차물이 수리를 요하거나 임차물에 대하여 권리를 주장하는 자가 있는 때에는 임차인은 지체 없이 임대인에게 이를 통지하여야 한다. 그러나 임대인이 이미 이를 안 때에는 통지의 의무가 없다.

3) 원상회복의무

① 임차인이 목적물을 반환하는 때에는 이를 원상회복하여야 할 의무가 있다. **임차인의 원상회복의무는** 임차인이 사용하고 있던 부동산의 점유를 임대인에게 이전하는 것은 물론 **임대인이 임대 당시의 부동산 용도에 맞게 다시 사용할 수 있도록 협력할 의무도 포함한다.** 제34회 다만 일정한 요건을 갖춘 때에는 지상물이나 부속물의 매수를 청구할 수 있다.

② 토지 임대 당시 이미 임차목적물인 토지에 종전 임차인 등이 설치한 가건물 기타 공작물이 있는 경우에는 특별한 사정이 없는 한 임차인은 그가 임차하였을 때의 상태로 임차목적물을 반환하면 되고 종전 임차인 등이 설치한 부분까지 원상회복할 의무는 없다.

기출 임대차 종료로 인한 임차인의 원상회복의무에는 임대인이 임대 당시의 부동산 용도에 맞게 다시 사용할 수 있도록 협력할 의무까지 포함된다. (○)

기출 ✎ 건물소유를 목적으로 한 토지임대차의 기간이 만료된 경우, 임차인은 계약갱신의 청구 없이도 매도인에게 건물의 매수를 청구할 수 있다. (×)

기출 ✎ 임차인이 지상물의 소유권을 타인에게 이전한 경우, 임차인은 지상물매수청구권을 행사할 수 없다. (○)

기출 ✎ 토지임차인 乙이 X토지에 신축한 건물의 보존등기를 마친 후 丁이 X토지의 소유권을 취득하였다면, 乙은 丁에게 건물매수청구권을 행사할 수 없다. (×)

기출 ✎ 특별한 사정이 없는 한 지상건물이 미등기 무허가건물이라도 매수청구권의 대상이 될 수 있다. (○)

기출 ✎ 지상건물이 임차토지와 제3자 소유의 토지 위에 걸쳐서 건립되었다면, 임차인은 지상건물 전체에 대하여 매수청구를 할 수 있다. (×)

⑸ **토지임차인의 갱신청구와 지상물 매수청구**(제283조, 제643조)

1) '토지'임차인에게만 인정된다. **원칙적으로 먼저 갱신청구를 하여야 한다. 갱신청구권은 청구권이므로 임대인은 이를 거설할 수 있고, 임대인이 이를 거절하면 임차인은 지상물의 매수를 청구할 수 있다.** 제26회, 제30회

2) 주체 및 상대방

① 지상물매수청구권은 원칙적으로 지상물의 소유자인 임차인만 행사할 수 있다. 따라서 **임차인이 지상물의 소유권을 타인에게 이전한 경우, 임차인은 지상물매수청구권을 행사할 수 없다.** 제29회, 제35회

② 다만 임대인의 동의를 얻어 종전 임차인으로부터 임차권과 미등기건물을 양수한 임차인도 행사할 수 있다.

③ 또한 **토지소유자가 아닌 제3자로부터 토지를 임차한 임차인은** 토지 소유자가 임대인의 지위를 승계했다는 등의 **특별한 사정이 없는 한 토지소유자에게는 지상물매수를 청구할 수 없다.** 제35회

④ 매수청구의 상대방은 원칙적으로 임차권 소멸 당시의 임대인이다. 즉 **임대인이 임차권 소멸 당시에 이미 토지소유권을 상실하였다면 임차인은 그에게 매수청구권을 행사할 수 없다.** 제35회 다만 **토지임차인이 그 건물에 대한 보존등기를 필하는 등 대항력을 갖춘 경우에는 임차권 소멸 후 그 토지를 양수한 제3자에게도 행사할 수 있다.** 제29회

3) 지상물매수청구의 대상

① **행정관청의 허가를 받은 적법한 건물이 아니어도 매수청구의 대상이 되며,** 제30회, 제34회 특히 그 지상 건물이 객관적으로 경제적 가치가 있는지 여부나 임대인에게 소용이 있는지 여부는 매수청구의 행사요건이 아니다. 그리고 지상물은 반드시 임대차계약 당시의 기존건물이거나 임대인의 동의를 얻어 신축한 것에 한정되지 않는다.

② **임차인 소유 건물이 임차지 외에 임차인 또는 제3자 소유의 토지 위에 걸쳐서 건립되어 있는 경우에는 임차지상에 서 있는 건물 부분 중 구분소유의 객체가 될 수 있는 부분에 한하여 매수청구가 허용된다.** 제30회, 제34회

③ **지상건물에 근저당권이 설정되어 있는 경우에도 매수청구가 허용된다.** 제35회 이때에도 '시가'에 따라 매매계약이 체결되므로 근저당권의 피담보채권액을 공제한 금액이 아니다. 다만 임대인은 근저당등기가 말소될 때까지 피담보채권액 상당의 대금지급을 거절할 수 있을 뿐이다.

4) 행사와 그 제한

① 임차인의 지상물매수청구권은 형성권으로서 재판상뿐만 아니라 재판 외에서도 행사할 수 있다.

② **임차인의 채무불이행으로 임대차계약이 해지되었을 때에는 갱신청구권이나 매수청구권이 인정되지 않는다.** 제30회, 제34회

③ 다만 임대차의 기간을 약정하지 않았던 탓으로 **임대인의 해지통고에 의하여 임차권이 소멸되는 경우에는 계약갱신청구의 유무에 불구하고 지상물매수청구권이 인정된다.** 제35회

5) 기간의 제한 : 없음

① 임차인이 1심에서 지상물매수청구권을 행사하였다가 철회한 후 항소심에서 다시 행사할 수도 있다.

② 임대인이 제기한 토지인도 및 건물철거청구소송에서 임차인이 건물매수청구권을 행사하지 아니한 채 패소판결이 확정된 후라도, 그 확정판결에 의하여 건물철거가 진행되지 아니한 이상, 토지의 임차인으로서는 건물매수청구권을 행사하여 별소로써 임대인에게 건물매매대금의 지급을 구할 수 있다.

6) 행사의 효과

① **매수청구권은 형성권**이므로 매수청구권이 행사되면 임대인과 임차인 사이에서는 지상물에 대해서 청구 당시의 시가에 의해서 매매계약이 체결된 것과 같은 효과가 발생한다. 제30회 이때 임대인이 기존 건물의 철거비용이나 건물의 신축 비용을 보상할 의무를 따로 부담하는 것은 아니다.

② 임차인이 그 지상건물의 매수청구권을 행사한 후에는 임대인인 대지의 소유자로부터 매수대금을 지급받을 때까지 그 지상건물 등의 인도를 거부할 수 있다(동시이행관계). 제31회 다만 **이 경우 지상건물 등의 점유·사용을 통하여 그 부지를 점유·사용하는 것은 부당이득에 해당하므로, 부지의 임료 상당액은 반환하여야 한다.** 제34회

7) 강행규정(제652조)

지상물매수청구권의 포기약정은 원칙적으로 무효이다. 제29회, 제34회 다만 임차인에게 불리하지 않은 특별한 사정이 있는 경우에는 포기약정도 유효하다.

기출 임차인 甲이 2기의 차임액을 연체하여 임대인 乙이 임대차계약을 해지한 경우, 甲은 乙에게 건물매수를 청구할 수 없다. (○)

기출 임대인의 해지통고로 기간의 정함이 없는 토지임차권이 소멸한 경우에는 임차인은 지상물의 매수를 청구할 수 없다. (×)

기출 임차인이 적법하게 매수청구권을 행사한 후에도, 지상건물의 점유·사용을 통하여 임차토지를 계속하여 점유·사용하였다면, 임차인은 임대인에게 임차토지 임료 상당액의 부당이득반환의무를 진다. (○)

기출 임대차계약 당시 건물소유를 목적으로 한 토지임차인이 건물 기타 지상시설 일체를 포기하는 약정은 특별한 사정이 없는 한 무효이다. (○)

(6) **부속물 매수청구권**(제646조)

1) **건물 기타 공작물의 임대차**

① **부속물 매수청구권은 '건물 기타의 공작물'의 임차인(전차인)에게만 인정된다.** 제30회, 제33회 즉 토지임차인에게는 인정되지 않는다. 임차권이 적법하게 승계된 경우에는, 현임차인이 부속물매수청구권을 행사할 수 있다.

② **부속물은 건물과는 독립된 별개의 물건이어야 하며, 그 물건이 건물의 구성부분을 이루는 경우에는 비용상환청구권(제626조)을 행사하여야 한다.** 제27회, 제29회 따라서 증·개축의 경우에는 원칙적으로 부속물매수청구의 대상이 되지 않는다.

③ 부속물은 그 건물의 사용에 객관적인 편익을 가져오게 하는 물건이어야 하므로, **부속된 물건이 오로지 임차인의 특수목적에 사용하기 위하여 부속된 것인 때에는 부속물에 해당하지 않는다.** 제30회

2) **부속물매수청구권이 인정되는 것은 임대인의 동의를 얻거나, 임대인으로부터 매수한 부속물에 한한다.** 제29회, 제30회

3) **부속물 매수청구권이 생기는 것은 임대차가 종료한 때이다.** 제26회 다만 **임차인의 채무불이행으로 인하여 임대차가 해지된 경우에는 부속물매수청구권을 인정되지 않는다.** 제29회, 제31회 지상물매수청구권과 달리 갱신청구를 할 필요는 없다.

4) 제646조 역시 강행규정이고 형성권이다. 따라서 **임차인에게 불리한 약정은 무효이다.** 제27회, 제29회, 제30회 다만 **일시사용을 위한 임대차임이 명백한 경우에는 부속물매수청구권이 인정되지 않는다**(제653조). 제27회

5) 부속물매수청구권은 부속물의 소유자인 건물임차인에게 인정되는 권리이므로 **임차권과 부속물매수청구권의 분리양도는 허용되지 않는다.** 제29회

기출 건물임차인이 권원에 기하여 증축한 부분이 구조상·이용상의 독립성이 없더라도 임차인은 부속물매수청구권을 행사할 수 있다. (×)

기출 건물임차인이 그 사용의 편익을 위해 임대인으로부터 부속물을 매수한 경우, 임대차 종료 전에도 임대인에게 그 매수를 청구할 수 있다. (×)

기출
• 임대차 기간 중에 부속물매수청구권을 배제하는 당사자의 약정은 임차인에게 불리하더라도 유효하다. (×)
• 일시사용을 위한 임대차임이 명백한 경우에는 부속물매수청구권이 인정되지 않는다. (○)

04 임차권의 양도와 전대

1 무단양도 · 전대의 금지

(1) 임차인은 임대인의 동의 없이 임차권을 양도하거나 임차물을 전대하지 못한다. **임차인이 무단양도 · 전대를 한 경우에는 임대인은 계약을 해지할 수 있다.** 제27회

(2) 즉 **무단양도 · 전대를 하였다는 사정만으로는 임차권은 소멸하지 않는다.** 제27회 **따라서 임대차를 해지하지 않는 한 임대인은 여전히 임차인에게 차임을 청구할 수 있다.** 제28회

(3) 다만 임차인의 무단양도 · 전대가 임대인에 대한 배신행위라고 인정할 수 없는 특별한 사정이 있는 경우에는 해지할 수 없다. 즉 **임차건물에 동거하면서 함께 영업을 하고 있는 부부 사이의 임차권 양도, 또는 경매로 인한 임차권 양도 등의 경우에는 해지권은 발생하지 않는다.** 제28회

(4) 또한 **건물의 소부분 전대는 임대인의 동의가 필요 없으므로 이 경우에는 임대인은 임대차를 해지할 수 없다**(제632조). 제27회

> 기출 ✎ 만약 임차권의 무단양수인 丙이 임차인 乙의 배우자이고 X건물에서 동거하면서 함께 가구점을 경영하고 있다면, 임대인 甲은 임대차계약을 해지할 수 없다. (○)

2 임대인의 동의 없는 양도 · 전대의 법률관계

(1) **임차인과 전차인(양수인)의 관계**

① **임대인의 동의 없어도 전대차계약은 유효하며, 전차인은 전차권을 취득한다.** 제28회, 제29회 따라서 임차인은 전차인에게 전대차 목적물을 인도하여 사용 · 수익하게 할 의무가 있다.

② 또한 **임차인은 임대인의 동의를 받아줄 의무를 부담**하며, 임차인이 이를 행하지 못한 경우에는 전차인은 계약을 해제하거나 손해배상을 청구할 수 있다 (담보책임). 제28회

③ 그리고 전차인은 임차인(전대인)에게 차임을 지급할 의무를 부담한다.

> 기출 ✎ 무단전대의 경우에도 전대인과 전차인 사이의 전대차계약은 유효하게 성립한다. (○)

(2) **임대인과 전차인(양수인)의 관계**

① 전차인의 목적물 점유는 임대인에 대해서는 불법점유이므로 임대인은 목적물의 반환을 청구할 수 있다. 그러나 임대차를 해지하지 않는 한 직접 자신에게 반환할 것을 청구할 수는 없고 임차인에게 반환할 것을 청구할 수 있을 뿐이다. 또한 **임대차를 해지하지 않는 한** 임차인에게 차임청구권을 가지므로 그 한도에서는 **전차인에게 불법점유를 이유로 손해배상을 청구하거나 부당이득반환을 청구할 수 없다.** 제29회

> 기출 ✎
> • 임차인이 임대인의 동의 없이 전대한 경우, 임대인은 임대차를 해지하지 않고 전차인에게 불법점유를 이유로 손해배상을 청구할 수 있다. (×)
> • 무단전대의 경우에도 임대인 甲은 乙과의 임대차계약이 존속하는 동안에는 전차인 丙에게 불법점유를 이유로 부당이득반환을 청구할 수 없다. (○)

② 임대인과 전차인 사이에는 계약관계가 존재하지 않으므로 임대인은 전차인에게 직접 차임을 청구할 수는 없다. 다만 채권자대위권을 행사하여 차임을 청구할 수는 있다.

③ 그리고 무단전차인은 전대인에 대한 권리로 임대인에게 대항하지 못한다. 나아가 부속물매수청구권이나 지상물매수청구권이 인정되지 않고, 전차권이 침해된 경우에도 임대인의 권리를 대위행사할 수 없다.

③ 임대인의 동의 있는 양도·전대의 법률관계

(1) 임대인의 동의 있는 임차권의 양도

> 기출✎ 만약 임차인 乙이 임대인 甲의 동의를 받아 임차권을 丙에게 양도하였다면, 이미 발생된 乙의 연체차임채무는 특약이 없는 한 丙에게 이전되지 않는다. (○)

임차권은 그 동일성을 유지하면서 양수인에게 이전한다. 차임지급의무도 이전한다. 그러나 **연체차임 등의 손해배상채무는 특약이 없는 한 양수인에게 이전하지 않는다.** 제28회, 제31회, 제32회

(2) 임대인의 동의 있는 임차물의 전대

1) 전대의 효과(제630조)

① **임차인이 임대인의 동의를 얻어 전대한 때에는 전차인은 직접 임대인에게 의무를 부담한다.** 제32회 그러나 임대인에 대하여 권리는 갖지 못한다.

② 전차인은 전대차계약상의 차임지급시기 전에 전대인에게 차임을 지급한 사정을 들어 임대인에게 대항하지 못하지만, 차임지급시기 이후에 지급한 차임으로는 임대인에게 대항할 수 있고, 전대차계약상의 차임지급시기 전에 전대인에게 지급한 차임이라도, 임대인의 차임청구 전에 차임지급시기가 도래한 경우에는 그 지급으로 임대인에게 대항할 수 있다.

③ 또한 전대차를 동의해 준 경우에도 **임대인은 여전히 임차인에게** 임대차에 따른 권리행사, 즉 **차임의 청구나 해지권 등을 행사할 수 있다.** 제32회

④ 건물의 소부분 전차인은 임대인에게 의무를 부담하지 않는다(제632조).

2) 전차인의 권리의 확정(제631조)

> 기출✎ 동의 있는 전대차의 경우, 임대인 甲이 임차인 乙과 임대차계약을 합의해지하면 丙의 전차권도 따라서 소멸한다. (×)

① 임차인이 임대인의 동의를 얻어 임차물을 전대한 경우에는 **임대인과 임차인의 합의로 임대차를 종료한 때에도 전차인의 권리는 소멸하지 아니한다.** 제26회, 제32회

② 건물의 소부분을 전대차한 경우에는 임대인과 임차인이 합의로 임대차를 종료해도 전차인의 권리는 소멸한다(제632조).

3) 해지통고의 전차인에 대한 통지(제638조)

임대차약정이 해지의 통고로 인하여 종료된 경우에 그 임대물이 적법하게 전대되었을 때에는 임대인은 전차인에 대하여 그 사유를 통지하지 아니하면 해지로써 전차인에게 대항하지 못한다. 제26회 전차인에게 해지의 통지를 한 때에는 부동산의 경우에는 6월이 경과하면 해지의 효력이 생긴다.

4) 차임연체를 이유로 한 해지 제26회, 제32회

2기의 차임연체를 이유로 임대인이 임대차계약을 해지한 경우, 그 사유를 전차인에게 통지하지 않아도 전차인에게 대항할 수 있으며 이 경우 해지의 의사표시가 임차인에게 도달한 즉시 임차권은 소멸한다.

5) 전차인의 목적물 반환의무

동의 있는 전대차든 무단전대든 전차인이 임대인에게 직접 목적물을 반환한 때에는 임차인에게 목적물을 반환할 의무를 면한다. 제26회

6) 토지전차인의 임대청구권과 지상물매수청구권(제644조): 인정

임대청구권은 토지임차인에게 인정되는 권리이다. 즉 **건물전차인에게는 임대청구권이 인정되지 않는다.** 제32회

7) 건물전차인의 부속물매수청구권(제647조)

전차인이 임대인의 동의를 얻어 부속한 물건이나 임대인으로부터 매수하였거나, 임대인의 동의를 얻어 임차인으로부터 매수한 물건에 대해 부속물매수청구권을 행사할 수 있다. 즉 **임차인의 동의를 얻어 부속한 물건은 부속물매수청구권이 인정되지 않는다.** 제26회, 제30회

> 기출 임차인 乙의 차임연체액이 2기의 차임액에 달하여 임대인 甲이 임대차계약을 해지하는 경우, 甲은 전차인 丙에 대해 그 사유의 통지 없이도 해지로써 대항할 수 있다. (○)

> 기출 임대차와 전대차 기간이 모두 만료된 경우, 丙은 건물을 甲에게 직접 명도해도 乙에 대한 건물명도의무를 면하지 못한다. (×)

> 기출 동의 있는 전대의 경우, 전대차 종료시에 전차인 丙은 건물 사용의 편익을 위해 전대인 乙의 동의를 얻어 부속한 물건의 매수를 임대인 甲에게 청구할 수 있다. (×)

05 임대차의 종료와 보증금

1 의 의

보증금계약은 임대차에 종 된 계약이나 반드시 임대차계약과 동시에 이루어질 필요는 없다. 요물계약이라는 견해가 다수설이다.

2 보증금의 효력

(1) **보증금은** 임료채무, 목적물의 멸실·훼손 등으로 인한 손해배상채무 등 임대차관계에 따른 임차인의 모든 채무를 담보하는 것으로서 그 피담보채무 상당액은 **임대차관계의 종료 후 목적물이 반환될 때에 특별한 사정이 없는 한 별도의**

의사표시 없이 보증금에서 당연히 공제된다. **임대차 종료 전에 임차주택이 양도된 경우, 양수인의 경우에도 당연히 공제할 수 있다.** 채권양도의 대항요건을 갖추지 않아도 무방하다. 제35회

(2) 그러나 임대차관계와 사실상 관련되어 있는 채무라고 하더라도, 임대차관계에서 당연히 발생하는 임차인의 채무가 아니라 임대차계약과 별도로 이루어진 약정 등에 기하여 비로소 발생하는 채무는 보증금에서 당연히 공제할 수 있는 것은 아니다.

(3) 임대차관계가 존속하는 경우에는 임대인은 보증금으로 연체차임 등에 충당할 수도 있고, 충당하지 않고 연체차임을 청구할 수도 있으므로, 임대차계약 종료 전에는 연체차임 등이 공제 등 별도의 의사표시 없이 보증금에서 당연히 공제되는 것은 아니다.

(4) **임차인은 보증금의 존재를 이유로 채무의 이행을 거절할 수 없고,** 이행하지 않는 경우에는 채무불이행 책임을 진다. 제33회, 제35회

(5) 보증금에 대해서는 임대인에게 우선권이 있다. 즉 보증금채권이나 차임채권이 압류가 된 경우에도 임대차가 종료하면 연체차임채권은 당연히 보증금에서 공제된다. 제35회

③ 보증금 반환청구권

(1) **보증금의 반환시기**

단순히 임대차가 종료된 때가 아니라 임차인이 실제로 목적물을 반환한 때에 발생한다.

(2) **동시이행의 관계**

① 임대인이 보증금 중 연체차임 등 당해 임대차에 관하여 생긴 모든 채무를 청산한 나머지를 반환할 의무와 임차인이 임차목적물을 명도할 의무는 동시이행관계이다. 따라서 **임대인이 보증금반환의무의 이행제공을 하지 아니하는 한 임차인은 불법점유를 원인으로 하는 손해배상의무가 없다.** 제26회, 제35회

② 그러나 **임차인이 동시이행항변권에 기하여 임차목적물을 명도하지 아니하고 계속 사용·수익함으로 인하여 얻은 이익은 부당이득이 된다.** 제33회 다만 **차임은 종전 임대차계약에서 정한 차임을 지급할 의무를 부담할 뿐이고, 시가에 따른 차임에 상응하는 부당이득금을 지급할 의무를 부담하는 것은 아니다.** 제35회

기출

- 임차인 乙이 동시이행항변권에 기하여 주택을 사용·수익하는 경우, 甲은 乙에게 불법점유를 이유로 손해배상책임을 물을 수 없다. (○)
- 임차인 乙이 동시이행항변권에 기하여 주택을 사용·수익하더라도 그로 인하여 실질적으로 얻은 이익이 있으면 부당이득으로 임대인 甲에게 반환하여야 한다. (○)

③ 다만 임차인이 계속 점유하기는 하였으나 이를 본래의 임대차계약상의 목적에 따라 사용·수익하지 아니하여 실질적인 이득을 얻은 바 없는 경우에는 그로 인하여 임대인에게 손해가 발생하였다 하더라도 임차인의 부당이득반환의무는 성립하지 않는다. 이는 임차인의 사정으로 인하여 임차건물을 사용·수익을 하지 못하였거나 임차인이 자신의 시설물을 반출하지 아니하였다 하더라도 마찬가지이다.

④ 다만 타인 소유의 토지 위에 권원 없이 건물을 소유하고 있는 경우에는 실제로 이를 사용·수익하지 않더라도 부당이득반환의무가 있다.

⑤ 임대차와 전대차가 모두 종료한 후에 전차인이 건물을 반환하지 않고 사용하는 경우, 임대인은 전차인에게 차임 상당의 부당이득반환을 청구할 수 있다.

⑥ **임대차가 종료한 경우**, 동시이행의 항변권이 인정되므로 **연체차임에 대한 지연손해금의 발생종기는 임차인이 임차주택을 반환되는 때이다.** 제35회

(3) 증명책임

보증금을 지급하였다는 사실의 증명책임은 임차인이 부담한다. 제33회 또한 보증금에서 공제될 차임채권 등의 발생 원인에 관한 주장·증명책임은 임대인에게 있고 그 발생한 채권의 소멸에 관한 증명책임은 임차인에게 있다.

박문각 공인중개사

민사특별법

주택임대차보호법

01 적용범위

1 주거용 건물

이 법은 주거용 건물의 전부 또는 일부의 임대차에 적용되는 것으로 그 주택의 일부가 주거 외의 목적으로 사용되는 경우에도 적용된다. 주거용 건물에 해당하는지 여부는 공부상의 표시만을 기준으로 하는 것이 아니라 그 실지 용도에 따라서 정해진다.

2 미등기전세와 일시사용을 위한 임대차

(1) 이 법은 **미등기 주택**이나 채권적 전세**에도 적용**되나(제12조), 제27회 **일시사용을 위한 임대차임이 명백한 경우에는 적용되지 않는다**(제11조). 제27회

(2) **주택의 소유자는 아니지만 적법하게 임대차계약을 체결할 수 있는 권한을 가진 자(명의신탁자)와 임대차계약을 체결한 경우에도 주임법이 적용된다.** 제27회

(3) 그러나 경매절차의 최고가매수신고인은 적법한 임대권한이 없으므로 최고가 매수신고인으로부터 주택을 임차한 경우에는 주임법이 적용되지 않는다.

02 대항력

1 대항력의 요건

(1) 주택의 인도와 주민등록만 갖추면 족하고(제3조 제1항) 기존 채권을 임대차보증금으로 전환하여 임대차를 한 경우에도 대항력이 인정된다.

(2) 그러나 주택임대차로서의 대항력을 취득한 것처럼 외관을 만들었을 뿐 실제 주택을 주거용으로 사용·수익할 목적이 아닌 경우에는 통정허위표시에 해당되어 무효이므로 대항력이 인정되지 않는다.

(3) 임차인이 주택의 인도와 주민등록을 마치면 그 다음 날 오전 0시부터 대항력이 발생한다(제3조 제1항). 제32회, 제34회 따라서 소유권이전등기나 저당권설정등기 일자와 대항요건을 갖춘 일자가 같은 경우에는 임차인은 주택의 양수인이나 저당권자에게 대항할 수 없다.

2 대항력의 의미

(1) **주택의 임차인이 대항력을 갖춘 후에 그 주택의 소유권이 이전된 경우에는 양수인이 임대인의 지위를 승계하므로 보증금반환채무도 양수인에게 이전**하며, 양도인은 보증금반환채무를 면한다. 제29회, 제31회, 제34회, 제35회 따라서 **양수인이 임차인에게 보증금을 지급한 경우에도 양도인(종전의 임대인)에게 부당이득반환청구를 할 수 없다.** 제31회

(2) 그러나 임대차 종료 후 임대인이 임차주택을 양도한 경우, 임차인은 임차주택의 양도사실을 안 때로부터 상당한 기간 내에 이의를 제기함으로써 승계되는 임대차관계의 구속으로부터 벗어날 수 있으며, 이 경우에는 양도인의 임차인에 대한 보증금 반환채무는 소멸하지 않는다.

(3) **또한 기왕에 발생한 연체차임채권은 특약이 없는 한 양수인에게 이전하지 않는다.** 제31회, 제32회

(4) **나아가 양수인이 보증금반환채무를 인수한 후 임차인이 주민등록을 이전하면 임차인의 대항력은 소멸하지만, 그렇다고 하여 이미 양수인이 부담하게 된 보증금반환채무마저 소멸하는 것은 아니다.** 제33회

(5) 임차주택이 임대차기간의 만료 전에 경매되는 경우, 임차인은 임대차계약을 해지하고 우선변제를 청구할 수 있다.

(6) **임차주택의 양수인**

① 주택을 담보목적으로 신탁법에 따라 신탁한 경우에는 수탁자가 임대인의 지위를 승계한다.

② **대항력을 갖춘 임차인이 당해 주택을 양수(경락)한 때에도 임대인의 보증금반환채무는 소멸**하고, 양수인인 임차인이 보증금반환채무를 인수하게 되어, 결국 임차인의 보증금반환채무는 혼동으로 소멸한다. 제28회

③ 미등기무허가 건물을 양도받아 사실상 소유권을 행사하는 양수인도 임대인의 지위를 승계한다.

기출 임대차기간이 만료하기 전에 甲이 丙에게 X주택을 매도하고 소유권이전등기를 마친 경우, 대항요건을 갖춘 乙은 丙에게 임차권을 주장할 수 없다. (×)

기출
- 임차주택 양도 전 발생한 연체차임채권은 특별한 사정이 없는 한 양수인에게 승계되지 않는다. (○)
- 양수인이 임차인에게 보증금을 지급한 경우, 특별한 사정이 없는 한 양도인(종전의 임대인)에게 부당이득반환을 청구할 수 없다. (○)
- 대항력을 갖춘 임차인이 경매절차에서 해당 주택의 소유권을 취득한 경우, 임대인에 대하여 보증금반환을 청구할 수 있다. (×)

④ **임대차보증금반환채권이 가압류된 상태에서 임대주택이 양도되면 양수인이 채권가압류의 제3채무자의 지위도 승계하므로 가압류채권자는 임대주택의 양도인이 아니라 양수인에 대하여만 위 가압류의 효력을 주장할 수 있다.** _{제28회, 제31회}

⑤ 주택의 대지에 설정된 근저당권의 실행을 위한 경매절차에 대지만을 매수한 자는 임차주택의 양수인이라고 할 수 없다.

⑥ **주택의 양도담보권자는 양수인에 해당하지 않는다.** 즉 **대항력이 있는 임차권이 있는 주택에 양도담보권이 설정된 경우에도 임대인의 보증금반환채무는 소멸하지 않는다.** _{제31회}

기출 만약 임대인 甲이 채권담보를 목적으로 임대주택을 丙에게 양도한 경우, 甲은 특별한 사정이 없는 한 보증금반환의무를 면한다. (×)

③ 임차인이 법인인 경우

(1) 주택 임차인이 법인인 경우에는 원칙적으로 주임법이 적용되지 않으므로, 양수인이 임대인의 지위를 당연히 승계하는 것이 아니며, 따라서 특별한 사정이 없는 한 임대인의 법인에 대한 임차보증금반환채무는 소멸하지 않는다.

(2) 다만 한국토지주택공사와 주택사업을 목적으로 설립된 지방공사의 경우에는 주임법이 적용된다(시행령 제1조의2). 따라서 해당 법인이 선정한 입주자가 주민등록과 인도를 갖춘 때에는 법인에게 대항력이 인정된다.

(3) 「중소기업기본법」 제2조에 따른 중소기업에 해당하는 법인이 소속 직원의 주거용으로 주택을 임차한 후 그 법인이 선정한 직원이 해당 주택을 인도받고 주민등록을 마쳤을 때에는 제3자에 대하여 대항력이 인정된다. 임대차가 끝나기 전에 그 직원이 변경된 경우에는 그 법인이 선정한 새로운 직원이 주택을 인도받고 주민등록을 마친 다음 날부터 제3자에 대하여 효력이 생긴다.

(4) 여기에서 말하는 '직원'은, 해당 법인이 주식회사라면 그 법인에서 근무하는 사람 중 법인등기사항증명서에 대표이사 또는 사내이사로 등기된 사람을 제외한 사람을 의미한다고 보아야 한다. 다만 위와 같은 범위의 임원을 제외한 직원이 법인이 임차한 해당 주택을 인도받아 주민등록을 마치고 그곳에서 거주하고 있다면 이로써 위 조항에서 정한 대항력을 갖추었다고 보아야 하고, 그 밖에 업무관련성, 임대료의 액수, 지리적 근접성 등 다른 사정을 고려하여 그 요건을 갖추었는지를 판단할 것은 아니다.

4 선순위 권리자가 있는 경우

(1) **임차인이 대항요건을 갖춘 경우에도 그보다 앞선 담보물권이나 가압류 등이 있는 경우에는 대항력이 인정되지 않는다.** 제31회

(2) **즉 먼저 설정된 저당권이 있는 주택이 경매된 경우에는 대항요건을 갖춘 임차권도 소멸한다**(이 경우의 경락인은 임차주택의 양수인에 포함되지 않는다). 제26회 **즉 경락인은 임대인의 지위를 승계하지 않으므로 임차인은 경락인에게 주택을 인도하여야 한다.** 제28회

(3) **임차권보다 후순위 저당권자가 경매를 신청한 경우에도 임차권보다 선순위 저당권이 소멸하는 경우에도 마찬가지이다.** 제28회 다만 이 경우 임차인은 대위변제를 하여 저당권을 소멸시키고 대항력을 확보할 수 있다.

(4) 나아가 임차인이 저당권자보다 먼저 대항요건을 갖춘 경우에도 그 저당권설정등기 이후에 증액한 보증금으로써는 그 주택의 경락인에게 대항할 수 없다.

5 주민등록에 관한 문제

(1) **주민등록의 존속**

① 주택의 인도와 주민등록은 그 대항력 및 우선변제권의 취득시에만 구비하면 족한 것이 아니고 배당요구의 종기까지 계속 존속하고 있어야 한다.

② 따라서 임차인이 대항력을 갖춘 후에 그 가족과 함께 일시적으로나마 다른 곳으로 주민등록을 이전하였다면 대하아력은 소멸한다. 다시 원래의 주소지로 주민등록을 재전입하였다 하더라도 재전입한 때로부터 새로운 대항력이 발생할 뿐이다.

③ 다만 신구 임대차계약 사이에 동일성이 인정되는 경우에는 다시 확정일자를 받지 않아도 재전입한 때로부터 우선변제권이 인정된다.

④ 주민등록이 주택임인의 의사에 의하지 않고 제3자에 의해 임의로 이전되었다면 대항력은 그대로 유지된다. 또한 임차인이 올바르게 전입신고를 하였는데 공무원이 착오로 잘못 기재한 경우에도 대항력이 인정된다.

⑤ 그러나 **주민등록의 신고는 도달하기만 하면 효력이 발생하는 것이 아니라 수리가 되어야 한다.** 제26회 따라서 임차인이 정확한 전입신고서를 제출하였는데 담당공무원이 착오로 수정을 요구하여 임차인이 다시 잘못된 전입신고서를 작성·제출하여 주민등록이 된 경우에는 대항력이 인정되지 않는다.

기출 ✎
• 저당권이 설정된 주택을 임차하여 대항요건을 갖춘 이상, 후순위저당권이 실행되더라도 매수인이 된 자에게 대항할 수 있다. (×)

• 임차권보다 후순위 저당권자의 경매신청에 따라 임차권보다 선순위 저당권도 소멸하는 경우에는 임차권도 소멸하므로 이와 같은 경우에 경락인은 임차주택의 양수인에 해당하지 않는다. (○)

• 임차권보다 선순위의 저당권이 존재하는 주택이 경매로 매각된 경우, 경매의 매수인은 임대인의 지위를 승계한다. (×)

기출 ✎ 동거가족이 없는 임차인이 임대차 기간 중 자신의 주민등록을 다른 주소로 이전하였더라도 계속하여 주택에 거주하고 있었다면 대항력은 유지된다. (×)

기출 ✎ 주민등록의 신고는 행정청이 수리한 때가 아니라, 행정청에 도달한 때 효력이 발생한다. (×)

⑥ 그리고 주민등록이 직권말소된 경우에는 원칙적으로 대항력이 소멸하나, 주민등록법 소정의 이의절차에 따라 주민등록이 회복되거나 재등록이 이루어진 경우에는 소급하여 그 대항력이 유지된다. 그러나 그 직권말소가 이의절차에 의하여 회복된 것이 아닌 경우에는 직권말소 후 재등록 이전에 임차주택에 관하여 새로운 이해관계를 맺은 선의의 제3자에 대항할 수 없다.

(2) 가족이나 전차인의 주민등록

① 주민등록은 임차인 본인뿐만 아니라 그 배우자나 자녀 등 가족의 주민등록으로도 충분하다. 따라서 **가족의 주민등록을 그대로 둔 채 임차인만 주민등록을 일시 다른 곳으로 옮긴 경우라면, 대항력을 상실하지 않는다.** 제32회

② 그리고 **주택임차인이 임대인의 승낙을 받아 임차주택을 전대하고 그 전차인이 주택을 인도받아 자신의 주민등록을 마치면 그때로부터 간접점유자인 임차인도 대항력을 취득한다.** 제30회, 제32회

③ 다만 이때 주택에 실제로 거주하지 아니하는 간접점유자인 임차인의 주민등록으로는 대항력을 취득하지 못한다.

(3) 부정확한 주소

① 주민등록이전시 잘못된 현관문의 표시대로 1층 201호라고 전입신고를 마쳤는데, 그 주택이 공부상 1층 101호로 등재된 경우에는 대항력이 인정되지 않는다.

② 다세대주택이나 연립주택의 경우에는 호수까지 정확히 기재하여야 하나, 다가주택의 경우에는 편의상 구분해 놓은 호수까지 기재할 필요가 없고, 지번만 기재해도 유효하다.

③ 나아가 **다가구용 단독주택의 임차인이 대항력을 취득한 후, 건축물 대장상으로 다가구용 단독주택이 다세대 주택으로 변경된 사정만으로는 이미 취득한 대항력을 상실하지 않는다.** 제33회

(4) 임차인으로서의 주민등록

주택의 소유자 甲이 자신의 주택에 전입신고를 하고 거주하다가, 乙에게 매도함과 동시에 임대차하여 계속 거주하기로 하고 乙에게 소유권이전등기를 한 경우, 甲은 乙명의의 소유권이전등기가 경료된 그 다음 날부터 대항력을 갖는다. 제32회 따라서 乙명의로 소유권이전등기가 경료된 날에 乙의 채권자 丙이 그 주택에 저당권을 설정한 경우, 임차인 甲은 丙에게 대항할 수 없다.

기출 ✎ 임차인 甲이 임대인의 승낙을 받아 乙에게 임대주택을 적법하게 전대한 경우, 甲이 임대주택에 거주하지 않고 자신의 주민등록을 이전하지 아니하더라도 전차인 乙이 주택을 인도받아 자신의 주민등록을 하여야 甲은 제3자에 대하여 대항력을 갖는다. (○)

기출 ✎ 주민등록을 마치고 거주하던 자기 명의의 주택을 매도한 자가 매도와 동시에 이를 다시 임차하기로 약정한 경우, 매수인 명의의 소유권이전등기 여부와 관계없이 대항력이 인정된다. (×)

03 우선변제권

1 대항력과 우선변제권의 겸유

(1) 대항요건과 확정일자를 갖춘 임차인은 대항력과 우선변제권을 겸유한다. 따라서 배당에 참가하여 우선변제권을 행사하였으나 보증금 전액을 배당받지 못한 경우에는 반환받을 때까지 임대차관계의 존속을 주장할 수도 있다(제3조의5 단서).

(2) 주임법이 대항요건과 확정일자 외에 보증금 전액의 지급을 요건으로 하지 않고 있기 때문에 임차인이 보증금의 일부만을 지급하고 대항요건과 확정일자를 갖춘 다음 나머지 보증금을 나중에 지급하였다고 하더라도 특별한 사정이 없는 한 대항요건과 확정일자를 갖춘 때를 기준으로 임차보증금 전액에 대해서 후순위 권리자 기타 채권자보다 우선하여 변제받을 수 있다.

(3) **(소액)보증금반환채권은 배당요구채권이다.** 제34회 따라서 임차인이 배당요구를 하지 않아 후순위권리자가 배당받은 경우, 그 금원에 대하여 부당이득반환청구를 할 수 없다.

기출 제3자에 의해 경매가 개시되어 임차주택이 매각된 경우, 우선변제권이 있는 임차인 甲은 경매절차에서 배당요구를 하지 않아도 보증금에 대해 우선변제를 받을 수 있다. (×)

(4) 다만 임차인이 보증금반환청구소송의 확정판결 등 집행권원을 얻어 임차주택에 강제경매를 신청한 경우에는 별도로 배당요구를 하지 않아도 우선변제권이 인정된다.

2 우선변제권의 발생시기

(1) 주택의 인도와 주민등록을 마친 당일 또는 그 이전에 확정일자를 갖추면 우선변제권은 대항력이 발생하는 시기, 즉 주택의 인도와 주민등록을 마친 다음 날 발생한다. 주택의 인도와 주민등록을 마친 그 다음 날 이후에 확정일자를 갖추면 확정일자를 갖춘 즉시 우선변제권이 발생한다.

(2) 확정일자는 임대인과 임차인 사이의 담합으로 임차보증금의 액수를 사후에 변경하는 것을 방지하고자 하는 취지일 뿐이므로, 확정일자를 받은 임대차계약서가 진정하게 작성된 이상, 임대차계약서에 아파트의 명칭과 그 전유 부분의 동·호수의 기재를 누락하였다고 해도 우선변제권은 인정된다.

③ 주택임차인이 대항력을 갖추고 전세권 등기도 한 경우의 문제

(1) 주택임차인으로서의 권리와 전세권자로서의 권리는 전혀 별개다. 따라서 전세권설정등기가 선순위의 근저당권의 실행으로 말소되더라도 임차권자가 전세권설정등기 전에 확보한 주임법상의 대항력마저 상실되는 것은 아니다.

(2) 임차인으로서의 지위에 기하여 경매법원에 배당요구를 한 경우, 전세권에 관하여도 배당요구가 있는 것으로 볼 수는 없다.

(3) 전세권자로서 전세금의 우선변제를 받은 경우, 그 임차인이 변제받지 못한 나머지 보증금으로 경락인에게 대항할 수 있다.

(4) **전세권등기를 마친 경우에도 대항요건을 상실하면 주임법상의 대항력 및 우선변제권은 상실한다.** 제32회

(5) 또한 임차인이 대항력을 갖추고 전세권등기까지 한 경우에 전세계약서상의 확정일자(전세권 등기필증에 찍힌 등기관의 접수인)를 임대차계약의 확정일자로 볼 수 있다.

기출 ✎ 최선순위 전세권자로서의 지위와 대항력을 갖춘 주택임차인으로서의 지위를 함께 가진 자가 전세권자의 지위에서 경매를 신청한 경우에는 임차권의 대항력을 주장할 수 없다. (×)

④ 임차인의 경매신청과 보증금의 수령

(1) 임차인이 임차보증금반환채권의 확정판결 기타 이에 준하는 집행권원에 기하여 경매를 신청하는 경우에는 반대의무의 이행 또는 이행의 제공을 집행개시의 요건으로 보지 않는다. 따라서 주택을 비우지 않고도 경매를 신청할 수 있다. 상임법의 경우에도 마찬가지이다.

(2) 다만 **임차주택의 경매 또는 공매시 임차인이 환가대금으로부터 보증금을 수령하기 위해서는 임차주택을 양수인에게 인도하여야 한다(동시이행관계).** 제30회

5 소액보증금 임차인의 최우선변제권(제8조)

(1) **소액보증금임차인이 보증금 중 일정액에 대하여** 최우선변제를 받기 위해서는 경매신청의 등기 전에 인도와 주민등록을 갖추어야 한다. 즉 **대항요건만 갖추면 되고 확정일자는 필요 없다.** 제26회 그리고 최우선변제를 받을 수 있는 금액은 주택가격(대지가격 포함)의 2분의 1 범위 내에 한한다.

(2) **대항요건 및 확정일자를 갖춘 임차인과 소액임차인은 임차주택과 그 대지가 함께 경매될 경우뿐만 아니라, 임차주택과 별도로 그 대지만이 경매될 경우에도 그 대지의 환가대금에서 우선변제권을 행사할 수 있다.** 제26회, 제28회, 제33회

(3) 이는 임대차 성립 당시 임대인의 소유였던 대지가 타인에게 양도되어 임차주택과 대지의 소유자가 서로 달라진 경우에도 마찬가지이다.

(4) **대지에 저당권을 설정할 당시 주택이 미등기인 채 이미 존재하였다면, 소액임차인은 저당권에 기한 대지의 경매절차에서 최우선변제를 주장할 수 있다.** 그러나 대지에 저당권이 설정된 후에 비로소 건물이 신축된 경우, 그 주택의 소액임차인은 대지의 환가대금에 대하여 우선변제를 받을 수 없다.

(5) 처음 임대차계약을 체결할 당시에는 소액임차인에 해당하지 않았다 하더라도 그 후 정당하게 보증금을 감액하여 소액임차인에 해당하게 되면, 소액임차인으로 보호된다.

(6) **점포 및 사무실로 사용되던 건물에 근저당권이 설정된 후 그 건물이 주거용 건물로 용도변경된 경우, 이를 임차한 소액임차인에게도 최우선변제권이 인정된다.** 제27회

6 확정일자 부여 및 임대차의 정보제공 등(제3조의6)

(1) 확정일자부여기관(주민센터 등)은 확정일자부를 작성하여야 한다.

(2) 주택의 임대차에 이해관계가 있는 자는 확정일자부여기관에 해당 주택의 정보제공을 요청할 수 있고, 요청을 받은 확정일자부여기관은 정당한 사유 없이 이를 거절할 수 없다.

(3) **임대차계약을 체결하려는 자는 임대인의 동의를 얻어야만 정보제공을 요청할 수 있다.** 제30회

기출 ✔ 소액임차인은 경매신청의 등기 전까지 임대차계약서에 확정일자를 받아야 최우선변제권을 행사할 수 있다. (✕)

기출 ✔ 임차인의 우선변제권은 대지의 환가대금에도 미친다. (○)

7 임차권등기와 대항력 및 우선변제권

(1) 개 관

① 임대차가 종료된 후 보증금을 반환받지 못한 임차인은 임차주택의 소재지(임대인의 주소지가 아님)를 관할하는 지방법원 등에 임차권등기명령을 신청할 수 있다. 제29회, 제30회

② 임차인은 임차권등기명령신청을 기각하는 결정에 대해서는 항고할 수 있고 **임차권등기명령의 신청과 관련하여 소요된 비용은 임대인에게 청구할 수 있다** (제3조의3). 제31회

(2) 대항력과 우선변제권(제3조의3)

① 임차권등기명령에 의해 임차권등기가 경료되면 임차인은 대항력 및 우선변제권을 취득하며, 임차권등기 이전에 이미 대항력 또는 우선변제권을 취득한 경우에는 그 대항력 또는 우선변제권이 그대로 유지된다.

② 임차권등기 이후에는 대항요건을 상실하더라도 이미 취득한 대항력 또는 우선변제권을 상실하지 않는다. 제31회

③ 임차권등기가 경료된 주택을 그 이후에 임차한 소액임차인에게는 최우선변제권이 인정되지 않는다. 제26회

④ 임차권등기명령신청에 의하여 등기가 경료된 경우에는 임대인의 보증금반환의무가 임차인의 임차권등기 말소의무보다 선이행 의무가 된다. 제31회 또한 이 경우의 **보증금은 당연배당채권이다.** 제31회

(3) 민법에 의한 임차권등기

주택에 대해 민법 제621조에 의해 등기를 하면 대항력뿐만 아니라 우선변제권까지 생긴다(제3조의4). 임차권등기명령에 의한 등기와 균형을 위하여 신설된 규정이다.

기출 임차인 乙은 주택임대차가 끝나기 전에 X주택의 소재지를 관할하는 법원에 임차권등기명령을 신청할 수 있다. (×)

기출 임차권등기명령의 집행에 따라 주택 전부에 대해 타인 명의의 임차권등기가 끝난 뒤 소액보증금을 내고 그 주택을 임차한 자는 최우선변제권을 행사할 수 없다. (○)

04 임대차의 존속기간과 계약갱신요구권

1 존속기간의 보장(제4조)

기간의 정함이 없거나 기간을 2년 미만으로 정한 임대차는 그 기간을 2년으로 본다. 그러나 **임차인은 2년 미만으로 정한 기간이 유효함을 주장할 수 있다.** 제29회, 제30회 또한 임대차가 종료한 경우에도 임차인이 보증금을 반환받을 때까지는 임대차관계는 존속하는 것으로 본다.

2 묵시의 갱신(법정갱신)

(1) 임대인이 임대차기간 만료 전 6월부터 2월까지에 임차인에 대하여 갱신거절의 통지 또는 조건을 변경하지 아니하면 갱신하지 아니한다는 뜻의 통지를 하지 아니한 경우, 또는 임차인이 임대차 기간 만료 전 2월까지 통지를 하지 아니한 경우에는 그 기간이 만료된 때에 전임대차와 동일한 조건으로 다시 임대차 한 것으로 본다(제6조 제1항).

(2) **법정갱신의 경우 임대차의 존속기간은 2년으로 본다**(제6조 제2항). 제28회, 제29회, 제34회 **따라서 임대인은 해지통고를 할 수 없다. 그러나 임차인은 언제든지 해지통고를 할 수 있고, 임대인이 통지를 받은 날로부터 3월이 경과하면 임대차가 종료된다**(제6조의2). 제29회, 제30회

(3) 다만 **임차인이 2기의 차임액을 연체하거나 임차인으로서의 의무를 현저히 위반한 경우에는 법정갱신이 인정되지 않는다**(제6조 제3항). 제30회, 제34회

(4) **상가임대차의 경우**에는 상가임차인이 6개월 전부터 1개월 전까지 별다른 조치를 취하지 않다가, **임대차기간 만료 전 1개월 전부터 만료일 사이에 갱신거절의 통지를 한 경우에는 묵시적 갱신이 되지 않고 임대차기간 만료일에 종료한다.** 제35회

기출 주택임대차기간을 1년으로 약정한 경우, 임차인 乙은 그 기간이 유효함을 주장할 수 없다. (×)

기출
- 주택임대차계약이 묵시적으로 갱신되면 그 임대차의 존속기간은 2년으로 본다. (○)
- 주택임대차가 묵시적으로 갱신된 경우, 임차인은 전임대차가 종료한 날로부터 3개월 이내에 한하여 임대인에게 계약해지의 통지를 할 수 있다. (×)
- 임차인이 2기의 차임액에 달하는 차임을 연체하면 묵시적 갱신이 인정되지 않는다. (○)

③ 계약갱신요구권

(1) 의 의

제6조의 법정갱신 규정에도 불구하고 임대인은 임차인이 **임대차기간이 끝나기 6개월 전부터 2개월 전까지 기간 이내에 계약갱신을 요구**할 경우 정당한 사유 없이 거절하지 못한다. 제32회

(2) 거절사유

다만 다음 어느 하나의 경우에는 임대인은 임차인의 계약갱신요구를 거절할 수 있다.

① 임차인이 2기의 차임액에 해당하는 금액에 이르도록 차임을 연체한 사실이 있는 경우

② 임차인이 거짓이나 그 밖의 부정한 방법으로 임차한 경우

③ 서로 합의하여 임대인이 임차인에게 상당한 보상을 제공한 경우

④ **임차인이 임대인의 동의 없이 목적 주택의 전부 또는 일부를 전대한 경우** 제32회

⑤ 임차인이 임차한 주택의 전부 또는 일부를 고의나 중대한 과실로 파손한 경우

⑥ 임차한 주택의 전부 또는 일부가 멸실되어 임대차의 목적을 달성하지 못할 경우

⑦ 임대인이 다음의 어느 하나에 해당하는 사유로 목적 주택의 전부 또는 대부분을 철거하거나 재건축하기 위하여 목적 주택의 점유를 회복할 필요가 있는 경우

　㉠ 임대차계약 체결 당시 공사시기 및 소요기간 등을 포함한 철거 또는 재건축 계획을 임차인에게 구체적으로 고지하고 그 계획에 따르는 경우

　㉡ 건물이 노후 · 훼손 또는 일부 멸실되는 등 안전사고의 우려가 있는 경우

　㉢ 다른 법령에 따라 철거 또는 재건축이 이루어지는 경우

⑧ 임대인(임대인의 직계존속 · 직계비속을 포함한다)이 목적 주택에 실제 거주하려는 경우, 이 경우 주택의 양수인도 위 요건을 충족하는 한 계약갱신요구를 거절할 수 있다. 또한 임대인이 목적 주택에 실제 거주하려는 경우에 해당한다는 점에 대한 증명책임은 임대인에게 있다.

⑨ 그 밖에 임차인이 임차인으로서의 의무를 현저히 위반하거나 임대차를 계속하기 어려운 중대한 사유가 있는 경우

(3) 갱신의 효력

① **임차인은 1회에 한하여 계약갱신요구권을 행사할 수 있다.** 제32회 이 경우 갱신되는 임대차의 존속기간은 2년으로 본다.

② 갱신되는 임대차는 전임대차와 동일한 조건으로 다시 계약된 것으로 본다. 다만 보증금과 차임은 20분의 1 범위에서 증액을 청구할 수 있다.

③ 계약이 갱신된 경우에도 임차인은 언제든지 임대인에게 해지통지를 할 수 있고, 임대인이 그 통지를 받은 날로부터 3월이 지나면 해지의 효력이 발생한다.

④ **이는 계약해지의 통지가 갱신된 임대차계약 기간이 개시되지 전에 임대인에게 도달하였다고 하더라도 마찬가지이다.** 제35회

(4) 손해배상의 문제

1) 발생사유

임대인(임대인의 직계존속·직계비속을 포함한다)이 목적주택에 실제 거주하려고 한다는 사유로 갱신을 거절하였음에도 불구하고 갱신요구가 거절되지 아니하였더라면 갱신되었을 기간이 만료되기 전에 정당한 사유 없이 제3자에게 목적 주택을 임대한 경우 임대인은 갱신거절로 인하여 임차인이 입은 손해를 배상하여야 한다.

2) 손해배상액

손해배상액은 거절 당시 당사자 간에 손해배상액의 예정에 관한 합의가 이루어지지 않는 한 다음 금액 중 큰 금액으로 한다.

① 갱신거절 당시 월차임(차임 외에 보증금이 있는 경우에는 그 보증금을 제7조의2 각 호 중 낮은 비율에 따라 월 단위의 차임으로 전환한 금액을 포함한다. 이하 "환산월차임"이라 한다)의 3개월분에 해당하는 금액

② 임대인이 제3자에게 임대하여 얻은 환산월차임과 갱신거절 당시 환산월차임 간 차액의 2년분에 해당하는 금액

③ 위의 (2)의 ⑧의 사유로 인한 갱신거절로 인하여 임차인이 입은 손해액

05 기 타

1 차임증감청구권 등

(1) 차임 등의 증감청구권(제7조, 시행령 제8조)

증액청구는 약정한 차임의 20분의 1의 금액을 초과하지 못한다. 그리고 임대차 계약 또는 증액이 있은 후 1년 이내에는 다시 증액하지 못한다. 다만, 특별시 · 광역시 · 특별자치시 · 도 및 특별자치도는 관할 구역 내의 지역별 임대차 시장 여건 등을 고려하여 20분의 1 범위 내에서 증액청구의 상한을 조례로 달리 정할 수 있다. 그러나 당사자의 합의로 증액하는 경우에는 이러한 제한을 받지 않는다.

(2) 월차임 전환시 산정율의 제한(제7조의2)

보증금의 전부 또는 일부를 월 단위의 차임으로 전환하는 경우에는 그 전환되는 금액에 아래의 내용 중 낮은 비율을 곱한 월차임의 범위를 넘을 수 없다.

① 대통령령으로 정하는 비율 연 1할

② 은행기준금리에 연 2%를 더한 비율

2 임차권의 승계(제9조)

(1) 임차인이 상속권자 없이 사망한 경우에는 그 주택에서 가정공동생활을 하던 사실상의 혼인관계에 있는 자는 임차인의 권리와 의무를 승계한다.

(2) 임차인 사망 당시 상속권자가 그 주택에서 공동생활을 하지 아니한 경우에는 그 주택에서 가정공동생활을 하던 사실상의 혼인관계에 있는 자와 2촌 이내의 친족은 공동으로 임차인의 권리와 의무를 승계한다.

(3) 그러나 임차인 사망 후 1월 이내에 반대의 의사표시를 한 경우에는 임차인의 권리와 의무를 승계하지 아니한다.

(4) 만약 법정상속인이 있고 그가 가정공동생활을 하고 있다면 제9조는 적용될 수 없고, **상속인이 임차권을 승계한다.** 제28회

---

1 상가건물 임대차보호법의 적용범위 : 일정금액 이하의 상가임대차

(1) **서울특별시 기준으로 9억을 초과하지 않는 상가임대차의 경우에만 상임법이 적용된다.** 보증금 외에 차임이 있는 경우에는 그 월 단위의 차임액에 대통령령이 정하는 비율(현재 1분의 100)을 곱하여 환산한 금액을 포함한다(시행령 제2조).

(2) **보증금액이 위 금액을 초과하는 경우에도 ① 대항력 ② 계약갱신요구권 ③ 권리금 보호규정 ④ 3기의 차임연체에 의한 해지 규정 ⑤ 표준계약서 ⑥ 폐업으로 인한 임차권의 해지권 규정 등은 적용된다.** 제33회, 제34회

(3) 다만 **초과 임차인이 임대차 기간을 약정하지 않은 경우,** 계약갱신요구권을 행사할 수 있는 임대차가 종료한 날로부터 6개월 전부터 1개월 전까지의 기간을 산정할 수 없으므로 개념상 **계약갱신요구권이 인정될 여지가 없다.** 제34회

(4) 또한 초과 임차인이 계약갱신요구권을 행사하는 경우, 임대인은 5%의 제한을 받지 않고 증액을 청구할 수 있다.

(5) **초과 임차인은 우선변제권이 인정되지 않으므로 확정일자 부여에 관한 규정도 적용되지 않는다.** 제28회, 제32회, 제33회

(6) **임대차 종료 후 임대인이 보증금을 반환하지 않는 경우에도 초과 임차인은 임차권등기명령을 신청할 수 없다.** 제28회

(7) **임대인과 초과 임차인이 임대차 기간을 1년 미만으로 정한 경우, 임대인도 1년 미만의 기간이 유효함을 주장할 수 있다.** 제28회, 제34회

2 대항력과 우선변제권

(1) 임차인이 건물의 인도와 부가가치세법 제5조 등에 의한 사업자등록을 '신청(교부받은 날이 아니다)'한 다음 날부터 대항력이 생긴다. 즉 **대항력을 갖추기 위해서 확정일자가 필요한 것은 아니다.** 제27회 나아가 그리고 관할 세무서장으로부터 확정일자를 받으면 우선변제권도 생긴다. **사업자등록의 대상이 되지 않는 건물에 대해서는 상임법이 적용되지 않는다.** 제27회

기출 ✏️

• 乙이 서울에 있는 甲의 상가건물을 보증금 7억원, 월세 250만원에 임대차한 경우, 乙은 甲에게 계약갱신을 요구할 수 없다. (×)

• 기간의 정함이 없는 보증금 10억의 상가임차인 乙은 임대인 甲에게 계약갱신요구권을 주장할 수 있다. (×)

• 보증금 10억의 상가임차인 甲의 임차목적물인 X건물이 경매로 매각된 경우, 甲은 특별한 사정이 없는 한 보증금에 대해 일반채권자보다 우선하여 변제받을 수 있다. (×)

• 보증금 10억의 상가임차인 甲의 임대차종료 후 보증금이 반환되지 않은 경우, 甲은 X건물의 소재지 관할법원에 임차권등기명령을 신청할 수 없다. (○)

• 보증금 10억의 상가임차인 甲과 임대인 乙사이에 임대차기간을 6개월로 정한 경우, 乙은 그 기간이 유효함을 주장할 수 있다. (○)

(2) 사업자등록은 대항력 또는 우선변제권의 취득요건이자 존속요건이다. 따라서 상가임차인이 상가건물의 환가대금에서 보증금을 우선변제받기 위해서는 대항요건이 배당요구의 종기(경매개시결정시가 아니다)까지 존속하여야 한다.

(3) 다만 **상가건물을 임차하고 사업자등록을 마친 사업자가 임차 건물의 전대차 등으로 당해 사업을 개시하지 않거나 사실상 폐업한 경우에는 그 사업자등록은 적법한 사업자등록이라고 볼 수 없다.** 제31회

(4) **이 경우 임차인이 대항력 및 우선변제권을 유지하기 위해서는 전차인이 그 명의로 사업자등록을 하여야 한다.** 제31회

(5) **대항요건을 구비한 임차인이 폐업신고를 하였다가 다시 같은 상호 및 등록번호로 사업자등록을 하였다면, 처음의 대항력이 그대로 유지될 수 없고 새롭게 대항요건을 갖춘 다음 날부터 대항력이 발생한다.** 제31회

(6) 그리고 소액임차인은 임대건물가액(대지 가액 포함)의 2분의 1의 범위 안에서 최우선변제권이 있다.

3 임대차의 존속기간과 갱신

(1) **1년의 존속기간 보장** 제27회

(2) 임대차가 종료한 경우에도 임차인이 보증금을 반환받을 때까지는 임대차관계는 존속하는 것으로 본다(제9조). 즉 보증금이 전액변제되지 않는 한 상가건물에 대한 경매가 실시되어 매각되더라도 대항력이 있는 임차권은 존속한다.

(3) **계약갱신요구 거절사유**(제10조)

1) 임대인은 임차인이 임대차기간 만료 전 6월부터 1월까지 사이에 행하는 계약갱신요구에 대하여 정당한 사유 없이 이를 거절하지 못한다. 다만, 다음 중 어느 하나에 해당하는 경우에는 거절할 수 있다. 한편 이 계약갱신요구권에 관한 규정은 전대인과 전차인의 전대차관계에도 적용된다.

① **임차인이 3기의 차임액에 달하도록 차임을 연체한 사실이 있는 경우**
이때 3기의 차임연체는 현재 3기의 차임을 연체한 경우가 아니라 임대차 기간 중 한 번이라도 3기의 차임을 연체한 것으로 충분하다.

② 임차인이 거짓 그 밖의 부정한 방법으로 임차한 경우

③ 쌍방 합의하에 임대인이 임차인에게 상당한 보상을 제공한 경우

기출 ✎ 기간을 정하지 않거나 기간을 2년 미만으로 정한 임대차는 그 기간을 2년으로 본다. (×)

기출 ✎ 임차인 甲이 임차부분의 일부를 경과실로 파손한 경우에는 계약갱신을 요구하지 못한다. (×)

④ 임차인이 임대인의 동의 없이 목적 건물의 전부 또는 일부를 전대한 경우

⑤ **임차인이 임차한 건물의 전부 또는 일부를 고의 또는 중대한 과실로 파손한 경우** 제32회

⑥ 임차한 건물의 전부 또는 일부가 멸실되어 임대차의 목적을 달성하지 못할 경우

⑦ 임대인이 다음의 어느 하나에 해당하는 사유로 목적 건물의 전부 또는 대부분을 철거하거나 재건축하기 위하여 목적 건물의 점유를 회복할 필요가 있는 경우

   ㉠ 임대차계약 체결 당시 공사시기 및 소요기간 등을 포함한 철거 또는 재건축 계획을 임차인에게 구체적으로 고지하고 그 계획에 따르는 경우

   ㉡ 건물이 노후·훼손 또는 일부 멸실되는 등 안전사고의 우려가 있는 경우

   ㉢ 다른 법령에 따라 철거 또는 재건축이 이루어지는 경우

⑧ 그 밖에 임차인이 임차인으로서의 의무를 현저히 위반하거나 임대차를 존속하기 어려운 중대한 사유가 있는 경우

2) **임차인의 계약갱신요구권은 최초의 임대차 기간을 '포함'한 전체 임대차 기간이 10년을 초과하지 않는 범위 내에서만 행사할 수 있으며,** 제28회, 제30회 **갱신되는 임대차는 전 임대차와 동일한 조건으로 다시 계약된 것으로 본다.** 제28회 다만 차임과 보증금은 5% 범위 내에서 증액청구 할 수 있다. 그리고 전차인도 계약갱신요구권을 행사할 수 있다.

3) 임차인의 갱신요구권을 10년으로 제한하는 규정은 법정갱신에는 적용되지 않는다.

4) 임대인 지위가 양수인에게 승계된 경우, 양수인이 연체차임채권을 양수받지 않은 이상 **승계 이후의 연체차임액이 3기 이상의 차임액에 달하여야만 비로소 임대차계약을 해지할 수 있다.** 제27회

5) 상가건물의 임차인이 갱신 전부터 차임을 연체하기 시작하여 갱신 후에 차임연체액이 3기의 차임액에 이른 경우에도 특별한 사정이 없는 한 임대인은 차임연체를 이유로 갱신된 임대차계약을 해지할 수 있다.

4 권리금의 보호

(1) 권리금의 정의 등(제10조의3)

권리금 계약이란 신규임차인이 되려는 자가 '임차인'에게 권리금을 지급하기로 하는 계약을 말한다.

(2) 권리금 회수기회의 보호 등(제10조의4)

1) 방해행위의 금지

임대인은 임대차기간이 끝나기 6개월 전부터 임대차 종료시까지 다음의 어느 하나에 해당하는 행위를 함으로써 권리금 계약에 따라 임차인이 주선한 신규임차인이 되려는 자로부터 권리금을 지급받는 것을 방해하여서는 아니 된다.

① 임차인이 주선한 신규임차인이 되려는 자에게 권리금을 요구하거나 임차인이 주선한 신규임차인이 되려는 자로부터 권리금을 수수하는 행위

② 임차인이 주선한 신규임차인이 되려는 자로 하여금 임차인에게 권리금을 지급하지 못하게 하는 행위

③ 임차인이 주선한 신규임차인이 되려는 자에게 상가건물에 관한 조세, 공과금, 주변 상가건물의 차임 및 보증금, 그 밖의 부담에 따른 금액에 비추어 현저히 고액의 차임과 보증금을 요구하는 행위

④ 그 밖에 정당한 사유 없이 임대인이 임차인이 주선한 신규임차인이 되려는 자와 임대차계약의 체결을 거절하는 행위

2) 예 외

① 다만 제10조 제1항 각 호의 계약갱신요구 거절사유가 있는 경우에는 권리금을 지급받는 것을 방해할 수 있다. 제30회

② 그러나 임대차기간이 10년을 초과하여 임차인이 계약갱신요구권을 행사할 수 없는 경우에도 임대차 기간이 끝나기 6개월 전부터 임대차 종료시까지 신규임차인을 주선한 경우, 임대인은 정당한 사유 없이 임대차계약을 거절할 수 없다.

③ 또한 임대인이 신규임차인과 임대차계약을 미리 거절한 경우에는 임차인은 신규임차인의 주선 없이 임대인에게 권리금회수 방해를 이유로 손해배상을 청구할 수 있다.

기출 ✎ 임차인이 임차한 건물을 중대한 과실로 전부 파손한 경우, 임대인은 권리금회수의 기회를 보장할 필요가 없다. (○)

3) 정당한 사유

다음의 어느 하나에 해당하는 경우에는 위의 1)의 ④의 사유가 있는 것으로 보아 임차인이 주선한 임대차계약을 거절할 수 있다.

① **임차인이 주선한 신규임차인이 되려는 자가 보증금 또는 차임을 지급할 자력이 없는 경우** 제29회

② **임차인이 주선한 신규임차인이 되려는 자가 임차인으로서의 의무를 위반할 우려가 있거나 그밖에 임대차를 유지하기 어려운 상당한 사유가 있는 경우** 제29회

③ **임대차 목적물인 상가건물을 1년 6개월 이상 영리목적으로 사용하지 아니한 경우** 제29회

④ **임대인이 선택한 신규임차인이 임차인과 권리금 계약을 체결하고 그 권리금을 지급한 경우** 제29회

(3) 위반에 대한 손해배상책임(제10조의4 제3항)

① 임대인이 방해행위를 하여 임차인에게 손해가 발생한 때에는 그 손해를 배상할 책임이 있다. 이 경우 그 손해배상액은 신규임차인이 임차인에게 지급하기로 한 권리금과 임대차 종료 당시의 권리금 중 '낮은' 금액을 넘지 못한다. **손해배상청구는 임대차가 종료한 날(방해행위가 있는 날이 아님)부터 3년 이내에 행사하지 아니하면 시효의 완성으로 소멸한다.** 제26회, 제27회

② 임대인의 권리금 회수기회 방해로 인한 손해배상책임은 상가임대차법이 특별히 규정한 법정책임이고, 그 손해배상채무는 임대차가 종료한 날에 이행기가 도래하여 그 다음 날부터 지체책임이 발생하는 것으로 보아야 한다.

(4) 권리금 규정 적용의 제외(제10조의5)

① 임대차 목적물인 상가건물이 유통산업발전법 제2조에 따른 대규모점포 또는 준대규모점포의 일부인 경우와 ② 국유재산법에 따른 국유재산 또는 공유재산 및 물품 관리법에 따른 공유재산인 경우에는 권리금규정이 적용되지 않는다. 다만 이 경우에도 전통시장의 임차인에게는 권리금 규정이 적용된다.

기출 | 임대차목적물인 상가건물을 6개월 동안 영리 목적으로 사용하지 아니한 경우, 상가임대인은 임차인이 주선한 신규임차인으로 되려는 자와 임대차계약의 체결을 거절할 수 있다. (×)

기출 |
• 권리금회수의 방해로 인한 임차인의 임대인에 대한 손해배상청구권은 그 방해가 있는 날로부터 3년 이내에 행사하지 않으면 시효의 완성으로 소멸한다. (×)
• 상가건물 임대차보호법상의 임차인이 그가 주선한 신규임차인이 되려는 자로부터 권리금을 지급받는 것을 방해한 임대인에게 손해배상을 청구할 권리는 임대차가 종료한 날부터 3년 이내에 행사하지 않으면 시효의 완성으로 소멸한다. (○)

5 차임증감청구권 등(제11조, 제12조, 시행령 제4조, 제5조)

(1) 차임증감청구권

① 차임 또는 보증금이 임차건물에 관한 조세, 공과금, 그 밖의 부담의 증감이나 「감염병의 예방 및 관리에 관한 법률」 제2조 제2호에 따른 제1급감염병 등에 의한 경제사정의 변동으로 인하여 상당하지 아니하게 된 경우에는 당사자는 장래의 차임 또는 보증금에 대하여 증감을 청구할 수 있다.

② **증액의 경우에는 청구당시의 차임 또는 보증금의 100분의 5를 초과하지 못한다.** 또한 증액청구는 임대차계약 또는 약정한 차임 등의 증액이 있은 후 1년 이내에는 하지 못한다.

③ 「감염병의 예방 및 관리에 관한 법률」 제2조 제2호에 따른 제1급감염병에 의한 경제사정의 변동으로 차임 등이 감액된 후 임대인이 증액을 청구하는 경우에는 100분의 5의 제한을 받지 않는다.

(2) 폐업으로 인한 임차권 해지 제33회

임차인은 「감염병의 예방 및 관리에 관한 법률」 제49조 등에 따른 집합 제한 또는 금지 조치 등을 총 3개월 이상 받음으로써 발생한 경제사정의 변동으로 폐업한 경우에는 임대차계약을 해지할 수 있다. 이에 따른 해지는 임대인이 계약해지의 통고를 받은 날부터 3개월이 지나면 효력이 발생한다.

(3) 월차임전환시 산정율 제한

보증금의 전부 또는 일부를 월 단위의 차임으로 전환하는 경우에는 그 전환되는 금액에 아래의 내용 중 낮은 비율을 곱한 월차임의 범위를 넘을 수 없다.

① 대통령령으로 정하는 비율 연 1할 2푼

② 은행기준금리에 4.5배를 곱한 비율

Chapter 03 집합건물의 소유 및 관리에 관한 법률

01 총 설

1 구분소유권

(1) **구분소유권이 성립하기 위해서는 구조상·이용상의 독립성과 소유자의 구분행위(구분의사)가 있어야 한다.** 제27회 따라서 구조상·이용상의 독립성을 갖추고 있더라도 소유자가 구분건물로 등기하지 않고 1동의 건물을 객체로 등기(건물표시변경등기)를 한 때에는 구분소유권이 성립하지 않는다.

(2) 구분행위는 그 시기나 방식에 특별한 제한이 없으므로, 구분건물이 물리적으로 완성되기 전에도 건축허가신청이나 분양계약 등을 통하여 구분의사가 객관적으로 표시되고, 이후 그 구분행위에 상응하는 구분건물이 객관적·물리적으로 완성되면 아직 그 건물이 **집합건축물대장에 등록되거나 구분건물로서 등기부에 등기되지 않았더라도 그 시점에서 구분소유가 성립한다.** 제26회, 제32회

기출 ✓ 1동 건물의 일부도 구조상·이용상 독립성이 있으면 구분행위에 의하여 독립된 부동산이 될 수 있다. (○)

기출 ✓ 집합건축물대장에 등록되지 않더라도 구분소유가 성립할 수 있다. (○)

2 전유부분·공용부분

(1) **전유부분 : 구분소유권의 목적인 건물부분** 제27회, 제32회

(2) **공용부분**

1) 의 의

① 공용부분은 구분소유자 전원의 공유에 속한다. 다만, **일부의 구분소유자만의 공용에 제공되는 것임이 명백한 공용부분은 그들 구분소유자의 공유에 속한다(제10조).** 제29회 공용부분이 구분소유자 전원의 공용부분인지 일부 공용부분이지는 특별한 사정이 없는 한 건물의 구조에 따른 객관적인 용도에 따라 결정되어야 한다.

② 계단, 복도, 승강기 등을 법정공용부분(구조상 공용부분)이라고 하는데, 이는 공용부분이라는 취지를 등기할 필요가 없다.

기출 ✓ 일부의 구분소유자만이 공용하도록 제공되는 것임이 명백한 공용부분은 그들 구분소유자의 공유에 속한다. (○)

③ 구조상으로는 전유부분이지만 규약에 의하여 공용부분으로 된 것(관리사무소, 집회실 등)을 규약상공용부분이라고 하는데, 공용부분이라는 취지를 등기해야 한다.

④ 전유부분인지 공용부분인지 여부는 구분소유가 성립한 시점, 즉 건축물대장에 구분건물로 등록된 시점을 기준으로 판단하여야 하고, 그 후의 건물 개조나 이용상황의 변화 등은 전유부분인지 공용부분인지 여부에 영향을 미치지 않는다.

⑤ **구분소유자가 관리단 집회의 결의나 다른 구분소유자의 동의 없이 공용부분의 전부 또는 일부를 독점적으로 점유 · 사용하고 있는 경우 다른 구분소유자는 공용부분의 보존행위로서 그 인도를 청구할 수는 없고**, 특별한 사정이 없는 한 자신의 지분권에 기초하여 공용부분에 대한 방해 상태를 제거하거나 공동 점유를 방해하는 행위의 금지 등을 청구할 수 있다. 제33회 또한 관리단도 소를 제기할 수 있고, 구분소유자가 제기한 판결의 효력은 관리단에도 미친다.

⑥ 구분소유자 중 일부가 정당한 권원 없이 집합건물의 복도, 계단 등과 같은 공용부분을 배타적으로 점유 · 사용함으로써 이익을 얻고, 그로 인하여 다른 구분소유자들이 해당 공용부분을 사용할 수 없게 되었다면, **공용부분을 무단 점유한 구분소유자는 특별한 사정이 없는 한 해당 공용부분을 점유 · 사용함으로써 얻은 이익을 부당이득으로 반환할 의무가 있다.** 제33회

2) 용도에 따른 사용(제11조)

공유자는 공용부분을 지분의 비율이 아니라 그 용도에 따라 사용한다.

제26회, 제31회, 제34회

3) 지분처분의 제한(제13조)

공용부분의 지분은 그 전유부분의 처분에 따르며, 전유부분과 분리하여 공용부분에 대한 지분만을 따로 처분할 수는 없다. 규약으로도 분리처분이 가능하도록 정할 수 없다. 따라서 **공용부분에 관한 물권의 변동은 등기를 요하지 아니한다.** 제29회~제31회, 제34회

기출 공용부분의 사용과 비용 부담은 전유부분의 지분비율에 따른다. (×)

기출 구조상의 공용부분에 관한 물권의 득실변경은 등기하여야 효력이 생긴다. (×)

3 대지사용권(소유권, 지상권, 전세권, 임차권, 사용대차권 등) 제27회

(1) **대지사용권도 그 분리처분이 가능하도록 규약으로 정하는 특별한 경우를 제외하고는 전유부분의 처분에 따르며 전유부분과 분리하여 대지사용권만을 처분할 수 없다.** 제26회, 제34회 즉 규약(공정증서)으로 정한 경우에는 대지사용권만의 분리처분이 가능하다. 다만 이러한 분리처분금지는 그 취지를 등기하지 아니하면 선의의 제3자에게 대항하지 못한다(제20조).

(2) 수분양자로부터 전유부분과 대지지분을 다시 양수받은 자 역시 이러한 대지사용권을 취득하며, 따라서 수분양자가 대지지분에 대한 소유권이전등기를 받기 전에 대지사용권을 전유부분과 분리하여 처분할 수는 없음은 물론이고, 사후에 취득한 대지지분을 제3자에게 분리·처분하더라도 이는 무효이다.

(3) 전유부분만에 설정된 저당권은 특별한 사정이 없는 한 그 전유부분의 소유자가 사후에 취득한 대지사용권에도 미친다.

(4) 따라서 **규약이 없는 한 법원의 강제경매절차**나 공유물분할경매절차**에 의한 것이라 하더라도 대지사용권만의 분리처분은 허용되지 않는다.** 제34회

(5) 구분소유자 아닌 대지 공유자는 그 대지 공유지분권에 기초하여 적정 대지지분을 가진 구분소유자를 상대로는 대지의 사용·수익에 따른 부당이득반환을 청구할 수 없다.

(6) 구분소유자가 가지는 전유부분의 비율에 의한 대지사용권을 포기하거나 상속인 없이 사망한 경우에는 민법(제267조)과 달리 그 지분은 국가에 귀속한다(제22조).

4 분양자 및 시공자의 담보책임

(1) 분양자 및 시공자는 건물의 하자에 대해 책임을 지며, 이 경우 민법상 수급인의 담보책임에 관한 규정을 준용한다. 이 경우 집합건물법이나 민법의 규정보다 수분양자에게 불리한 특약은 무효이다.

(2) **집합건물이 양도된 경우 하자담보추급권은 현재의 구분소유자에게 귀속한다.** 제31회

(3) 수분양자는 집합건물이 완공된 후에도 하자로 계약의 목적을 달성할 수 없는 경우에는 분양계약을 해제할 수 있다.

기출 ✍ 구분소유자는 규약 또는 공정증서로써 달리 정하지 않는 한 그가 가지는 전유부분과 분리하여 대지사용권을 처분할 수 없다. (○)

기출 ✍ 대지사용권은 전유부분과 일체성을 갖게 된 후 개시된 강제경매절차에 의해 전유부분과 분리되어 처분될 수 있다. (×)

기출 ✍ 분양자는 원칙적으로 전유부분을 양수한 구분소유자에 대하여 담보책임을 지지 않는다. (×)

기출 ✎ 건물의 시공자가 전유부분에 대하여 구분소유자에게 지는 담보책임의 존속기간은 사용승인일부터 기산한다. (×)

(4) 담보책임의 기산점

① **전유부분은 구분소유자에게 인도한 날부터, 공용부분**은 주택법이나 건축법에 의한 **사용검사일(승인일)부터 기산한다.** 제27회, 제31회

② 집합건물에 하자가 발생한 경우, 하자보수에 갈음하는 손해배상청구권은 집합건물의 인도시가 아니라 손해가 발생한 시점부터 기산한다.

③ 임대 후 분양전환을 한 경우에 제척기간의 기산점은 분양전환의 시점이 아니라 집합건물을 인도받은 시점부터 기산한다.

▊02 구분소유자의 권리 · 의무

(1) 전유부분 소유자들의 공작물 책임(제6조)

전유부분이 속하는 1동의 건물의 설치 또는 보존의 하자로 인하여 타인에게 손해를 가한 때에는 그 하자는 공용부분에 존재하는 것으로 추정한다.

(2) 구분소유자의 매도청구권(제7조)

대지사용권을 가지지 아니한 구분소유자가 있을 때에는 그 전유부분의 철거를 구할 권리를 가진 자는 그 구분소유자에 대하여 구분소유권을 시가로 매도할 것을 청구할 수 있다.

(3) 대지공유자의 분할청구 금지(제8조)

기출 ✎ 대지 위에 구분소유권의 목적인 건물이 속하는 1동의 건물이 있을 때에는 그 대지의 공유자는 그 건물 사용에 필요한 범위의 대지에 대하여는 분할을 청구하지 못한다. (○)

대지 위에 구분소유권의 목적인 건물이 속하는 1동의 건물이 있을 때에는 그 대지의 공유자는 그 건물의 사용에 필요한 범위 내의 대지에 대하여는 분할을 청구하지 못한다. 제27회

▊03 구분소유건물의 관리관계

1 공용부분의 관리

(1) 공용부분의 변경(제15조)

공용부분의 변경에 관한 사항은 원칙적으로 구분소유자 및 의결권의 각 3분의 2 이상의 다수에 의한 집회결의로써 결정한다. 다만 권리변동을 수반하는 경우에는 5분의 4 이상의 찬성에 의한다. 권리변동을 수반하는 경우에도 콘도미니엄의 공용부분 변경은 3분의 2 이상의 찬성에 의한다.

⑵ **공용부분의 관리와 부담**(제16조·제17조)

규약으로 달리 정하지 않는 한 공용부분의 관리에 관한 사항은 통상의 집회결의(과반수)로써 결정한다. 다만, **보존행위는 각자가 할 수 있다.** ^{제26회}

⑶ **공용부분에 관하여 발생한 채권의 효력**(제18조)

① **공유자가 공용부분에 관하여 다른 공유자에 대하여 가지는 채권은 그 특별승계인에 대하여도 행사할 수 있다.** ^{제29회} 아파트의 전 입주자가 체납한 관리비 중 전유부분 관리비는 승계되지 않으나, 공용부분 관리비는 그 특별승계인에게 승계된다. 다만 공용부분 관리에 대한 연체료는 승계되지 않는다. 그리고 **체납한 관리비는 현재의 구분소유자 뿐만 아니라 종전의 구분소유자들도 그 책임을 중첩적으로 승계한다.** ^{제32회}

② **관리비 징수에 관한 유효한 관리단 규약 등이 존재하지 않더라도, 공용부분에 대한 관리비는 관리단이 그 부담의무자인 구분소유자에게 대하여 청구할 수 있다.** ^{제33회}

③ 입주자대표회의는 관리권한만을 가질 뿐이므로 방해배제청구나 손해배상청구 등의 권리를 행사할 수 없다. 규약에서 입주자대표회의가 이런 권리들을 행사할 수 있다고 정한 경우, 이러한 규약은 무효이다. 입주자대표회의는 하자보수만 청구할 수 있다.

2 관리단·관리인·관리단집회·관리위원회

⑴ **관리단의 당연 설립**(제23조)

① 관리단은 어떠한 조직행위를 거쳐야 성립하는 단체가 아니라, 구분소유관계가 성립하는 건물이 있는 경우에는 구분소유자 전원으로써 당연히 성립되는 비법인사단이다.

② 분양대금을 완납하였음에도 분양자 측의 사정으로 소유권이전등기를 경료받지 못한 수분양자도 관리단의 구성원이 되어 의결권을 행사할 수 있다.

⑵ **관리인**(제24조·제25조)

① **관리인은 구분소유자가 10인 이상이 아니면 반드시 선임하여야 하는 것은 아니다.** ^{제33회}

② **관리인은 공용부분에 관한 보존행위는 할 수 있으나**, 전유부분에 대해서는 보존행위는 할 수 없다. ^{제35회} 또한 **관리위원회를 둔 경우에는 규약에 달리 정한 바가 없으면 보존행위를 함에 있어서도 관리위원회의 의결을 요한다.** ^{제33회}

기출 ✎
• 관리인은 구분소유자일 필요
가 없으며, 그 임기는 2년의 범
위에서 규약으로 정한다. (○)
• 관리인은 매년 회계연도 종료
후 3개월 이내에 정기 관리단
집회를 소집하여야 한다. (○)

③ **관리인은 반드시 구분소유자일 필요는 없고,** 제30회, 제33회, 제35회 그 임기는 2년의 범위에서 규약으로 정한다. 제30회, 제35회

④ 관리인의 선임은 관리단집회의 소집 · 개최 없이 서면결의로 할 수 있다.

⑤ **관리인의 대표권 제한은 선의의 제3자에게 대항할 수 없다**(제25조 제2항).
제29회, 제35회

⑥ 관리인에게 부정한 행위가 있을 때에는 각 구분소유자는 관리인의 해임을 법원에 청구할 수 있다(제24조 제5항).

⑦ **관리인은 매년 회계연도 종료 후 3개월 이내에 정기 관리단집회를 소집하여야 한다**(제32조). 제29회

(3) 관리단집회 · 관리위원회

① 관리단집회는 구분소유자 전원이 동의하면 소집절차를 거치지 않고 소집할 수 있다(제35조).

② **구분소유자 전원의 동의로 소집된 관리단집회는 소집절차에서 통지되지 않은 사항에 대해서도 결의할 수 있다**(제36조). 제27회

③ 관리단에는 규약으로 정하는 바에 따라 관리위원회를 둘 수 있다(제26조의2).

④ 규약에 다른 정함이 없으면 관리위원회 위원은 구분소유자 중(전유부분의 점유자가 아니다)에서 관리단 집회의 결의에 의하여 선출한다(제26조의3 제1항).

⑤ **관리인은 규약에 달리 정한 바가 없으면 관리위원회의 위원이 될 수 없다**(제26조의4 제2항). 제33회, 제35회

⑥ **관리위원회 위원은 질병, 해외체류 등 부득이한 사유가 있는 경우 외에는 서면이나 대리인을 통하여 의결권을 행사할 수 없다**(시행령 제10조). 제33회

3 규약 및 집회

(1) 규약(제28조 · 제29조)

규약의 설정 · 변경 및 폐지는 구분소유자 및 의결권의 각 4분의 3 이상의 찬성을 얻어 행한다. 구분소유자가 규약에서 정한 업종준수의무를 위반할 경우, 단전 · 단수 등 제재조치를 할 수 있다고 규정한 규약은 유효하다. 그러나 전 구분소유자가 체납한 관리비의 징수를 위해 현 구분소유자에게 단전 · 단수를 하는 것은 불법행위에 해당한다.

(2) 집 회

각 구분소유자의 의결권은 규약에 특별한 규정이 없는 경우에는 전유부분의 면적의 비율에 의하고(제37조), 전유부분을 여럿이 공유하는 경우에는 공유자는 관리단집회에서 의결권을 행사할 1인을 정한다. 협의가 되지 않은 경우에는 전유부분의 과반수 지분권을 가진 자가 의결권 행사자가 된다. 또한 지분이 동등하여 의결권 행사자를 정하지 못한 경우에는 의결권을 행사할 수 없다. 의결권은 서면 또는 대리인에 의하여 행사하거나 전자의결도 할 수 있다(제38조 제2항). **규약 및 관리단집회의 결의는 구분소유자의 특별승계인에 대하여도 효력이 있다.** 제30회

4 재건축

(1) 재건축의 결의(제47조)

① **재건축조합은 비법인 사단으로, 재건축결의나 재건축 결의 내용 변경은 구분소유자 및 의결권의 각 5분의 4 이상의 다수에 의한 결의에 의한다.** 제28회, 제30회 재건축의 결의나 결의의 변경도 서면합의(결의)에 의할 수 있다. 콘도미니엄의 재건축은 3분의 2 이상의 찬성에 의한다.

② 재건축 비용의 분담에 관한 사항은 재건축 결의의 내용 중 가장 중요하고 본질적인 부분이므로, 이를 정하지 아니한 재건축 결의는 특별한 사정이 없는 한 무효이다.

③ 주거용 집합건물을 철거하고 상가용 집합건물을 신축하는 것과 같이 건물의 용도를 변경하는 형태의 재건축결의도 허용된다.

(2) 구분소유권의 매도청구 등(제48조)

① 재건축의 결의가 있으면 집회를 소집한 자는 지체 없이 그 결의에 찬성하지 아니한 구분소유자에 대하여 그 결의 내용에 따른 재건축에 참가할 것인지 여부를 회답할 것을 '서면'으로 촉구하여야 한다(제1항).

② 다만 재건축의 결의가 법정정족수 미달로 무효인 경우에는 구분소유자 등의 매도청구권이 발생하지 않는다.

③ ①의 촉구를 받은 구분소유자는 촉구를 받은 날로부터 2개월 이내에 회답하여야 한다. **2개월의 기간 내에 회답하지 않은 경우 그 구분소유자는 재건축에 참가하지 아니하겠다는 뜻을 회답한 것으로 본다.** 제30회

기출
• 집합건물을 재건축하려면, 구분소유자 및 의결권의 각 5분의 4 이상의 다수에 의한 결의가 있어야 한다. (○)
• 재건축결의도 서면결의가 가능하고, 재건축결의의 내용을 변경하는 것도 서면합의에 의할 수 있다. (○)

기출 재건축 결의 후 재건축 참가 여부를 서면으로 촉구받은 재건축반대자가 법정기간 내에 회답하지 않으면 재건축에 참가하겠다는 회답을 한 것으로 본다. (×)

④ 위의 기간이 지나면 재건축 결의에 찬성한 각 구분소유자는 재건축에 참가하지 아니하겠다는 뜻을 회답한 구분소유자에게 구분소유권과 대지사용권을 시가로 매도할 것을 청구할 수 있다(제4항).

⑤ 하나의 단지 내에 있는 여러 동의 건물 전부를 일괄하여 재건축하고자 하는 경우라도 재건축 결의의 요건 충족 여부는 각각의 건물마다 별개로 따져야 하므로, 나머지 건물에 대하여 재건축 결의의 정족수가 아직 충족되지 아니하였더라도, 정족수가 충족된 일부 건물의 구분소유자 중 재건축 결의에 찬성하지 아니한 구분소유자에 대하여 먼저 매도청구권을 행사할 수 있다.

Chapter 04

가등기담보 등에 관한 법률

01 가등기담보법의 적용범위(제1조)

1 소비대차에 기한 대물변제예약

(1) 가등기담보법은 소비대차에 기한 대물변제예약의 경우에만 적용되므로 **매매대금, 외상대금, 공사대금채권을 담보할 목적으로 가등기가 경료된 경우**, 가등기의 주된 목적이 매매대금채권의 확보에 있고 대여금채권의 확보는 부수적 목적인 경우, 그리고 매매대금채권의 담보를 위하여 양도담보권이 설정된 후 대여금채권이 그 피담보채권에 포함되게 된 경우 등에는 **동법이 적용되지 않는다.**
제26회, 제33회, 제34회

(2) 다만 소비대차에 기한 차용금반환채무와 그 외의 원인에 의한 채무를 동시에 담보할 목적으로 가등기가 경료된 후 후자의 채무가 변제로 소멸하고 차용금반환채무만이 남게 된 경우에는 동법이 적용된다.

2 등기·등록에 의해 공시되는 물건이나 재산권

(1) 동법은 부동산소유권 이외에 등기·등록에 의해 공시되는 물건이나 재산권, 예컨대 지상권이나 입목·등기된 선박·항공기·자동차·건설기계 등의 취득을 목적으로 하는 모든 비전형담보를 규율한다. 그러나 질권·저당권 및 전세권은 제외된다(제18조).

(2) **소비대차에 기한 대물변제예약을 한 경우에도 가등기나 소유권이전등기를 마치지 않으면 가등기담보법이 적용되지 않는다.** 제34회 따라서 귀속청산이 아닌 처분정산약정을 하였다고 하더라도 무효라고 할 수 없다.

(3) **1억원을 차용하면서 2억원 상당의 그림(고려청자)을 양도담보로 제공한 경우에는** 등기가 될 수 없으므로 **가등기담보법이 적용되지 않는다.** 제34회

> **기출**
> • 매매대금채무 1억원의 담보로 2억원 상당의 부동산 소유권 이전등기를 한 경우, 가등기담보법이 적용된다. (×)
> • 공사대금채권을 담보하기 위한 가등기에는 가등기담보법이 적용되지 않는다. (○)

> **기출** 1억원을 차용하면서 부동산에 관하여 가등기나 소유권이전등기를 하지 않은 경우, 가등기담보법이 적용된다. (×)

> **기출** 1억원을 차용하면서 2억원 상당의 그림을 양도담보로 제공한 경우, 가등기담보법이 적용된다. (×)

③ 담보목적물의 가액이 피담보채권액을 초과하는 경우

(1) **목적부동산의 예약 당시의 시가가 그 피담보채무액에 미치지 못하는 경우에는** 가등기담보법이 적용되지 않으므로, 동법 제3조가 정하는 **청산금평가액의 통지를 할 여지가 없다.** 제32회

(2) 예약 당시 담보목적물에 선순위 저당권이 설정되어 있는 경우에는 선순위 근저당권자의 채권액을 공제한 나머지 목적물의 가액이 차용액 및 이에 붙인 이자액의 합산액을 초과하는 경우에만 적용된다. 즉 **3억원을 차용하면서 이미 2억원의 채무에 대한 저당권이 설정된 4억원 상당의 부동산에 가등기한 경우에는 가등기담보법이 적용되지 않는다.** 제34회

(3) **가등기가 일반 가등기인지 담보가등기인지 여부는 그 등기부상 표시에 의하여 형식적으로 결정될 것이 아니고 거래의 실질과 당사자의 의사해석에 따라 결정될 문제이다.** 제30회, 제32회

02 가등기담보

① 가등기담보의 의의와 성질

(1) 가등기담보권의 성질은 저당권과 같다. 따라서 **가등기담보권도** 부종성, 수반성, 불가분성, **물상대위성이 인정된다.** 제31회 즉 **가등기담보권자는 특별한 사정이 없는 한 피담보채권과 함께 가등기담보권을 제3자에게 양도할 수 있다(수반성).** 제33회 **나아가 제3자(물상보증인) 부동산에 가등기담보를 설정할 수도 있다.** 제33회

(2) 또한 **가등기의 원인증서인 매매예약서상의 매매대금은 가등기절차의 편의상 기재하는 것에 불과하고 가등기의 피담보채권이 그 한도로 제한되는 것은 아니며 피담보채권의 범위는 당사자의 약정내용에 따라 결정된다.** 제32회

(3) 일반적으로 **가등기담보물에 대한 사용·수익권은 가등기설정자인 소유자에게 있으나 청산절차가 종료된 경우, 담보목적물에 대한 과실수취권 등을 포함한 사용·수익권은 청산절차의 종료와 함께 채권자에게 귀속된다. 즉 담보권실행 통지만으로는 사용·수익권이 채권자에게 귀속되는 것은 아니다.**

제26회, 제30회, 제35회

[기출] ✎ 차용금채무 3억원의 담보로 이미 2억원의 다른 채무에 대한 저당권이 설정된 4억원 상당의 부동산에 대해 대물변제예약을 하고 가등기한 경우, 가등기담보법이 적용된다. (×)

[기출] ✎
• 가등기담보권이 설정된 경우, 설정자는 담보권자에 대하여 그 목적물의 소유권을 자유롭게 행사할 수 있다. (○)
• 청산금을 지급할 필요 없이 청산절차가 종료한 경우, 그 때부터 담보목적물의 과실수취권은 채권자에게 귀속한다. (○)
• 채권자가 채무자에게 담보권실행을 통지하고 난 후부터는 담보목적물에 대한 과실수취권은 채권자에게 귀속한다. (×)

(4) 따라서 **가등기담보권자는 가등기담보설정자로부터 담보목적물을 임차하여 사용하고 있는 임차인에게 부당이득반환을 청구할 수 없다.** 제31회

(5) **양도담보권자는** 채무자가 이행지체에 빠지면 환가절차의 일환으로서 즉, **담보권의 실행으로서 채무자나 제3자**(임차인 등)**에 대하여 그 목적 부동산의 인도를 구할 수 있다. 그러나 양도담보권자는 소유자가 아니므로 직접 소유권에 기하여 그 인도를 구할 수는 없다.** 제29회, 제31회

기출
• 乙의 X건물에 양도담보권을 취득한 甲은 담보권설정 후 X건물을 임차한 丙에게 소유권에 기하여 그 반환을 청구할 수 있다. (×)
• 위의 경우, 甲은 담보권실행을 위하여 丙에게 X건물의 인도를 청구할 수 있다. (○)

2 가등기담보권의 실행

(1) 가등기담보법의 실행 방법

① 가등기담보권의 실행은 권리취득에 의한 실행(귀속청산)과 경매(공적실행에 의한 처분정산)에 의한 실행이 있다.

② 가등기담보권의 '사적 실행'에 있어서는 귀속청산만 허용된다. 따라서 채권자가 청산금의 지급 이전에 본등기와 담보목적물의 인도를 받을 수 있다거나 청산기간이나 동시이행관계를 인정하지 아니하는 '처분정산'형의 담보권실행은 가등기담보법상 허용되지 않는다.

(2) 권리취득에 의한 실행(귀속청산)

1) 담보권실행의 통지

① 통지사항은 청산금의 평가액이다(제3조 제1항). 이때, **채권자가 나름대로 평가한 청산금액이 객관적인 청산금평가액에 미달하더라도 담보권실행통지로서는 효력이 있으며**, 청산기간(2개월)이 정상적으로 진행된다. 제30회

② 가등기담보권자의 청산금평가액에 대해서 후순위권리자는 객관적인 청산금액이 평가액을 초과한다는 주장을 하지 못하며 경매를 청구할 수 있을 뿐이다.

③ **청산금이 없으면 없다는 뜻이라도 통지하여야 한다.** 제30회

④ 통지의 상대방은 채무자·물상보증인 및 담보가등기 후 소유권을 취득한 제3자이다. 또한 채권자는 채무자 등에 대한 적법한 통지가 도달한 이후 지체 없이 후순위 권리자에게 그 통지의 사실·내용 도달일을 통지하여야 한다.

⑤ 다만 '채무자 등'에게는 한 사람에게라도 통지가 누락되면 청산기간이 진행하지 않으나. 후순위 권리자에게 통지하지 아니한 경우에도 청산기간은 진행한다. 다만 채권자가 채무자 등에 대한 청산금 지급으로 후순위권리자에게 대항할 수 없을 뿐이다.

⑥ 통지의 방법에는 제한이 없으므로 서면 구두 어느 것이라도 무방하다.

기출 통지한 청산금액이 객관적으로 정확하게 계산된 액수와 맞지 않으면, 채권자는 정확하게 계산된 금액을 다시 통지해야 한다. (×)

2) 청 산

① **청산의무**(제4조 제1항)

    ㉠ **가등기담보법상의 정산절차를 거치지 않고 가등기담보권자 앞으로 경료된 등기는 무효이다.** 제26회, 제35회 다만 그 후에라도 정산절차를 마치면 그 등기는 실체관계에 부합하는 유효한 등기로 된다.

    ㉡ 채무자와의의 청산절차면제특약을 통해 이전등기를 한 경우에도 무효이다. 다만 청산기간이 지난 '후'에 이루어진 특약은 제3자의 권리는 침해하지 않는 한 유효하다.

② **청산금**(제4조 제1항)

    청산금은 목적물 가액에서 피담보채권액을 공제한 차액이다. 다만 **선순위권리자가 있는 때에는 그 채권액도 공제한다.** 제30회 가등기담보권자가 소유권을 취득하여도 선순위권리는 소멸하지 않기 때문이다. **후순위권리자의 채권액은 고려되지 않는다.** 제27회

③ **채권자가 통지한 청산금평가액의 구속력**(제9조)

    채권자가 통지한 청산금 평가액이 객관적인 평가액을 넘더라도 채권자는 청산금이 통지한 평가액에 미달함을 주장하지 못한다. 즉 채권자는 그가 통지한 평가액에 구속된다. 제33회 이는 후순위 권리자의 경매청구권 잠탈을 방지하기 위한 규정이다.

④ **청산금청구권자**(제4조 제1항, 제5조 제1항)

    설정자(채무자 또는 물상보증인) 또는 제3취득자 및 후순위권리자가 청산금청구권자이다. 그러나 선순위담보권은 가등기담보권자가 소유권을 취득해도 소멸하지 않으므로, 선순위담보권자는 청산금청구권자가 아니다.

⑤ **청산금에 대한 후순위권리자의 권리**

    ㉠ 후순위권리자는 그 순위에 따라 채무자 등이 지급받을 청산금에 대하여 청산금 지급 시까지 그 권리를 행사할 수 있고, 채권자는 후순위권리자의 요구가 있는 때에는 이를 지급하여야 한다(제5조 제1항).

    ㉡ 그리고 **후순위권리자는 청산기간(2개월) 내라면 그의 채권의 변제기가 도래하기 전이라도 목적부동산에 대해 경매를 청구할 수 있다**(제12조 제2항). 제26회, 제28회 이 경우에는 가등기담보권자의 귀속청산은 중단되며 그 경매절차에 배당참가를 할 수 있을 뿐이다(제14조).

    ㉢ 즉 후순위권리자가 경매를 청구하면 가등기담보권자는 채무자에 대하여 소유권이전등기를 청구할 수 없다. 설사 이전등기를 하더라도 그 등기는 무효이다.

   ㉣ 담보가등기 후에 대항요건을 갖춘 임차권을 취득한 자는 청산금의 범위 안에서 동시이행의 항변권을 행사할 수 있다.

  ⑥ **청산금의 처분제한**(제7조)

   '채무자 등'은 청산기간이 경과하기 전에는 청산금청구권을 처분하지 못하며, 처분을 하여도 그것을 가지고 후순위권리자에게 대항하지 못한다. 제28회, 제32회 그리고 채권자가 실행통지의 사실 등을 후순위권리자에게 통지하지 않고서(제6조 제2항) 청산금을 채무자 등에게 지급한 때에는 그 지급을 가지고 후순위권리자에게 대항하지 못한다.

  ⑦ **청산금의 공탁**(제8조)

   청산금채권이 압류 또는 가압류된 경우에는, 채권자는 청산기간이 경과한 후에 청산금을 법원에 공탁할 수 있다.

 3) **소유권취득 : 동시이행관계** 제29회, 제35회

  ① **청산금의 지급과 상환으로 본등기를 갖춘 때 소유권을 취득한다**(제4조). 제29회 가등기담보권자는 청산금 지급 외에 등기를 하여야 소유권을 취득하나, 양도담보권자는 이미 본등기가 경료되어 있으므로 청산금을 지급하면 바로 소유권을 취득한다.

  ② **담보권자가 소유권을 취득하면 후순위 권리는 소멸하나, 선순위 권리는 소멸하지 않는다.** 제35회

  ③ **담보권자가 소유권을 취득하면 담보권은 혼동으로 소멸한다.** 제29회

  ④ **채무자 등의 가등기말소청구권**

   '채무자 등(채무자, 물상보증인, 제3취득자)'은 청산금을 지급받을 때까지는 설사 청산기간이 지났다 하더라도 채무액을 채권자에게 지급하여 등기의 말소를 청구할 수 있다(제11조 본문). 다만 채무의 변제기로부터 10년이 경과하거나, **선의의 제3자가 소유권을 취득한 때에는 가등기의 말소를 청구할 수 없다**(제11조 단서). 제29회, 제31회 이 경우 채무자는 담보권자에게 불법행위에 따른 손해배상을 청구할 수 있을 뿐이다.

(3) **경매에 의한 실행**

  가등기담보권자는 경매를 신청할 수 있고, 제33회 **경매에 관하여는 가등기담보권을 저당권으로 본다**(제12조 제1항). **따라서 담보목적물이 경락되면 담보가등기도 소멸한다.** 제28회, 제32회, 제35회 그리고 우선변제권이 있는 가등기담보권자라도 배당요구를 하지 않으면 우선변제를 받을 수 없다.

기출 채무자 乙은 가등기담보권자 甲이 통지한 청산금액을 다투고 정당하게 평가된 청산금을 지급받을 때까지 부동산의 소유권이전등기 및 인도채무의 이행을 거절할 수 있다. (○)

기출 담보목적으로 채권자에게 이전된 담보물을 채권자가 제3자에게 양도한 경우 그 제3자가 선의이면 유효하게 소유권을 취득한다. (○)

기출 제3자가 경매로 X토지의 소유권을 취득한 경우, 甲의 가등기담보권은 소멸한다. (○)

Chapter 05

부동산 실권리자명의 등기에 관한 법률

01 서 설

1 의 의

(1) 부동산실명법은 소유권 외에 모든 부동산 물권의 명의신탁에 적용된다. 즉 **소유권 이외의 부동산 물권의 명의신탁도 허용되지 않는다.** 제26회 나아가 **가등기를 하는 것도 허용되지 않는다**(제2조 제1호). 제27회

(2) 명의신탁은 부동산실명법 위반으로 무효이지만 제103조 위반은 아니다. 즉 불법원인급여에 해당하지 않는다.

2 부동산실명법이 적용되지 않는 경우(제2조 제1호)

(1) **양도담보 · 가등기담보** : 가등기담보 등에 관한 법률로 규율 제26회

(2) **상호명의신탁**(구분소유적 공유)

1) **의 의**

1필의 토지의 위치와 면적을 특정하여 2인 이상이 구분소유하기로 하면서 등기상으로는 1필의 토지 전체에 대해 공유지분등기를 하는 경우이다. 각각의 특정부분 이외의 부분에 대해서는 서로 명의신탁을 한 것으로 보는 것을 말한다.

2) **상호명의신탁의 법률관계**

① **내부관계** : 각자 단독 소유

㉠ 각자가 소유한 특정 구분부분만을 사용 · 수익할 수 있다. 또한 **자신의 특정 구분부분에 대한 점유는 자주점유이다.** 제29회 따라서 다른 공유자가 자신의 특정 구분부분의 사용을 방해하는 경우 소유권에 터 잡아 그 방해배제를 청구할 수 있다.

ⓛ **구분소유적 공유자는 자신의 특정 구분부분을 단독으로 처분하고 지분 이전등기를 함으로써 해당 부분에 대한 소유권을 이전할 수 있다.** 제26회, 제29회 그러나 경매절차에서 경락인이 지분을 매수한 때에는 특별한 사정이 없는 한 경락인은 1필지 전체의 공유지분을 취득하고 기존의 상호명의신탁관계는 종료한다.

ⓒ 건물을 구분소유적 공유하기로 하는 취지의 약정이 있었다 하더라도 해당 부분이 구조상·이용상의 독립성이 없다면 구분소유적 공유는 성립하지 않고 보통의 공유만 성립할 뿐이다.

ⓔ 또한 **공유관계가 아니므로 공유물분할청구를 할 수는 없고** 명의신탁해지를 원인으로 하는 지분이전등기를 청구할 수 있을 뿐이다. 제29회

ⓜ **구분소유적 공유자가 자기 몫의 토지 위에 각자 건물을 신축한 경우에는 법정지상권이 성립한다.** 그러나 **甲이 구분소유적으로 공유하는 토지에 다른 구분소유적 공유자 乙이 건물을 신축한 경우에는 법정지상권이 성립하지 않는다.** 제29회

기출 ✎ 상호명의신탁의 경우, 공유물분할청구의 소를 제기하여 구분소유적 공유관계를 해소할 수 없다. (○)

② **외부관계**: 공유관계

ⓐ **제3자의 방해행위가 있는 경우, 구분소유적 공유자는 자기의 구분소유 부분뿐만 아니라 전체토지에 대하여 공유물의 보존행위로서 그 배제를 청구할 수 있다.** 제29회

ⓑ 공유물에 끼친 불법행위를 이유로 하는 손해배상청구권은 특별한 사유가 없는 한 각 공유자는 그 지분 비율 내에서만 이를 행사할 수 있다.

기출 ✎ 구분소유적 공유관계에 있는 乙의 특정 구분부분에 대한 丙의 방해행위에 대하여, 甲은 丙에게 공유물의 보존행위로서 방해배제를 청구할 수 없다. (×)

(3) 신탁법 또는 자본시장과 금융투자업에 관한 법률에 의한 신탁재산인 사실을 등기한 경우

---

3 **부동산실명법이 적용되지만 유효한 명의신탁**

(1) 탈법 목적 없는 종중·배우자·종교단체 내부간의 명의신탁은 부동산실명법이 적용되나, 예외적으로 유효하게 취급된다. 이 경우가 아닌 한 나머지 명의신탁은 탈법목적이 있는지 여하를 불문하고 무효이다. 즉 **탈법 목적 없이 아버지가 자식에게 명의신탁을 하는 경우에도 무효이다.** 제26회

(2) 배우자

① 배우자는 법률혼 배우자에 한한다. 다만 사실혼 배우자가 탈법목적 없이 명의신탁을 하고 나중에 혼인을 하면 혼인을 한 때부터 명의신탁약정은 유효하다. 즉 소급효는 없다.

② 배우자 간의 유효한 명의신탁이 있는 경우, 배우자 일방이 사망하더라도 그 명의신탁약정은 사망한 배우자의 상속인과의 관계에서 여전히 유효하게 존속한다.

(3) **대내관계** : 신탁자가 소유자

① **신탁자가 소유자이므로** 신탁자에게 사용·수익권이 있다. 제28회 **수탁자의 점유는 자주점유가 아니므로 시효취득을 할 수 없고, 수탁자가 토지 위에 건물을 신축하는 경우에도 관습법상 법정지상권이 성립하지 않는다.** 제31회

② 신탁자가 신탁계약을 해지하고 소유권이전등기청구권을 행사하는 경우, 이는 소유권에 기한 물권적 청구권이므로 소멸시효에 걸리지 않는다.

③ **유효한 명의신탁에서 명의신탁자가 신탁부동산을 매도한 경우, 이를 타인권리매매로 볼 수 없다.** 제28회

(4) **대외관계** : 수탁자가 소유자

① 명의신탁 **목적부동산에 대한 제3자의 침해가 있거나 원인무효의 등기가 있는 경우에는 수탁자만이 소유권에 기한 물권적 청구권을 행사할 수 있다. 신탁자는 수탁자를 대위해서만 행사할 수 있다.** 제28회

② 수탁자로부터 부동산을 양수한 제3자는 수탁자의 배임행위에 적극 가담한 것이 아니라면 선·악을 불문하고 소유권을 취득한다.

③ 신탁자는 언제든지 명의신탁을 해지할 수 있다. 그러나 해지 후 등기명의를 회복하기 전에 수탁자로부터 부동산을 매수하고 등기를 한 자는 유효하게 소유권을 취득한다.

기출 유효한 명의신탁에서 명의수탁자 乙이 평온·공연하게 10년간 X토지를 점유한 경우, 乙은 이를 시효취득할 수 있다. (×)

기출 유효한 명의신탁에서 제3자가 X토지를 불법점유하는 경우, 명의신탁자 甲은 소유권에 기하여 직접 방해배제를 청구할 수 있다. (×)

02 부동산실명법상 명의신탁의 효력(제4조)

> 제4조【명의신탁약정의 효력】① 명의신탁약정은 무효로 한다.
> ② 명의신탁약정에 따른 등기로 이루어진 부동산에 관한 물권변동은 무효로 한다. 담반, 부동산에 관한 물권을 취득하기 위한 계약에서 명의수탁자가 어느 한쪽 당사자가 되고 상대방 당사자는 명의신탁약정이 있다는 사실을 알지 못한 경우에는 그러하지 아니하다.
> ③ 제1항 및 제2항의 무효는 제3자에게 대항하지 못한다.

1 2자간 명의신탁

(1) 당사자 사이의 효과 : 무효

① 명의신탁약정과 그에 따른 부동산 물권변동도 무효이다. 즉 수탁자 명의의 등기는 무효이다. 따라서 **신탁자는 수탁자에 대하여 명의신탁해지에 기한 소유권이전등기를 청구할 수는 없다.** 제26회, 제31회, 제34회, 제35회 무효인 명의신탁약정은 해지가 인정되지 않기 때문이다.

② 또한 **수탁자를 상대로 부당이득반환을 원인으로 소유권이전등기를 청구할 수도 없다.** 제34회 수탁자 명의의 등기는 무효로 부당이득이 없기 때문이다.

③ 다만 **수탁자를 상대로 소유권에 기한 등기의 말소를 청구하거나 진정명의회복을 위한 소유권이전등기를 청구할 수 있을 뿐이다.** 제31회, 제34회

④ **수탁자가 신탁부동산을 제3자에게 처분한 경우, 신탁자는 수탁자에 대하여 불법행위에 따른 손해배상을 청구할 수 있다.** 제34회, 제35회

(2) 제3자에 대한 효과

① **명의신탁의 무효는 제3자에 대항하지 못하므로 제3자가 수탁자의 배임행위에 적극가담한 경우가 아니라면 제3자는 선·악을 불문하고 소유권을 취득한다.** 제26회, 제30회, 제31회, 제34회, 제35회

② 따라서 **제3자가 소유권을 취득한 순간 신탁자는 소유권과 소유권에 기한 물권적 청구권을 상실한다. 따라서 나중에 명의수탁자가 소유권을 취득하더라도 명의신탁자는 명의수탁자를 상대로 물권적 청구권(등기말소청구)을 행사할 수 없다.** 제31회, 제35회

③ **제3자라함은** 명의수탁자가 물권자임을 기초로 그와의 사이에 새로운 이해관계를 맺은 자만을 의미한다. 소유권이나 저당권 등 물권을 취득한 자뿐만 아니라 압류 또는 **가압류채권자도 포함**되고, 제34회 가등기를 마친 자도 포함된다.

기출 ✎ 양자간 등기명의신탁의 경우 신탁자는 수탁자에게 명의신탁약정의 해지를 원인으로 소유권이전등기를 청구할 수 없다. (○)

기출 ✎
- 무효인 명의신탁의 경우, 신탁자 甲은 수탁자 乙을 상대로 명의신탁해지를 원인으로 한 소유권이전등기를 청구할 수 없다. (○)
- 무효인 명의신탁의 경우, 甲은 乙을 상대로 부당이득반환을 원인으로 한 소유권 이전등기를 청구할 수 있다. (✕)
- 무효인 명의신탁의 경우, 甲은 乙을 상대로 진정명의회복을 원인으로 한 소유권이전등기를 청구할 수 있다. (○)
- 무효인 명의신탁의 경우, 乙이 제3자 丙에게 X건물을 매도하고 소유권이전등기를 해준 경우, 乙은 甲에게 불법행위책임을 부담한다. (○)

기출 ✎ 명의신탁약정의 무효는 악의의 제3자에게 대항할 수 있다. (✕)

기출 ✎ 명의수탁자 乙이 제3자 丙에게 명의신탁된 X건물을 적법하게 양도하였다가 다시 소유권을 취득한 경우, 명의신탁자 甲은 乙에게 소유물반환을 청구할 수 있다. (✕)

기출 ✎
- 명의수탁자의 상속인은 제3자에 해당한다. (✕)
- 명의신탁자와 명의신탁된 부동산소유권을 취득하기 위한 계약을 맺고 등기명의만을 명의수탁자로부터 경료받은 것과 같은 외관을 갖춘 자는 제3자에 해당한다. (✕)

④ 따라서 **명의신탁자와 계약을 맺고 단지 등기명의만을 명의수탁자로부터 경료받은 것 같은 외관을 갖춘 자는 제3자에 해당하지 않는다.** 제34회 다만 이러한 자도 자신의 등기가 실체관계에 부합하여 유효라는 주장은 할 수 있다.

⑤ **학교법인이** 명의신탁약정에 기하여 **명의수탁자로서 기본재산에 관한 등기를** 마침으로써 관할청이 기본재산 처분에 관하여 허가권을 갖게 된다고 하더라도, 위 관할청의 허가권은 위와 같은 목적 달성을 위하여 관할청에게 주어진 행정상 권한에 불과한 것이어서 **위 관할청을 제3자에 해당한다고 할 수 없다.** 제34회

2 3자간(중간생략등기형) 등기명의신탁

(1) 형 태

명의신탁자 甲이 계약당사자(매수인)가 되어 매도인 丙으로부터 부동산을 매수하고, 등기는 자신과 명의신탁약정을 맺은 명의수탁자 乙명의로 등기하는 것을 말한다.

(2) 물권변동의 효력

甲·乙간의 명의신탁약정은 무효이고, 乙 앞으로 경료된 등기도 무효이다. 제30회 따라서 부동산의 소유자는 여전히 매도인 丙이다. 다만 그 무효는 제3자에게 대항하지 못하므로 乙로부터 부동산을 매수한 제3자(丁)는 적극가담 한 경우가 아니라면 선·악을 불문하고 소유권을 취득한다.

(3) 수탁자 명의의 등기말소청구

1) 직접청구 불가

① 甲·乙간의 명의신탁은 무효이므로 甲은 乙에게 직접 소유권이전등기를 청구할 수 없다. 또한 무효인 명의신탁이므로 해지에 따른 이전등기도 허용되지 않는다. 또한 乙의 등기는 무효이므로(乙에게 부당이득이 없다) **부당이득반환청구도 허용되지 않는다.** 제30회

② 명의수탁자로부터 소유권을 취득한 제3자가 부동산을 점유하고 있는 명의신탁자에게 부동산의 인도를 청구하는 경우, **명의신탁자는 명의수탁자에 대한 손해배상청구권을 피담보채권으로 하여 유치권을 주장할 수 없다.** 제29회

기출 ✎ 3자간 등기명의신탁에서 명의수탁자 乙에게 이전등기가 경료되면 乙이 X부동산의 소유자이다. (×)

기출 ✎
• 3자간 등기명의신탁에서 신탁자 甲은 수탁자 乙에게 직접 이전등기를 청구할 수 없다. (○)
• 3자간 명의신탁에서 명의신탁자 甲은 명의신탁약정의 해지를 원인으로 명의수탁자 乙에게 소유권이전등기를 청구할 수 있다. (×)
• 3자간 명의신탁에서 명의신탁자 甲은 부당이득반환을 원인으로 명의수탁자 乙에게 소유권이전등기를 청구할 수 있다. (×)

2) 채권자대위권 행사 가능

① 명의신탁약정과 그에 따른 등기는 무효이지만, 丙과 甲 사이의 매매계약은 유효하다. 따라서 **甲은 丙에게 소유권이전등기를 청구할 수 있다**(즉 丙은 여전히 甲에게 소유권이전등기를 해 줄 의무가 있다). 제30회

② 또한 부동산은 여전히 매도인 丙의 소유이므로 丙은 乙에게 등기말소를 청구할 수 있다(진정명의회복을 원인으로 하는 소유권이전등기청구도 가능). 따라서 **甲은 채권자대위권을 행사하여 소유권을 취득할 수 있다.** 제30회

3)
丙과 甲 사이의 계약은 유효하므로 甲은 丙에게 지급한 매매대금을 부당이득으로 반환청구 할 수는 없다.

4)
乙이 임의로 甲에게 소유권이전등기를 해 준 경우 甲의 등기는 실체관계에 부합하는 등기로서 유효하다.

3 계약명의신탁

(1) 형 태

① 명의신탁자 甲과 명의신탁약정을 맺은 명의수탁자 乙이 계약당사자(매수인)가 되어 매도인 丙으로부터 부동산을 매수하여 수탁자 乙명의로 등기를 한 경우

② **명의수탁자가 계약의 당사자로 되어 있다 하더라도 명의신탁자에게 계약에 따른 법률효과를 귀속시킬 의도로 계약을 체결한 사정이 인정된다면 3자간(중간생략등기형) 등기명의신탁으로 보아야 한다.** 제26회

(2) 매도인 丙이 선의인 경우

① **丙이 선의인 경우에는 물권변동이 유효하므로 乙은 丙이나 甲에 대해서도 소유권 취득을 주장할 수 있다.** 제26회, 제33회 즉 丙은 乙명의의 등기말소를 청구할 수 없다. 또한 **乙로부터 부동산을 매수한 丁도 소유권을 취득한다.** 제33회

② 이 경우 丙의 선의 여부는 계약체결 당시를 기준으로 판단한다. 따라서 **계약체결 당시 丙이 명의신탁약정이 있음을 몰랐다면 그 후에 알게 되었다고 하더라도 丙과 乙의 계약이나 乙의 등기는 여전히 유효하다.** 제32회

• 명의신탁자 甲이 X건물을 매수한 후, 자신에게 등기이전 없이 곧바로 乙에게 소유권을 이전한 경우, 매도인 丙은 여전히 甲에 대해 소유권이전의무를 부담한다. (○)

• 3자간 등기명의신탁에서 매도인 丙은 명의수탁자 乙에게 진정명의회복을 원인으로 소유권이전등기를 청구할 수 있다. (○)

기출 만약 명의수탁자 乙과 명의신탁 사실을 아는 매도인 丙이 매매계약에 따른 법률효과를 직접 명의신탁자 甲에게 귀속시킬 의도로 계약을 체결한 사정이 인정된다면, 甲과 乙의 명의신탁은 제3자간 등기명의신탁으로 보아야 한다. (○)

기출 계약명의신탁에서 매도인이 선의인 경우 수탁자는 전 소유자인 매도인뿐만 아니라 신탁자에 대해서도 소유권을 취득한다. (○)

③ 수탁자 乙의 등기는 유효하나, **甲 · 乙간의 명의신탁약정은 무효이다**. 제32회, 제33회 따라서 甲은 乙에게 명의신탁의 유효를 전제로 한 이전등기를 청구할 수 없다. 명의신탁이 무효이므로 해지에 따른 이전등기청구도 인정되지 않는다.

④ 부동산실명법 시행 이전에는 수탁자는 부동산 자체를 부당이득으로 반환해야 했으나, 부동산실명법 시행 이후에는 물권변동이 유효하므로 **수탁자는 부동산에 대해서는 부당이득반환의무를 부담하지 않고, 신탁자가 제공한 매수자금(세금이나 등기비용 등 포함)만을 부당이득으로 반환할 의무가 있다.** 제27회, 제32회, 제33회 매수자금에 대한 법정이자는 반환할 의무가 없다.

⑤ 부동산을 甲이 점유하고 있는 경우에도 甲은 乙에 대한 부당이득반환청구권을 피담보채권으로 하여 부동산에 대하여 유치권을 행사할 수도 없다(**견련성이 없다**). 제33회

⑥ 乙이 임의로 甲에게 소유권이전등기를 해 준 경우(대물변제) **甲의 등기는 실체관계에 부합하는 등기로서 유효하다.** 제32회

(3) 매도인 丙이 악의인 경우

① **丙이 악의인 경우에는 乙은 소유권을 취득하지 못한다.** 제32회 즉 丙은 乙명의의 등기말소를 청구할 수 있다. 그러나 매수인의 지위가 당연히 명의신탁자 甲에게 귀속되는 것은 아니다. 따라서 丙이 甲에게 당연히 소유권이전의무를 부담하는 것은 아니다.

② 그러나 丙이 甲이 그 계약의 매수인으로 되는 것에 대하여 동의 내지 승낙을 하였다면, 丙과 甲 사이에 종전의 매매계약과 같은 내용이 따로 체결된 것으로 봄이 상당하므로, 甲은 丙에게 소유권이전등기를 청구할 수 있다.

③ 乙이 부동산을 丁에게 처분하고 丁이 소유권을 취득하면 이는 丙의 소유권을 침해하는 것으로 불법행위가 된다. 그러나 丙의 乙에 대한 불법행위에 따른 손해배상청구는 인정되지 않는다. 乙의 丙에 대한 소유권이전의무가 이행불능이므로 丙도 乙에게 대금반환의무를 이행하지 않아도 되기 때문이다.

(4) 경매와 계약명의신탁

① 경매절차에서 丙의 부동산을 매수하려는 신탁자 甲이 乙과 명의신탁약정을 하고 乙에게 매수대금을 제공하여 乙명의로 경락이 된 경우, 경매절차에서 매수인의 지위에 서게 되는 사람은 어디까지나 그 명의인이므로 乙이 소유권을 취득한다. 丙이 명의신탁에 대하여 악의라거나, 甲과 丙이 동일인이라고 하더라도 마찬가지이다. 제27회, 제29회

② 그리고 이 경우 甲의 지시에 따라 乙이 부동산의 소유 명의를 이전하거나 그 처분대금을 반환하기로 한 약정이 있다고 하더라도 이는 결국 무효인 명의신탁약정에 기한 것이므로 그러한 약정 역시 무효이다. 제26회 따라서 甲은 乙에게 제공한 매수대금에 상당하는 금액에 대해서만 부당이득반환을 청구할 수 있다.

③ 위의 경우 甲과 乙 및 제3자 丁 사이의 새로운 명의신탁 약정에 의하여 乙이 丁 앞으로 소유권이전등기를 마쳐 주었다면 그 이전등기는 무효이므로, 여전히 소유자는 乙이다. 제26회 丁이 乙을 상대로 제기한 소유권이전등기 청구 소송의 확정판결에 의하여 이전등기를 마친 경우라도 마찬가지이다.

기출 경매를 통한 계약명의신탁의 경우에는 매도인이 계약명의신탁에 있음을 안 경우에도 명의인(수탁자)가 소유권을 취득한다. (○)

제36회 공인중개사 시험대비 **전면개정판**

2025 박문각 공인중개사
김민권 필수서 **1차** 민법·민사특별법

초판인쇄 | 2025. 2. 5. **초판발행** | 2025. 2. 10. **편저** | 김민권 편저

발행인 | 박 용 **발행처** | (주)박문각출판 **등록** | 2015년 4월 29일 제2019-000137호

주소 | 06654 서울시 서초구 효령로 283 서경 B/D 4층 **팩스** | (02)584-2927

전화 | 교재 주문 (02)6466-7202, 동영상문의 (02)6466-7201

저자와의
협의하에
인지생략

정가 25,000원
ISBN 979-11-7262-591-7